Beurteilung medizinischer Gutachten

Methoden der Kritik an ärztlichen Verwaltungs- und Gerichtsexpertisen

von
Werner Schimanski

W DE G

Walter de Gruyter · Berlin · New York

CIP-Kurztitelaufnahme der Deutschen Bibliothek

Schimanski, Werner
Beurteilung medizinischer Gutachten : Methoden d. Kritik an ärztl. Verwaltungs- u. Gerichtsexpertisen. – 1. Aufl. – Berlin, New York : de Gruyter, 1976.
ISBN 3-11-006536-3

Printed in Germany

Satz und Druck: Saladruck, 1 Berlin 36

Bindearbeiten: Buchbinderei Wübben, 1 Berlin 42

Vorwort

Der medizinische Sachverständige als Herr des Prozesses ist ein notwendiges Übel, das im Interesse einer objektiven Rechtsfindung so gering wie möglich gehalten werden muß. Dazu sind Verwaltung, Gerichte, Anwälte und Prozeßbevollmächtigte aufgerufen.
Die oft anzutreffende Hilflosigkeit gegenüber dem ärztlichen Sachverständigen kann nur beendet oder wenigstens gemindert werden, wenn das Gutachten transparent gemacht wird und wenn die Kriterien, nach denen die Kausalität oder bestehende Leistungsfähigkeit zu beurteilen sind, aufgedeckt werden. Nur so können Abweichungen von der jeweils herrschenden Lehre, an der nur der ständige Wechsel stabil ist, ermittelt und das Gutachten selbst auf wissenschaftliche Fundierung, Logik und Schlüssigkeit überprüft werden.
Dieses Ziel zu erreichen, hat sich das vorliegende Buch gestellt. Es will unter Verzicht auf Theorien ausschließlich der täglichen Arbeit aller Personen, die beruflich mit medizinischen Gutachten in Berührung kommen, dienen. Es behandelt medizinischrechtliche Fragen und bedient sich dabei einer einfachen Sprache, so daß Vorkenntnisse nicht vorausgesetzt werden. Durch Nennung der einschlägigen Literatur und einer umfangreichen Rechtsprechung ist es bemüht, typische Krankheitsbilder umfassend zu schildern und ihre Beurteilung darzulegen.
Möge das Buch Veranlassung sein, exakte Fragen an den medizinischen Sachverständigen zu stellen, ihn zu zwingen, sich mit den Auffassungen anderer Ärzte und der Rechtsprechung auseinanderzusetzen, seine Beurteilung zu begründen und zu beweisen. Nur so wird der ärztliche Gutachter wieder seinen vom Gesetz vorgesehenen Platz innerhalb des Prozesses einnehmen.

Bremen, im Juni 1975

Werner Schimanski

Inhalt

1. Teil: Die Beurteilung medizinischer Gutachten

I. Der medizinische Gutachter

II. Das medizinische Gutachten

III. Medizinisch-rechtliche Begriffe

2. Teil: Krankheiten

Abkürzungsverzeichnis

AFG	Arbeitsförderungsgesetz
AN	Amtliche Nachrichten des Reichsversicherungsamtes
AP	Arbeitsrechtliche Praxis
AV	Angestelltenversicherung, Mitteilungsheft der Bundesversicherungsanstalt für Angestellte Berlin
AVG	Angestelltenversicherungsgesetz
BAG	Bundesarbeitsgericht
BB	Zeitschrift: Der Betriebsberater
BG	Zeitschrift: Die Berufsgenossenschaft
BGB	Bürgerliches Gesetzbuch
BGH	Bundesgerichtshof
BGHSt	Entscheidungen des BGH in Strafsachen
BGHZ	Entscheidungen des BGH in Zivilsachen
BKK	Zeitschrift: Die Betriebskrankenkasse
Breith	Breithaupt, sozialgerichtliche Urteilssammlung
BSG	Bundessozialgericht
BSGE	Entscheidungssammlung des Bundessozialgerichts
BVerfG	Bundesverfassungsgericht
BVerwG	Bundesverwaltungsgericht
BVG	Bundesversorgungsgesetz
DB	Zeitschrift: Der Betrieb
DBeitr	Zeitschrift: Die Beiträge
DOK	Zeitschrift: Die Ortskrankenkasse
DRiZ	Deutsche Richterzeitung
EuM	Entscheidungen und Mitteilungen des Reichsversicherungsamtes
GE	Grundsätzliche Entscheidungen des Reichsversicherungsamtes
GG	Grundgesetz der Bundesrepublik Deutschland
JW	Juristische Wochenschrift
JZ	Juristen-Zeitung
KOV	Zeitschrift: Die Kriegsopferversorgung
KVRS	Die Krankenversicherung in Rechtsprechung und Schrifttum
LAG	Landesarbeitsgericht
LG	Landgericht
LM	Lindenmaier/Mohring, Sammlung von Entscheidungen des Bundesgerichtshofes
LSG	Landessozialgericht

MDR	Monatsschrift für Deutsches Recht
MedKlin	Zeitschrift: Medizinische Klinik
MedSach	Zeitschrift: Der medizinische Sachverständige
Meso	Medizin im Sozialrecht
MRKn	Zeitschrift: Mitteilungen der Ruhrknappschaft
NJW	Neue Justizwoche
OLG	Oberlandesgericht
RG	Reichsgericht
RGSt	Entscheidungen des Reichsgerichts in Strafsachen
RGZ	Entscheidungen des Reichsgerichts in Zivilsachen
RVA	Reichsversicherungsamt
RVO	Reichsversicherungsordnung
SG	Sozialgericht
SGb	Zeitschrift: Die Sozialgerichtsbarkeit
SGG	Sozialgerichtsgesetz
SozE	Sozialrechtliche Entscheidungssammlung
SozR	Sozialrecht, Rechtsprechung und Schrifttum
SozSich	Zeitschrift: Soziale Sicherheit
SozSich	-Kartei Urteilssammlung der Sozialen Sicherheit
StGB	Strafgesetzbuch
StPO	Strafprozeßordnung
SV	Zeitschrift: Die Sozialversicherung
VersR	Zeitschrift: Versicherungsrecht
WzS	Zeitschrift: Wege zur Sozialversicherung
ZPO	Zivilprozeßordnung

1. Teil: Die Beurteilung medizinischer Gutachten

I. Der medizinische Gutachter

1. Amts- und Verwaltungsgutachter

Aus der gerichtlichen Praxis ist der medizinische Sachverständige nicht mehr wegzudenken. Im Strafprozeß brilliert der Gerichtsmediziner und häufig drängt sich der Eindruck auf, daß es für ihn keine ungeklärten Fragen gibt. Gelegentlich scheut er sich nicht, auch zu Problemen, die außerhalb seines Fachgebietes liegen, abschließende Stellungnahmen zu geben und nicht selten kann man beobachten, daß unter deutlicher Ausnutzung von Amt und neutraler Stellung das Argument durch Heischen nach Autorität ersetzt wird.
Die Domäne des ärztlichen Sachverständigen ist aber zweifellos das Sozialrecht. Bevor der Versicherungsträger einen Bescheid erläßt, hat er gemäß §§ 1571, 1613 Abs. 3 RVO den Sachverhalt aufzuklären. Dazu bedient er sich entweder der vertraglich dazu verpflichteter Ärzte oder eines eigenen *sozialmedizinischen Dienstes.* Diese Sachaufklärung ist wie die Bescheiderteilung selbst hoheitliche Tätigkeit. Wurde ein Leistungsantrag abgelehnt und ist der Versicherte mit dieser Entscheidung nicht einverstanden, kann er *Widerspruch* beim Versicherungsträger oder *Klage* vor dem Sozialgericht einlegen. Dieses hat nach den §§ 103, 106 SGG von Amts wegen ebenfalls den Sachverhalt zu erforschen, also Beweis zu erheben. Nach § 118 SGG richtet sich der Beweis grundsätzlich nach den Vorschriften der ZPO, wenn das SGG keine speziellen Vorschriften enthält und die Besonderheit des sozialgerichtlichen Verfahrens ein Abweichen nicht erzwingt. Für den Beweis gelten somit die §§ 355 bis 494 ZPO und für den Sachverständigenbeweis, der Gegenstand dieser Abhandlung ist, speziell die Vorschriften der §§ 402 bis 414 ZPO.
Für die Angeklagten, Kläger und ihre Prozeßbevollmächtigten ist das Sachverständigengutachten, das im Auftrag der Staatsanwaltschaft oder des Versicherungsträgers erstellt wurde, das problematischste Beweismittel. Als Beschuldigter oder Antragsteller wurde er vom Gerichtsmediziner oder sozialmedizinischen Dienst untersucht und begutachtet durch Ärzte, die er nicht kannte, die er sich nicht ausgesucht hatte und die sein Vertrauen nicht besaßen. Wie *Leonhardt* (SozSich 1961, S. 248) richtig erkannte, ist es primär ein psychologisches Argument, das den Betroffenen drängt, sich gegen den Amtsarzt oder Verwaltungsgutachter zu wehren: Der untersuchende Arzt stehe in einem wirtschaftlichen Abhängigkeitsverhältnis zu der auftraggebenden Behörde. Er dürfe also nicht so urteilen, wie er vielleicht gerne möchte.

Dieses *Mißtrauen*, das bei dem einen Betroffenen mehr als beim anderen, aber überall vorhanden ist, richtet sich oft gegen jede ärztliche Begutachtung. Fragt man nach, so erfährt man, daß so Aufsehen erregende Fälle wie Rohrbach oder Hetzel dieses Mißtrauen gesät oder vertieft haben. Davon haben aber die beamteten Sachverständigen kaum etwas bemerkt. Zwar bestätigt *Spengler* (Arzt, Vertrauensarzt, Gutachter, Patient und Antragsteller, SV 1964, S. 168) als Mitglied des sozial-medizinischen Dienstes ebenfalls, daß der verwaltete Aktenmensch ressentimentgeladen, aggressiv, empfindlich und gespannt zur Untersuchung erscheint. Doch soll sich das alles später wieder geben. Der Vertrauensarzt alter Prägung und der sozialmedizinische Dienst der Versicherungsträger, die vorher wegen ihrer angeblichen Parteilichkeit allgemein angegriffen und abgelehnt wurden, hätten sich in der Vergangenheit durchgesetzt. Selbst die Versicherten, ihre Rechtsvertreter, Verbände und Gewerkschaften forderten nach *Sprengler* heute Untersuchungen und Begutachtungen von diesen Institutionen, deren Ärzte so *frei in ihrer Entscheidung wie die Richter seien*, an. Diese Behauptung widerspricht allen prozessualen Erfahrungen. In meiner eigenen mehr als fünfzehnjährigen Praxis ist mir dies nicht einmal vorgekommen, noch habe ich jemals davon gehört.

Demgegenüber vertritt *Jessnitzer* (Der gerichtliche Sachverständige – Ein Handbuch für die Praxis, 3. Auflage S. 58) die realistische und empirisch gewonnene Auffassung, daß die Masse der Beschuldigten und der sozialgerichtlichen Kläger die von der Staatsanwaltschaft oder dem Versicherungsträger ausgewählten Sachverständigen für befangen hält, obwohl diese nicht immer Angestellte oder Beamte dieser Behörden sind, wie die Ärzte des sozialmedizinischen Dienstes. Daß die sogenannten „Haussachverständigen" (vgl. *Seibert*, Beweisanträge [Zeugen und Sachverständige] im Strafverfahren, NJW 1962 S. 135) eine erhebliche Gefahr für die gesamte Rechtsprechung darstellen, ist unbestritten, obwohl zwischen diesen Sachverständigen und dem Versicherungsträger oder Gericht kein arbeitsrechtliches Dienstverhältnis besteht, in dem bekanntlich eine Treuepflicht dem Arbeitnehmer auferlegt und in dem eine erhebliche wirtschaftliche und persönliche Abhängigkeit vorhanden ist. Wenn nach *Baumbach/Lauterbach* (Kommentar für Zivilprozeßordnung 33. Aufl. 1975, Vor § 402 Anm. 2C) selbst bei finanziell unabhängigen Sachverständigen Voreingenommenheit und persönliche Beziehungen, wie Abneigung gegen Mitbewerber, Hoffnung auf Aufträge einer Partei und Angst vor Verstimmung eines Einflußreichen eine große, meist nicht erkennbare Rolle spielen, dann trifft das sicherlich im verstärktem Maße auf beamtete Ärzte des Versicherungsträgers zu. Aus diesem Grund wird von *Peter/Sautter/Wolff* (Kommentar zur Sozialgerichtsbarkeit § 118, II/88-78) den Gerichten empfohlen, keinen Sachverständigen zu benennen, der in einem festen Verhältnis, sei es vertraglich oder als Beamter, zu dem beklagten Versicherungsträger steht oder regelmäßig für eine am Prozeß beteiligte Partei als Sachverständiger tätig wird.

Sicherlich wird kein Versicherungsträger und keine Staatsanwaltschaft seinem für ihn tätig werdenden Arzt vorschreiben, wie er einen medizinischen Sachverhalt zu beurteilen hat. Die im Dienst ihrer Institution tätigen Ärzte sind aber nach *March* (Fehlerquellen medizinischer Begutachtungen, S. 3) wegen der hier spezifisch interessierenden besonderen Fragestellung nicht mehr ganz frei in ihrer Urteilsfindung; vielleicht könnten sie es gar nicht sein. Müßten sie doch vielfach ihre gutachterlichen Entscheidungen einem juristischen Begriffssystem anpassen, in ihnen längst überholte „Richtlinien" oder sonst ökonomisch-fiskalische Gesichtspunkte oder Direktionen befolgen. Es sind Fälle bekannt geworden, wo Sachverständige durch direkte behördliche Intervention gezwungen wurden, ihre Stellungnahmen zu revidieren.

Absolut falsch ist es, den Amts- und Verwaltungsgutachtern – nur weil sie beamtet sind – eine Überparteilichkeit, ähnlich der eines Richters, ableiten zu wollen. Aus der Sicht des Prozeßvertreters kann ein Amts- oder Verwaltungssachverständiger so lange nicht als unabhängiges, neutrales Beweismittel angesehen werden, wie er nicht nach den gleichen Grundsätzen wie ein Richter, also ohne die Möglichkeit einer Manipulation, ernannt und ausgewählt wird. Weil es von der Natur der Sache her keinen „gesetzlichen" Sachverständigen geben kann, ist die Forderung nach Mitwirkung des Klägers oder Beschuldigten, wie sie von *Lürken* (Auswahl und Bestellung des Sachverständigen im Strafprozeß, NJW 1968 S. 1161) erhoben wurde, auch für das Sozialgerichtsverfahren berechtigt.

Dem kann entgegengehalten werden, daß dieses hier behauptete generelle Mißtrauen der Betroffenen gegen die Institution des beamteten Gutachters der Staatsanwaltschaft oder des Versicherungsträgers sich nicht artikuliere. Aber ist nicht jede Klage oder jeder Widerspruch Ausdruck der Unzufriedenheit und des Mißtrauens? Selbst wenn man ein Schweigen unterstellt, könnte daraus nicht geschlossen werden, daß ein Mißtrauen nicht vorhanden sei. Der Betroffene schweigt in der Regel, weil er sein Mißtrauen nicht beweisen kann, und der Prozeßbevollmächtigte, weil ihm die Ansicht des BSG (Beschluß vom 31. 1. 1963 – 2 RU 231/62 in BG 1963 S. 377 = SozR SGG § 128 Nr. 66) bekannt ist, wonach die Verwaltungsgutachten generell keine Privatgutachten, sondern gerichtsähnliche Expertisen seien. Im Strafrecht hat der BGH darüber hinaus die Auffassung vertreten, daß auch das Gutachten eines abgelehnten Sachverständigen eine prozessuale Wirkung haben kann (BGH vom 7. 5. 1965 – 2 StR 92/65 = NJW 1965 S. 1492). Niemand aber verstimmt und verärgert unnütz das Gericht oder einen Sachverständigen mit einem nicht beweisbaren und daher aussichtslosen Ablehnungsantrag. Dieses nicht beweisbare Gefühl, anonymen, institutionellen Kräften ausgeliefert zu sein, ist übrigens in der Sozialgerichtsbarkeit vom Gesetzgeber als berechtigt anerkannt worden. Wie *Siegfried* (Das Vertrauen zum ärztlichen Gutachten im Sozialgerichtsverfahren, NJW 1962 S. 666) überzeugend nachgewiesen hat, ist § 109 SGG geschaffen worden, um diesem Unbegründbaren Raum zu geben. Nach dieser Bestimmung kann der Kläger einen Sachverständigen seines Vertrauens benennen, wenn er sich bereit erklärt, dessen Kosten eventuell zu übernehmen. Hier hat der Gesetzgeber berücksichtigt, wie stark gefühlsmäßig mißtrauische Erwägungen sind und wie oft sie das Vertrauen in die Rechtsprechung erschüttern.

2. Das notwendige Übel

Unter den in der ZPO genannten Beweismitteln des Augenscheins, der Zeugen, der Urkunden und der Parteivernehmung stellt der Zeugen- und Sachverständigenbeweis das wohl *umstrittendste, fragwürdigste und unsicherste Beweismittel* dar. Einmal beeinflußt es wie kein anderes Beweismittel unmittelbar und oft sogar zwingend das gerichtliche Urteil. Zum anderen hat es sich durch spektakuläre Strafprozesse herumgesprochen, daß Beurteilungen – wie es *Schmatz* (Gutachten sind Meinungen und keine Befunde, SozSich 1962 S. 366) und *Hülsmann* (zum gleichen Thema, SozSich 1963 S. 75) formulierte, keine Tatsachen, sondern Meinungen sind. Daß Phantastereien von Sachverständigen als Fakten den Gerichten dargebracht worden sind, daß Gutachter gelegentlich selbst wider besseren Wissens oder grob fahrlässig Beurteilungen abgaben, die gegen gesicherte wissenschaftliche Erkenntnisse und Naturgesetze verstießen, sind nicht zu bestreitende Tatsachen, die in der Öffentlichkeit die Frage aufgeworfen haben, ob nicht der medizinische Sachverständige ein Krebsschaden für das Verfahrensrecht und ob es notwendig ist, ,,daß unzulängliche Richter sich von anmaßenden Sachverständigen, deren Wissen selbst unzulänglich ist, düpieren lassen". Diese von Max *Kohlhaas* (Änderungen des Sachverständigenbeweises im Strafprozeß?, NJW 1962 S. 1329) aufgestellte Frage ist, seit es einen Fall Rohrbach gab, nicht verstummt wie die andere Frage, *wer den Angeklagten oder Kläger vor einem befangenen oder einseitigen Gutachter schützt.*

Eigenartig ist, daß die Sozialgerichtsbarkeit von diesen Problemen kaum berührt worden ist, obwohl hier die Domäne der medizinischen Begutachtung liegt. *Kohlhaas* ist generell beizupflichten, wenn er in seinem bereits genannten Aufsatz überzeugend darauf hinweist, daß erst auf Druck der öffentlichen Meinung, nach der der deutsche Richter zu viel Macht besäße und er viel zu wenig sachkundig sei, der Sachverständigenbeweis richtig in Blüte gekommen sei. Heute gäbe es praktisch kein Sachgebiet mehr, in dem nicht die Sachkunde des Gerichtes bezweifelt werde. Selbst das Ermessen des Richters, entscheiden zu dürfen, wem er glaubt, werde ihm zumindest im Strafprozeß von den Psychologen immer mehr abgenommen. Ob man aber pauschal behaupten kann, die Ärzte hätten sich nur ängstlich und widerstrebend in die Rolle des prozeßbeherrschenden Gutachters hineindrängen lassen, muß bezweifelt werden. Doch darauf kommt es letztlich auch nicht an. Wesentlich ist jedenfalls, daß eine generelle Negierung des Sachverständigenbeweises darauf hinauslaufen würde, zum Idealbild des allwissenden Richters, der frei und souverän entscheidet, zurückzukehren. Berücksichtigt man den Umfang des Wissens und den Fortschritt der Wissenschaft allein in den letzten Jahrzehnten, dann wäre der Rückfall in das entgegengesetzte Extrem, nämlich der völligen Eliminierung des Sachverständigenbeweises, verhängnisvoll für alle Prozeßbeteiligten und auch für die Rechtsprechung selbst. *Kohlhaas* hat also Recht, wenn er feststellt, daß es ohne den Gutachter leider nicht geht.

Das bedeutet aber noch lange nicht, daß das notwendige Übel des Sachverständigenbeweises nicht in seiner ganzen Fragwürdigkeit erkannt, neu überdacht und vor allem reformiert wird.

3. Sachkunde des Sachverständigen

In seinem Beschluß vom 31. 1. 1963 (2 RU 231/62, BG 1963 S. 377 = SozR SGG § 128 Nr. 66) hat das BSG die Auffassung vertreten, daß die im Verwaltungsverfahren eines Versicherungsträgers eingeholten Gutachten keine „Privatgutachten" seien. Unter Berufung auf die Literatur (vgl. *Ecker,* Die beweisrechtliche Bedeutung der im Verwaltungsverfahren erstatteten ärztlichen Gutachten für das sozialgerichtliche Verfahren, SGb 1959 S. 114 und *Dapprich,* Das medizinische Gutachten im sozialgerichtlichen Verfahren, SGb 1962 S. 292) erklärte der Senat, daß der Versicherungsträger im Rahmen seiner Befugnisse und Verpflichtung, den Sachverhalt zu ermitteln, ein Gutachten eingeholt habe, das das Gericht nach § 128 SGG würdigen mußte. Anlaß zu *weiteren gerichtlichen Ermittlungen* hätten vor allem dann bestanden, wenn die Verwaltungsgutachten zur Beurteilung des medizinischen Sachverhaltes nicht ausgereicht hätten oder der Kläger substantiierte Beanstandungen gegen jene ärztlichen Feststellungen und Auffassungen vorgetragen hätte. Das aber sei im vorliegenden Fall nicht geschehen, so daß eine weitere Sachaufklärung durch die Gerichte sich erübrigt habe.

Das BSG verlangt somit im Einklang mit allen anderen Bundesgerichten, daß der Betroffene sich mit den medizinischen Gutachten auseinandersetzt und dem Gericht mitteilt, was er daran für falsch hält. Eine pauschale Ablehnung allein genügt nicht. Dadurch entsteht aber für jeden Prozeßbevollmächtigten die Pflicht, sich über den medizinischen Tatbestand zu informieren, die sogenannte herrschende Lehre zu ermitteln und das Gutachten selbst auf Schlüssigkeit und Logik zu überprüfen. Dabei ist es unerläßlich, daß die Grundlagen der ärztlichen Begutachtung und die Genauigkeit von Befunden und Diagnose bekannt sind. Die im Zweiten Teil (S. 68 ff.) wiedergegebenen Beschreibungen bestimmter Krankheiten sollen die Möglichkeit geben, das Gutachten – wie gefordert – substantiiert anzugreifen. Dabei hat sich der Verfasser bemüht, sich einer verständlichen Sprache zu bedienen.

Fühlt sich das Gericht gedrängt, eine eigene Sachaufklärung zu betreiben, wird es einen Sachverständigen mit der Erstellung einer Expertise beauftragen, da es auf einem bestimmten Gebiet – hier ist es die Medizin – keine eigene ausreichende Fachkenntnis besitzt. Ob das Gericht sich diese Kenntnisse zutraut oder nicht, steht in seinem pflichtgemäßen Ermessen, wie bereits das Reichsgericht feststellte (RGZ Band 99 S. 72; vgl. auch *Brakmann,* Handbuch der Sozialversicherung, S. 244 o IV mit weiteren Nachweisen). Weil dem Gericht in der Regel eine fundierte Sachkenntnis für die Beurteilung medizinischer Fragen fehlt, ist es gehalten, sich des Sachverständigenbeweises zu bedienen, erklärte das BSG in seiner Entscheidung vom 26. 11. 1957 (10 RV

610/55, SozSich 1958 S. 27 = SGb 1958 S. 16). Nur wenn das Gericht eine eigene Sachkunde unter Beweis stellt, kann es strittige Fachfragen ohne Zuziehung eines Sachverständigen nach übereinstimmender Rechtsprechung selbst beantworten. (Vgl. u. a.: BGH VersR 1958 S. 545 und Entscheidung vom 17. 12. 1969, NJW 1970 S. 419; BVerwG vom 9. 7. 1969, NJW 1969 S. 2219; BSG vom 28. 6. 1960 [10 RV 516/56], SozSich-Kartei Nr. 1115, I/A zu § 128 SGG; vom 31. 1. 1961 [2 RU 99/60], SozSich 1961 S. 85 = SGb 1961 S. 112 und LSG Nordrhein-Westfalen vom 29. 1. 1960 [L 14 V 543/56], SozSich 1960 S. 283, 311). Es kommt dabei nicht darauf an, woher das Gericht sein Wissen schöpft. Es kann die Fachliteratur heranziehen, sich amtlich und privat unterrichten und auch Gutachten aus anderen Verfahren verwenden. Die Parteien haben, wie schon das Reichsgericht (JW 1931 S. 1477) erklärte, dabei weder ein Widerspruchs- noch ein Ablehnungsrecht.

Peters/Sautter/Wolff (Kommentar zur Sozialgerichtsbarkeit, § 109 Anm. 1) vertreten die richtige Auffassung, daß *generell der Wert eines Gutachtens selbst, besonders aber die Sachkunde des Gutachters und seine aufgewendete Sorgfalt bei der Untersuchung und Gutachtenerstellung allein maßgebend sind. Ecker* verlangt (SGb 1959 S. 114) darüber hinaus vom Verwaltungsgutachten, daß es auf einer genügend eingehenden persönlichen Untersuchung durch den Begutachter basieren muß, daß der Befund kunstgerecht erhoben, die Diagnose ausreichend gesichert und daß die gezogenen Schlüsse wissenschaftlich und frei von Widersprüchen und maßvoll abgewogen erscheinen. In Anlehnung an § 244 Abs. 4 der Strafprozeßordnung, der seit Jahren Gegenstand heftiger Kritik ist und den *Ecker* analog in die Sozialgerichtsbarkeit einführen will, *soll der Richter prüfen, ob die Sachkunde des Gutachters unzweifelhaft ist, insbesondere ob verschiedene wissenschaftliche Richtungen berücksichtigt und ob die nach dem neuesten Stand der medizinischen Wissenschaft verfügbaren Forschungsmittel ausgeschöpft worden sind.* Treffen diese Kriterien zu, so soll sich eine weitere medizinische Sachaufklärung durch das Gericht erübrigen.

Diese Auffassung verkennt die Parteirolle des Amts- und Verwaltungsgutachters, wie noch nachzuweisen sein wird. Aber selbst wenn die Ansicht richtig ist, wonach ausschließlich die Schlüssigkeit eines Gutachtens für seinen Wert maßgebend ist, kann es nicht darauf ankommen, wer nun das Gutachten letztlich in Auftrag gegeben oder bezahlt hat. Dann aber ist es widersinnig, wenn man eine Differenzierung von Gutachten nach den Auftraggebern vornimmt und behauptet, daß letztlich nur das Gutachten, das von einem von dem Gericht ausgesuchten Sachverständigen erstellt worden ist, Gewähr für absolute Unparteilichkeit bietet. Entweder alle Expertisen werden ohne Rücksicht auf ihre Auftraggeber mit der gleichen Elle der Schlüssigkeit und Logik gemessen oder für alle gilt der Grundsatz, daß sie Privatgutachten sind, wenn sie nicht vom Gericht in Auftrag gegeben worden sind.

4. Bestellung des Sachverständigen

Hat das Gericht den Gutachter ausgesucht und bestellt, so darf es sich nicht wundern, wenn dieser Sachverständige das Gutachten von einem anderen Arzt anfertigen und im Strafprozeß mündlich vortragen läßt. Mit der bekannten Floskel: ,,Gesehen und einverstanden" wird die Richtigkeit des Gutachtens vom beauftragten Arzt lediglich bestätigt. Mit Recht nennt *Sarstedt* (Auswahl und Leitung des Sachverständigen im Strafprozeß, NJW 1968 S. 177) diese Praxis einen Mißbrauch. Auch das LSG Hessen vertritt in seiner Entscheidung vom 6. 3. 1968 (L 3 U 1012/67, SozSich-Kartei Nr. 2197, I/A zu § 118 SGG = SGb 1968 S. 383 = Breith. 1968 S. 894) dieselbe Auffassung.

Man könne nicht verlangen, daß der beauftragte Sachverständige, der in der Regel Leiter eines Krankenhauses sei und somit nur nebenher als Gutachter tätig werde, dem Probanden den Puls fühle oder die Blutsenkungsgeschwindigkeit feststelle, wird argumentiert. Das könnten die Assistenzärzte und andere Hilfskräfte ebenso gut. Maßgebend sei, die medizinischen Befunde zu bewerten und den medizinischen Sachverhalt ausreichend aufzuklären. Dieses sei aber allein Aufgabe des beauftragten Arztes.

Das BSG hat in seiner Entscheidung vom 31. 7. 1958 (9 RV 536/57, BSGE 8 S. 72 = SozSich 1958 S. 338 = SGb 1958 S. 311 = MRKn 1959 S. 37 = Meso B 20 a/9) erklärt, daß das abgelieferte Gutachten nur dann vom beauftragten Arzt stammt, wenn Feststellungen und Beobachtungen, die gerade von ihm persönlich verlangt oder getroffen werden müssen, nicht durch Hilfskräfte vorgenommen werden. *Nur wenn die Begutachtung mehr oder weniger auf technischen Befunden aufbaut und die ärztliche Untersuchung keine oder eine nur untergeordnete Rolle spielt, darf der vom Gericht bestimmte Arzt sich mit der Untersuchung durch andere Personen begnügen.* Hat der vom Gericht bestellte Arzt am Gutachten überhaupt nicht mitgewirkt, sondern wurde dieses von fremden Ärzten erstellt, darf das Gericht nach dem Urteil des BSG vom 1. 12. 1964 (11 RA 146/64, Meso B 20 a/73 = SozSich-Kartei Nr. 1725, I/A zu § 109 SGG = Breith. 1965 S. 263) das Gutachten auch als sogenanntes Privatgutachten nicht für die Urteilsfindung verwerten.

In der Praxis stellt man immer wieder fest, daß das vom Chefarzt des Krankenhauses zu erstellende Gutachten vom Assistenzarzt angefertigt wurde und zwar vollständig. Der beauftragte Arzt hat den Untersuchten oft nicht einmal gesehen. Das Gutachten wurde somit ausschließlich von einem (unerfahrenen?) Arzt erstattet, während nach außen hin der Eindruck erweckt wird, hinter dem Gutachten stehe der erfahrene Praktiker und anerkannte Wissenschaftler, der schließlich mit seinem Ruf und Namen für die Richtigkeit bürge. Nur so erklären sich die oft primitiven Fehler in diesen Gutachten. Es ist daher bedenklich, wenn das BSG in seinem Urteil vom 18. 9. 1957 (8 RV 305/57, Meso B 20 a/27) erklärte, es sei grundsätzlich rechtlich unbedenklich,

wenn der Chefarzt eines Krankenhauses als beauftragter Gutachter den von einem anderen Krankenhausarzt vorbereiteten Gutachten „auf Grund persönlicher Untersuchung und eigener Urteilsbildung" mit seiner Unterschrift billigt. Unzulässig ist es aber nach dem Urteil des BSG vom 4. 8. 1965 (11 RA 366/64, SGb 1966 S. 76 = Meso B 20 a/87) eine Klinik mit der Anfertigung eines Gutachtens zu beauftragen. Das Gesetz fordere die Anhörung eines bestimmten, also namentlich benannten Arztes. Eine Übertragung des Auftrags an einen anderen Arzt ist nur mit Zustimmung des Gerichts möglich.
Es ist nicht so, daß der Sachverständige beliebig austauschbar ist, ohne daß dadurch das Ergebnis gefährdet wird. *In Wirklichkeit bedeutet oft ein neuer Sachverständiger ein neues Ergebnis.* Medizinische Beurteilungen sind eben keine nachzuahmenden mathematischen Formeln, deren Ergebnisse unverrückbar und unzweifelhaft immer feststehen. *Sarstedt* (Auswahl und Leitung des Sachverständigen im Strafprozeß, NJW 1968 S. 177) gibt daher den Rat, jedes derartige Gutachten vom Sachverständigen beschwören zu lassen, denn nach der herrschenden Rechtsprechung übernimmt nur dann der beauftragte Gutachter die straf- und zivilrechtliche Verantwortung für das Assistentengutachten (vgl. *Schimanski*, Die Haftung des Sachverständigen, SozSich 1974 S. 291). Solange die leichtfertige und fahrlässig falsche Gutachtertätigkeit nicht zivilrechtliche Konsequenzen hat, übernimmt der vom Gericht benannte Sachverständige tatsächlich keine Verantwortung für die Richtigkeit des Gutachtens.
Festzustellen bleibt, daß auch in der Sozialgerichtsbarkeit es sich eingebürgert hat, daß der vom Gericht namentlich benannte Gutachter die Expertise nicht immer selbst erstellt, sondern im günstigsten Fall nur die Befunderhebung überwacht und sich bei der Bewertung der Befunde einschaltet. Oft ist Autor ein vom Gericht nicht benannter Assistenzarzt, dem jede Erfahrung und Qualifikation als Gutachter fehlen. Es grenzt an Betrug, wenn dieses Gutachten als das vom Chefarzt ausgegeben wird. Vor dieser Tatsache scheinen die Gerichte die Augen bewußt zu verschließen, obwohl der Grundsatz, daß der Gutachterauftrag nicht übertragbar ist und nicht einer Institution (z. B. Krankenhaus), sondern einem namentlich genannten Arzt erteilt werden darf, ständige Rechtsprechung ist. Warum aber bei dieser Praxis *Bischoff* (Die Grenzen zwischen ärztlicher und rechtlicher Beurteilung, SGb 1969 S. 245) Ansicht richtig sein soll, daß nur der vom Gericht bestellte Arzt absolut unabhängig sein soll im Gegensatz zu einem Gutachter, der vom Kläger nach § 109 SGG benannt worden ist, bleibt unerfindlich.

5. Die Stellung des Gutachters

Nur die Begutachtung durch den vom Gericht benannten und bestellten Sachverständigen ist nach herrschender Lehre ein Beweismittel wie die Urkunde und die Zeugenaussage. Während der Zeuge sein Wissen über bestimmte Tatsachen dem Gericht mitteilt, gibt der Sachverständige dem Gericht entweder allgemeine Erfahrungssätze seines Fachgebietes, sowie die von ihm ermittelten Tatsachen bekannt, mittels derer es die entsprechenden Schlüsse selbst ziehen kann. Oder der Gutachter beurteilt selbst den Sachverhalt und überläßt dem Gericht die rechtliche Würdigung. Dann muß er aber die von ihm angewandten Erfahrungssätze dem Gericht mitteilen, damit dieses in der Lage ist, das Gutachten nachzuprüfen.

Da Arzt und Gericht zum Beispiel dem Krankheits- und Ursachenbegriff einen unterschiedlichen Inhalt geben, ist darauf zu achten, ob der Gutachter den – allein maßgebenden – rechtlichen Begriff verwendet. Den Arzt rechtliche Fragen (wie zum Beispiel, ob der Versicherte berufs- oder erwerbsunfähig ist) beantworten zu lassen, ist untersagt. Trotzdem wird gegen dieses Verbot oft verstoßen, da das Gericht seine Verantwortung auf den Sachverständigen abwälzen will. Ein seriöser Gutachter wird hier dem Gericht mitteilen, daß er diese außerhalb seines Fachgebietes liegende Frage nicht beantworten kann.

Nach *Baumbach/Lauterbach* (Zivilprozeßordnung, § 402 Anm. 1A) und der herrschenden Lehre und Rechtsprechung ist der Sachverständige der *Gehilfe des Richters.* Nicht der Gutachter, sondern der Richter soll den Rechtstreit entscheiden. Der Sachverständige habe nur zu verantworten, daß er dem Gericht nach besten Kräften hilft. Für die Prozeßentscheidung aber sei er nicht verantwortlich, erklärte der BGH (BGHSt 8 S. 113 = NJW 1955 S. 1642; vgl. auch *Richter;* Ablehnung von Beweisan*trägen* auf Anhörung weiterer Sachverständiger im Strafverfahren, NJW 1958 S. 1125).

Daß der Gutachter trotzdem einen unmittelbaren und oft sogar ausschlaggebenden Einfluß auf das Urteil hat, ist unleugbar, so daß in der Praxis nicht selten aus dem Richtergehilfen der *Herr der Entscheidung* wird. Nicht zuletzt ist das durch die Rechtsprechung aller Bundesgerichte gefördert worden, die den Sachverständigenbeweis mit der Bedeutung faktischer Beweisregeln ausgestattet hat (vgl. BGHSt 5 S. 34 = NJW 1954 S. 83 und *Sarstedt;* Beweisregeln im Strafprozeß in Festschrift für Ernst Hirsch S. 178 mit weiteren Nachweisen).

Das ist selbstverständlich den Ärzten nicht verborgen geblieben. *Natho* (Die Stellung des Gutachters in der Sozialgerichtsbarkeit, MedSach 1967 S. 1) betont zu Recht, daß man die Bezeichnung ,,Gehilfe des Richters" nicht wörtlich nehmen dürfe. Ein Gehilfe im echten Sinne des Wortes besitze geringere Kenntnisse als der auf gleichem Gebiet tätige Meister. Hier aber sei der Arzt auf medizinischem Gebiet dem laienhaften Richter überlegen. Es entspreche daher mehr der Wirklichkeit, den Sachverständigen als ,,Berater" zu bezeichnen.

Auch die Gerichtspraxis lehrt, daß der medizinische Gutachter sich nicht mehr als Gehilfe des Richters fühlt. *Karpinski* ((Der Sachverständige im Strafprozeß, NJW 1968 S. 1173) vertritt nicht allein die Auffassung, daß die Vorstellung, der Sachverständige ,,vermittle" dem Gericht sein Wissen, vor allem bei schwierigen naturwissenschaftlichen und technischen Fragen oftmals eine Fiktion ist, denn in diesen Fällen käme nur eine ,,Übernahme" des vom Sachverständigen ermittelten Ergebnisses in

Frage. Diese Tatsache störe zwar die Dogmatik, doch müsse sie genügend Veranlassung geben, die Stellung des Sachverständigen neu zu durchdenken.
Ärztlicher Sachverständiger kann nur sein, wer Arzt im Sinne der Bestallungsordnung für Ärzte oder Zahnärzte ist. Ein Gutachten liegt nur dann vor, wenn auf Grund einer Untersuchung oder Behandlung der Körper- oder Geisteszustand des Probanden in zusammenfassender Darstellung erfaßt und Schlußfolgerungen unter Benutzung ärztlicher Erfahrungssätze gezogen werden. Nach der Entscheidung des BSG vom 25. 3. 1961 (4 RJ 231/60, NJW 1961 S. 990 = SozR § 73 Da 5 Nr. 11) zählen auch sogenannte Aktengutachten dazu.

6. Die Psyche des Sachverständigen

Das Bild vom objektiven und unabhängigen Sachverständigen, der – wie es § 410 ZPO vorschreibt – neutral nach bestem Wissen und Gewissen urteilt, ist aus der Natur der Sache, aber auch vom persönlichen Habitus des Sachverständigen her, nur sehr schwer zu realisieren. Abgesehen davon, daß unterschiedliche wissenschaftliche Auffassungen entgegengesetzte Beurteilungen zur Folge haben können, es besteht eine mehr oder minder starke Subjektivität auch bei jedem Sachverständigen selbst. Seine Psyche beeinflußt das Gutachten. Die Prägung seiner Persönlichkeit durch anlagebedingte Faktoren, durch das individuelle Lebensschicksal, Temperament, Alter, die Weltanschauung und Religion, sowie seine Abhängigkeit und eventuelle Frustriertheit machen ihn zwar wie alle Menschen austauschbar (*Baumbach/Lauterbach*, Zivilprozeßordnung, Vor § 402 Anm. 1A), jedoch nicht, ohne das Ergebnis zu verändern.
Oft wird den Verwaltungsärzten vorgeworfen, sie hätten sich in das Vertrauen des Versicherten eingeschlichen, um zu einem für den Versicherten ungünstigen Ergebnis zu kommen. Während sie dem Probanden gegenüber als hilfreicher Arzt auftreten, der sein Begehren unterstützt und ihn mit den Worten: „Machen Sie sich keine Sorgen, ich kann jetzt beweisen, daß Sie Recht haben und Ihnen die Rente zusteht!" entläßt, beurteilen sie ihn anschließend als Wissenschaftler und verneinen den Leistungsanspruch. Daß diese Handlungsweise – man findet sie auch bei gerichtlichen Sachverständigen – zumindest einen Vertrauensbruch darstellt, wird nicht beachtet. Auch denkt man nicht daran, daß dieses Verhalten der Ärzte den eigenen Stand in Mißkredit bringt und das bereits stark angeschlagene Vertrauen weiter reduziert. Wer sich über das mangelhafte Vertrauen den Ärzten gegenüber beklagt, sollte immer nach den Ursachen forschen.
Bekanntlich gehört es zum Verständnis einiger Mediziner, den Menschen als Maschine und sich selbst quasi als Mechaniker anzusehen. Diese Auffassung hat einerseits zu triumphalen Erfolgen geführt, andererseits aber das Humane aus der Medizin weitgehend verdrängt. Berichte über sinnlose Experimente an komatösen Patienten und noch mehr das persönliche Trauma der Begegnung mit diesen Ärzten haben in der

Bevölkerung zu einer neuen Einstellung gegenüber der Medizin geführt. Die ärztliche Behandlung wird heute auch vom Patienten als eine handwerkliche Verrichtung wie die Reparatur eines Kraftfahrzeugs angesehen. Führt sie zu keinem Erfolg oder gar zu einer Schädigung, hat der Arzt eben gepfuscht und man verklagt ihn auf Schadenersatz. Das hat – wie die amerikanische Ärztekammer meint – nichts damit zu tun, daß immer mehr Patienten ihren Arzt haßten, denn wer haßt schon seinen Kraftfahrzeugmechaniker, den man wegen Schlechtleistung belangt? Eine im Jahre 1973 durchgeführte Befragung unter 4916 Patienten ergab jedenfalls, daß 90 vom Hundert noch volles Vertrauen zu den Hausärzten haben, wenn auch ein Viertel meinte, der Arzt sollte mehr auf die seelischen Krankheitsursachen hinweisen und sie auch selbst mehr beachten.

Die Psyche des Arztes als ausschlaggebendes Moment der Begutachtung ist bisher zu wenig beachtet worden. Wir kennen den Begriff der „Tatbestandsquetsche": um zu einem angestrebten Ergebnis zu kommen, wird der Tatbestand so hingebogen, daß er bei der Subsumtion unter auf den im Gesetz geschilderten Tatbestand paßt. Nach meinen Erfahrungen ist die Tatbestandsquetsche bei den deutschen Ärzten sehr beliebt. Sie scheuen sich nicht, eigene Ermittlungen anzustellen und den ihnen vom Gericht vorgegebenen Tatbestand zu ignorieren. „Ich bin auch krank und muß noch arbeiten" oder: „Ihr Mann hat ein gutes Einkommen, so daß Sie auf Rente nicht angewiesen sind" und ähnliche Erklärungen des Arztes beweisen, wie individuell tatsächlich die Beurteilungen erfolgen. *Hauffe* (Der medizinische Sachverständige durch die Brille des Klägers gesehen, MedSach 1965 S. 171) weist darauf hin, daß die unabhängige Stellung des Sachverständigen sehr beeinträchtigt wird, wenn der Kläger berechtigten Grund haben sollte, sich unsachlich behandelt oder gar in seiner Ehre verletzt zu fühlen. Dazu gehört aber auch, daß bei bestimmten Ärzten jeder psychisch Kranke sofort als Rentenneurotiker, primitive Persönlichkeit, Arbeitsscheuer oder gar Betrüger angesehen wird. Diese Voreingenommenheit tritt dann bei der Untersuchung mehr oder minder deutlich in Erscheinung, zumal wenn dem Versicherten noch gesagt wird, niemand würde mehr arbeiten wollen, wenn man jedem eine Rente gebe. Wen wundert es, wenn der Sachverständige als finanzieller Sachverwalter des Versicherungsträgers angesehen wird. Wird dann der Gutachter wegen Besorgnis der Befangenheit abgelehnt, ist das Gericht gezwungen, über den Antrag zu entscheiden und eventuell einen neuen Sachverständigen zu benennen. *Hauffe* meint daher zu Recht, daß der Ruf und das Ansehen des ärztlichen Sachverständigen und Berufsstandes darunter in der Öffentlichkeit leide.

Vor allem bei psychischen und psychosomatischen Symptomen stellt sich immer die Frage nach der Norm oder Krankheit. Obwohl es keinen „Normalmenschen" gibt, wird hier eine Norm geschaffen, die sich nach dem Durchschnittsmenschen ausrichtet. Trotzdem immer wieder davor gewarnt wird, die Norm nicht an ein Idealbild zu binden, das der Arzt nach seinen eigenen Vorstellungen entworfen hat (Soll-Norm), lehrt die Praxis, daß diese Forderung illusorisch bleibt. Jeder Arzt hat mehr oder minder stark einen Durchschnittsmenschen nach seinem Ebenbild geschaffen, der oft sogar noch idealistisch erhöht wird, wenn die eigene Psyche primitiv ist. *Kolle* (Verrückt oder normal? S. 53) schreibt daher mit Recht, daß die Frage, ob der Patient schizophren, depressiv verstimmt ist oder nur psychopathisch reagiert, durch objektive Befunde nicht zu klären sei. Der Streit mit seinen Assistenten müsse dann letztlich durch ihn als den Ältesten und Erfahrendsten entschieden werden.

In seinem Aufsatz: Normen und Maßstäbe für die Beurteilung der Täterpersönlichkeit (MedSach 1965 S. 271) wiederholt *Rasch* die Frage, ob ein Sachverständiger, der das Recht zu strafen generell verneint, im Strafprozeß überhaupt tragbar sei. Man könnte weiter fragen, ob ein Gutachter, der nicht bereit ist, sich der Frage nach der Krankhaftigkeit im juristischen Sinne zu stellen, nicht ebenfalls seine Aufgabe verkennt.

Besondere Aufmerksamkeit verdienen diejenigen Sachverständigen, die so offensichtlich für sich in Anspruch nehmen, von Berufs wegen immer Recht zu haben. Auszunehmen sind auch hier nicht ständige Obergutachter, die die Gutachten ihrer Kollegen kontrollieren – vielleicht gar als Mitglieder des sogenannten ‚gerichtlichen Ausschusses', wie er – m. E. rechtswidrig – in Nordrhein-Westfalen besteht. Es sollte eine gesetzliche Grundlage *gegen* die Gutachten dieses Ausschusses geschaffen werden, um diesen Gutachten die ihnen de facto zukommende – sachlich nicht zu rechtfertigende – Autorität zu nehmen.

7. Der janusköpfige Gutachter

Das BSG vertritt in seiner Entscheidung vom 25. 3. 1961 (4 RJ 231/60 = NJW 1961, S. 990 = SozR § 73 Da 5 Nr. 11) die Auffassung, daß jeder Arzt als Gutachter, auch wenn er ein Privatgutachten erstattet, ausschließlich an sein ärztliches Gewissen gebunden ist und daß er dementsprechend die Interessen der ihn beauftragenden Partei bei der Gutachtenerstattung außer acht zu lassen habe. Die so fragwürdige Rolle des neutralen, objektiven Gutachters, der seine ärztliche Verpflichtung abstreift und finanzielle oder individuelle Bindungen ignoriert und der nur noch als Wissenschaftler begutachtet, wird somit auch vom BSG als Realität gesehen.

Durch die Brille des Klägers und seines Prozeßbevollmächtigten gesehen, drängt sich oft der Eindruck einer subjektiven und tendenziösen Begutachtung durch den Sachverständigen auf. Es sollte zu denken geben, daß auch im Verwaltungsverfahren der Sachverständige dem Versicherten nicht als Wissenschaftler, sondern als Arzt entgegentritt. Wenn *Grüner* (Der Arzt als Sachverständiger, SGb 1966 S. 1) von einer Doppelrolle des Arztes, die ihn oft überfordere spricht, so wählt *Eggenweiler* (Reflexionen über den Januskopf des sozialärztlichen Gutachters, SV 1969 S. 231) treffender den Begriff des janusköpfigen Sachverständigen. Einmal erscheine der Verwaltungs- und Amtsgutachter dem Patienten als Arzt, der um Vertrauen wirbt und vorgibt, ihm helfen zu wollen, und der alles unterlassen will, was ihn schädigen könnte, und zum anderen als wesentlicher Teil einer staatlich installierten Kontrollinstanz, die zumindest über seine finanzielle Existenz entscheidet. Dabei gilt für diese Ärzte, daß sie von der Natur der Sache her nicht frei sind. Sie müssen (nach *March* Fehlerquellen medizinischer Begutachtung S. 4) einem juristischen Begriffsystem sich anpassen, in ihnen längst überholte „Richtlinien" oder sonst ökonomisch-fiskalische Gesichtspunkte oder Direktiven befolgen. „Eine derartige berufliche Paragraphenbindung pflegt ebenfalls fast zwangsläufig die Einstellung des Begutachters dem Leidenden gegenüber und somit sein Urteil zu verformen."

Die Ansicht, der Gutachter könne nur außerhalb des Arzt-Patienten-Verhältnisses begutachten, halte ich für unrichtig. Auch innerhalb dieses Verhältnisses hat der Arzt Befunde zu erheben, eine Diagnose zu stellen und die Therapie durchzuführen. Zu seinen ärztlichen Aufgaben gehört es ebenso, auf eine falsche Ernährung wie auf berufliche Schädigungen hinzuweisen. Nichts anderes aber wird vom Sachverständigen verlangt. Folgt man dieser These, so würde man behaupten, daß jede Beurteilung, die aus dem Arzt-Patienten-Verhältnis erfolgt, und hier ist vor allem die Frage der Arbeitsunfähigkeit zu nennen, die seit jeher vom behandelnden Arzt entschieden wurde, unsachlich ist. Ob der behandelnde Arzt seinem Patienten gegenüber Dritten vielleicht befangen ist, ist eine andere Frage, die mit der Objektivität nichts zu tun hat. Es geht nicht an, daß Gutachter während ihrer Tätigkeit es ablehnen, als Arzt tätig zu werden, sich aber im gleichen Augenblick als solche dem Versicherten nähern. Entweder sie fühlen sich als Wissenschaftler, dann haben sie aber dem Untersuchten gegenüber eindeutig zu erklären, daß die Ethik des Arztes bei ihnen nicht gilt. Sollte das aber abgelehnt werden, dann müssen auch während dieser Gutachtertätigkeit die Gebote des Hippokrates gelten.

Das aber ist selbst im Hinblick auf die Forderung nach einer objektiven Beurteilung zu fordern. Da der Mensch nicht eine Maschine ist und er nicht überfordert werden darf, gehört es zu der objektiven Beurteilung seiner Leistungsfähigkeit, daß die psychischen Momente berücksichtigt werden. Es muß befremden, wenn die gleichen Ärzte, die bei Prüfungen der Fahrtauglichkeit den Begriff der Leistungsfähigkeit psychosomatisch verstehen, in sozialversicherungsrechtlichen Fragen diesen Begriff aber statisch auffassen.

8. Der manipulierte Sachverständige

Die Ärzte des sozialmedizinischen Dienstes, die „erfahrenen" Fachärzten, die von den Versicherungsträgern ständig mit Gutachteraufträge bedacht werden und die Amtsärzte vertreten fast ausschließlich die Auffassung, psychische Krankheiten hätten keinen Krankheitswert, wenn sie nicht zu den psychischen Krankheiten im medizinischen Sinne gehörten. Sicherlich ist es gleichfalls reiner Zufall, daß bestimmte wissenschaftliche Auffassungen nur bei den beamteten oder von den Versicherungsträgern beauftragten Ärzten vorherrschen. *Eggenweiler* (Über das Unbehagen in der sozialmedizinischen Begutachtung, SV 1967 S. 266) weist auf die psychologisch bekannte Tatsache hin, daß sich Versicherungsträger aber auch Sozialgerichte in besonders gelagerten Fällen gern solche Fachgutachter aussuchen, von denen sie aus Erfahrung eine ihren Vorstellungen entsprechende oder nahekommende Beurteilung erwarten zu können glauben. Man scheue sich gewöhnlich, dieses Phänomen beim Namen zu nennen; doch sei es existent.

Diese *Manipulation durch die Auswahl der Sachverständigen* beschränkt sich aber nicht nur auf das psychische Fachgebiet. Im Unfallrecht gehört die Auffassung, daß eine Gehirnerschütterung (Commotio cerebri) nur dann vorliegt, wenn pathologische Befunde wie Reflexabweichungen oder -ausfälle objektiviert werden können und daß diese spätestens zwei Jahre nach dem Unfall folgenlos abgeklungen sind, ebenfalls dazu. Hier wird die Tatsache, daß nur ein kleiner Teil der Hirnrinde bei ihrer Schädigung zu derartigen Ausfällen führt, der Rest der Hirnoberfläche aber „stumm" ist, einfach ignoriert. Bei der Beurteilung der Silikose als Berufskrankheit und vor allem bei der Prüfung der Herz-Lungen-Funktion wird verschwiegen, daß die ergometrischen Befunderhebungen auch heute noch so grob sind, daß Ausfälle erst dann objektiviert werden können, wenn sie die Erwerbsfähigkeit bis fast zur Hälfte herabgesetzt haben, wie es *Schwaderer* (Zur Beurteilung des Erwerbsminderungsgrades einer Silikose, MedSach 1968 S. 178) schilderte. Entgegen der gesetzlichen Verpflichtung des § 581 Abs. 1 Ziffer 2 RVO, eine Erwerbsminderung von zwanzig vom Hundert zu entschädigen – bei einer Stützrente bereits ab zehn Prozent –, werden auch heute noch Silikoseerkrankungen in aller Regel erst ab 30 oder 40 % Erwerbsminderung berentet. Es muß weiter daran erinnert werden, daß die Berufsgenossenschaften seit Jahrzehnten einen Begriff der „Arbeitsunfähigkeit im Sinne der Unfallversicherung" durch ihre Ärzte praktizieren, der illegal ist, da nach § 560 RVO allein die Arbeitsunfähigkeit im Sinne der Krankenversicherung maßgebend ist (vgl. W. *Schimanski*, Arbeitsunfähigkeit im Sinne der Unfallversicherung, SozSich 1971 S. 170). Da allein der Versicherungsträger durch seinen Rentenausschuß legitimiert ist, das Ende der Arbeitsunfähigkeit festzustellen, geht die Entschuldigung der Berufsgenossenschaften fehl, die Ärzte würden trotz Belehrung den illegalen Arbeitsunfähigkeitsbegriff weiter benutzen. Es ist jedenfalls unerträglich, daß permanent das Gesetz durch Ärzte und Versicherungsträger mißachtet wird. Zu nennen ist weiter der Streß, den bisher kein Verwaltungs- und Amtsgutachter entdeckt hat. Diese Liste kann noch beliebig fortgesetzt werden. Bei den Versicherungsträgern und der Staatsanwaltschaft ist es äußerst beliebt, die eigenen Ärzte als die Spezialisten hinzustellen, die allein objektiv den medizinischen Tatbestand beurteilen könnten. Ihre Erfahrung allein mache sie für den Prozeß unentbehrlich und ihre Aussage habe ein weit höheres Gewicht als die der unerfahrenen frei praktizierenden Ärzte. Es muß dann immer wieder daran erinnert werden, daß das BSG bereits in seiner Entscheidung vom 28. 6. 1956 (2 RU 188/55, Meso B 20 a/4) es abgelehnt hat, einen Erfahrungssatz anzuerkennen, wonach ein erfahrener Gutachter zum Beispiel bei einer Vorschädigung des Verletzten die individuelle Erwerbsminderung immer richtig einschätze. Zusammenfassend muß leider festgestellt werden, daß die vom BSG in seiner Entscheidung vom 25. 3. 1961 (4

RJ 231/60, NJW 1961 S. 990 = SozR § 73 Da 5 Nr. 11) geforderte Neutralität und Objektivität gegenüber dem Auftraggeber nicht für den beamteten Arzt zu gelten scheint. Eine Objektivität kann nur erwartet werden, wenn die Versicherungsträger und Staatsanwaltschaften die einseitige Auswahl der Ärzte aufgeben und sich – durch die Gerichte gezwungen – dafür verwenden, daß auch andere medizinischen Schulen mit ihren Lehrmeinungen gehört werden.

9. Prestige- und autoritäre Gutachter

Nicht nur die Strafgerichtsbarkeit hat ihren spektakulären Fall Rohrbach, sondern auch die Sozialgerichtsbarkeit. In seinem Urteil vom 18. 12. 1962 (2 RU 194/60, SozSich 1963 S. 21 = SGb 1963 S. 46 = BSGF 18 S. 179 = WzS 1963 S. 58) war das Gericht dem Gerichtsmediziner Professor *Ponsold* gefolgt, der behauptet hatte, ein Radfahrer sei bei einem Blutalkoholgehalt von 1,5 pro mille absolut fahruntüchtig. Dieser Sachverständige hatte dem Senat verschwiegen, „daß die Dinge noch im Fluß seien", wie es das BSG in seinem Urteil vom 29. 6. 1967 (2 RU 198/64 = SozSich-Kartei Nr. 2094, V/A zu § 543 RVO a. F. = SGb 1967 S. 348; 1968 S. 443 = BSGE 27 S. 40 = Breith. 1968 S. 23) feststellte. Eine derartige Behauptung sei daher nicht zutreffend.

Wie gefährlich Sachverständigengutachten sein können, schilderte bereits 1966 eben der Gerichtsmediziner *Ponsold* in seinem Aufsatz: Das Prestigegutachten (Zacchia Archivio di Medicana Legale Sociale e Criminologica 1966 S. 270 ff = MedSach 1969 S. 111). Ausgehend von der Tatsache, daß der Arzt in der Regel stolz ist, daß er als Zweitgutachter und somit als Kontrolleur des Vorgutachters bestellt wurde, glaube dieser fälschlich, das Gericht schätze ihn und seine Qualität höher als den Vorgutachter ein und erwarte von ihm ein anderes Ergebnis. Dieser vermeintlich höheren Qualifikation müsse nun nach Ansicht des Arztes im Gegengutachten um jeden Preis entsprochen werden. Die wunden Punkte des Vorgutachtens werden herausgesucht, um den Kollegen herabzusetzen, um ihn eines auszuwischen.

Aus Prestigegründen, schreibt *Ponsold* weiter, bringe der Zweitgutachter die Courage nicht auf, sein erstattetes Fehlgutachten zu widerrufen oder zu erklären, der Kollege habe recht gehabt. Die Charaktermängel wie Ehrgeiz, Eitelkeit und Rechthaberei sind es nach *Ponsold,* die einmal zur Abgabe eines falschen Gutachtens und anschließend dazu führten, selbst wider besseren Wissens bei dieser Meinung zu bleiben. Diesen Sachverständigen gehe es anscheinend nicht mehr um die Wahrheit, sondern um die Bewahrung und Festigung ihres wissenschaftlichen Rufes.

Diese Angriffe *Ponsolds* gegen die von den Anwälten verführten Sachverständigen treffen, wie die beiden nur beispielhaft gezeigten Streitfälle beweisen, viel eher auf die Amts- und Verwaltungsgutachter zu, die nicht nur aus Prestigegründen, sondern auch aus finanziellen Erwägungen glauben, immer zu Gunsten des Auftraggebers urteilen zu müssen. Für einen Arzt, der etwa die Hälfte seiner Einkünfte durch ständige

Gutachtertätigkeit bestreitet, ist es schon eine Existenzfrage, ob er auch weiterhin das Wohlwollen seines Auftraggebers behält und damit auch weitere Aufträge erhält. Die Ansicht des LSG Hamburg vom 3. 2. 1959 (UBf 104/1957, Meso B 70/8), daß es selten genug ist und daß es nur für die Qualität des Sachverständigen spricht, wenn dieser sich nicht scheut, seine eigene Ansicht zu revidieren und sich selbst zu widerlegen, kann nur unterstrichen werden. Hier ist auch noch das Urteil des BSG vom 11. 12. 1963 (5 RKn 31/60, SozSich 1964 S. 47 = Meso B 10/94) zu nennen, in dem der Senat feststellte, daß LSG sei durchaus berechtigt gewesen, einem weiteren Gutachten des Verwaltungsarztes zu mißtrauen, der wenige Wochen vor dem Tod des Versicherten trotz erheblicher Lungenveränderungen durch eine Silikose keine Belastung von Lunge und Herz festgestellt haben will.

Nach dem Urteil des BSG vom 24. 3. 1961 (10 RV 1139/59, Meso B 20 a/67) stellt die Tatsache, daß die nach § 109 SGG gehörten Ärzte in der Berufungsinstanz ihre früher vertretene Ansicht aufgaben einen triftigen Grund für das LSG dar, einem zweiten Antrag nach § 109 SGG zu entsprechen.

Anscheinend gehört es ferner zum Wesen einer nicht unerheblich großen Zahl von Verwaltungs- und Amtsärzten, daß sie dem Probanden gegenüber autoritär auftreten, obwohl der allgemeine Kampf des Bürgers gegen die traditionelle Autorität vor allem dort, wo sie ihm institutionell entgegentritt, auch vor dem sozialmedizinischen Dienst und dem Amtsarzt nicht Halt macht. Diese Bestrebungen sind Ausdruck einer fortschreitenden Demokratisierungstendenz; sie sind Zeichen des Dranges um Anerkennung und Respektierung der Individualität und Mündigkeit. Jeder Bürger, also auch der Versicherte und Beschuldigte, hat einen verfassungsrechtlich geschützten Anspruch auf Respektierung seiner Individualität, seiner Würde und seiner Integrität. Weil aber das Recht auf Leben und Gesundheit nach Art. 2 Abs. 2 GG und § 823 Abs. 1 BGB als individuelles Grundrecht anerkannt und die Erhaltung und Förderung der Gesundheit eine soziale Verpflichtung nicht nur des Versicherungsträgers ist, besteht auch für den Verwaltungs- und Amtsarzt keine Veranlassung, fiskalische über soziale Aspekte zu stellen.

Es ist eine Binsenweisheit, daß diese Ärzte nicht aus Diktatoren bestehen dürfen, die unnahbar und objektiv wie ein Computer, dem die Verwaltung ein bestimmtes Programm eingegeben hat, urteilen. Die Würde des Menschen und seine Individualität verpflichten jeden Gutachter, sich persönlich zu engagieren. Erst durch eine partnerschaftliche Zuwendung innerhalb eines zwischenmenschlichen Dialogs wird es dem Sachverständigen gelingen, zu einer auch vom Versicherten akzeptierten Beurteilung zu kommen. Die Faustregel einiger Versicherungsträger: „Im Zweifelsfall erst einmal den Antrag ablehnen" und die damit verbundene Verweisung des Versicherten auf den Rechtsweg darf es in Zukunft nicht mehr geben.

Zu einer objektiven Beurteilung gehört auch das Bemühen, den Versicherten zu verstehen, ihn anzuhören, auf seine Vorstellungen und laienhaften Argumente einzugehen. Dazu gehört aber auch das Bestreben, Einsicht beim Probanden zu wecken, daß der persönliche Aspekt seiner Gesundheitsstörung – und das hat meistens nichts mit der diffamierenden Behauptung einer Simulierung oder Rententendenz zu tun – mit den vom Gesetzgeber geforderten Anspruchsvoraussetzungen nicht in Einklang zu bringen ist. Auch einem beamteten Arzt und einem Gerichtsgutachter ist es zuzumuten, sich mit dem behandelnden Arzt des Betroffenen in Verbindung zu setzen und dessen vielleicht abweichende Argumente zur Kenntnis zu nehmen und zu würdigen. Die heutige Praxis der Begutachtung durch den Versicherungsträger oder das Amt in Form eines autoritären Diktates jedenfalls produziert ständig Aggressivität, Resignation oder gar Depressionen. Mancher Prozeßbevollmächtigte denkt mit Schaudern an die Fälle zurück, in denen sich sein Mandant während eines Prozesses das Leben nahm, weil er der nervlichen Belastung und den Unterstellungen nicht mehr gewachsen war. Zu wünschen wäre jedenfalls, daß sich die Sachverständigen mehr als Arzt im ursprünglichen hippokratischen Sinne und weniger als Beamte fühlen würden. Die Forderung des § 410 ZPO an den Sachverständigen, sein Gewissen zu strapazieren, muß mehr als bisher betont und beachtet werden. Sollte hier in Zukunft kein grundlegender Wandel eintreten, wird die Konfrontation zwischen Versicherungsträger, Amt und ihren Ärzten einerseits und den Untersuchten andererseits sicherlich zunehmen. Und dies gilt es im Interesse aller Beteiligten zu verhindern.

10. Privatgutachten

Hinsichtlich der Beweiswürdigung wird immer wieder die Auffassung vertreten, das vorliegende Gutachten sei ein sogenanntes Privatgutachten und diese Tatsache allein beweise bereits seinen geringen Wert. Es wird ein Obergutachten gefordert. Dabei geht man stillschweigend davon aus, daß dieses qualifizierter als das erste Gutachten sei. Dieser Schluß wird um so leichter gezogen, wenn der Zweitgutachter ein namhafter Arzt ist. Nach der Entscheidung des BSG vom 23. 8. 1966 (4 RJ 437/62, Meso B 20 a/98) besteht aber kein allgemein anerkannter Erfahrungssatz des Inhalts, daß die Gutachten namhafter Hochschulärzte ohne weiteres und in jedem Fall gegenüber denjenigen von Privatärzten oder beamteten Ärzten den Vorzug verdienen. Andererseits soll der Umstand, daß der behandelnde Arzt das Gutachten erstellt oder daß das Gutachten auf Antrag des Klägers angefertigt wurde, beweisen, daß die Expertise nicht objektiv und nicht qualifiziert ist.

Nur das vom Gericht in Auftrag gegebene Gutachten ist nach § 402 ZPO, der gem. § 118 SGG auch für die Sozialgerichtsbarkeit gilt, ein Beweismittel im Sinne des Prozeßrechts. Daß der Kläger nach § 109 SGG berechtigt ist, die Erstellung eines Gutachtens durch einen von ihm genannten Arzt zu beantragen und dafür einen Kostenvorschuß bei Gericht einzuzahlen hat, ändert nichts an der Tatsache, daß auch dieses vom Gericht in Auftrag gegebene Gutachten die Voraussetzungen der §§ 402 ZPO ff erfüllt; es ist ein Gerichtsgutachten.

Das vom Gericht auf Antrag des Klägers eingeholte Gutachten ist nach der Entscheidung des BSG vom 20. 8. 1958 (11/10 RV 1269/56, Meso B 20 a/24) kein Parteigutachten, selbst wenn es vom behandelnden Arzt des Klägers stammt. Auch hier handelt es sich um eine Beweiserhebung durch das Gericht. Der Beweiswert des nach § 109 SGG eingeholten Gutachtens ist nach dieser Entscheidung nicht allein deshalb geringer als das vom Gericht nach §§ 118 SGG, 402 ZPO ff. eingeholte. Da die Beklagte nicht dargelegt hatte, inwiefern nur die Auffassung ihrer Ärzte die „objektive allgemeingültige, wissenschaftliche, medizinische Lehrmeinung" darstellt, war das LSG berechtigt, sich von dem Gutachten des behandelnden Arztes überzeugen zu lassen. Bei der Erforschung des Sachverhalts ist das Gericht nach den Entscheidungen des BSG vom 11. 11. 1957 (8 RV 437/56, MRKn 1959 S. 89 = Meso B 20 a/29), vom 14. 2. 1964 (7 Ar 49/62, Meso B 20 a/61 und vom 28. 9. 1959 (4 RJ 139/59, Meso B 20 a/30) zu Beweiserhebungen jeder Art befugt. Es darf dabei auch den bei der Verwaltung tätigen beamteten Arzt hören. Meiner Meinung nach wäre aber jeder Antrag wegen der Besorgnis der Befangenheit gegen diesen Arzt berechtigt, wie es das LSG Bremen in seiner Entscheidung vom 17. 4. 1972 (L4 H 3/72, SozSich-Kartei Nr. 2684, I/A zu § 60 SGG = Meso B 20 a/121 = Breith. 1972 S. 790) hinsichtlich eines beamteten Verwaltungsgutachters, der als Sozialrichter fungieren wollte, für Recht erkannte. Nach dem Urteil des LSG Hessen vom 6. 3. 1968 (L 3 U 1012/67, SozSich-Kartei Nr. 2197, I/A zu § 128 SGG = Meso B 20 a/110 = Breith. 1968 S. 894 = SGb 1968 S. 383) ist ein Versicherungsträger nicht befugt, durch eigene Untersuchungen und Begutachtungen in die gerichtliche Aufklärungspflicht einzugreifen, um seine Berufung begründen zu können. Diese Auffassung vertraut auch das BSG in der Entscheidung vom 23. 9. 1957 (2 RU 113/57, MRKn 1958 S. 96 = Meso B 20 a/33).

Die zuletzt genannte BSG-Entscheidung stellt weiter fest, daß es den Parteien unbenommen ist, nicht nur ein vom Gericht eingeholtes Gutachten mit eigenen Ausführungen anzugreifen, sondern auch mit eigenen *Privatgutachten* zu begegnen. Privatgutachten sind dabei alle Expertisen, die das Gericht nicht in Auftrag gegeben hat. Nur die im Verwaltungsverfahren eingeholten Gutachten sollen nicht dazu zählen, obwohl sie prima facie mehr als andere Gutachten subjektiv sind. Die Ansicht, eine hoheitliche Tätigkeit könne nicht subjektiv sein, widerspricht allen psychologischen Erfahrungen und der Wirklichkeit. Der Hinweis des Senats, daß der *Gleichheitsgrundsatz* nicht verletzt sei, wenn der Versicherungsträger ein Aktengutachten einreiche, da auch der Kläger das gleiche Recht habe, erscheint sophistisch. Generell besteht zwar zwischen den Parteien des Sozialgerichtsverfahrens Waffengleichheit; sie stehen sich formell gleichrangig gegenüber. Auch gegenüber dem Gericht ist die Gleichberechtigung gegeben, so daß die Parteien die gleichen prozessualen Rechte und Pflichten besitzen. Wenn *Sarstedt* (Auswahl und Leitung des Sachverständigen im Strafprozeß, NJW 1968 S. 177) feststellt, daß die Beschwörung der Waffengleichheit von den meisten Beschuldigten des deutschen Strafprozesses als Verhöhnung empfunden werde, so kann für die Sozialgerichtsbarkeit gesagt werden, daß diese Parität auch nicht immer gewahrt wird. Seine weiteren Ausführungen, nach denen jeder geschickte Richter die Anträge einer mittellosen Partei, eine weitere Sachaufklärung von

Amts wegen durchzuführen, weil das vorliegende Amts- oder Verwaltungsgutachten erhebliche Mängel aufweise, revisionssicher ablehnen kann, sind, wie die Praxis immer wieder lehrt, zutreffend. Es wird Zeit, daß die tatsächliche Ungleichheit der Mittel, wie sie im Arbeitsgerichtsverfahren anerkannt ist, auch in den anderen Gerichtszweigen beachtet wird. Die Unterstellung, daß der Millionär und der Normalverdiener gleich seien, läuft darauf hinaus, daß der Gleichbehandlungsgrundsatz der Verfassung, der bekanntlich verlangt, daß Ungleiches ungleich behandelt wird, auf den Kopf gestellt wird. Der Senat stellte weiter fest, daß die Gerichte nicht nur berechtigt, sondern verpflichtet seien, solche Privatgutachten zu würdigen, da sie ihre richterliche Überzeugung nach dem Gesamtergebnis des Verfahrens zu bilden haben. Dabei dürfe allerdings nicht vergessen werden, daß die Privatgutachten keine Beweismittel im Sinne der §§ 402 ZPO ff. sind. War Sinn und Zweck der Untersuchung und Begutachtung durch die Beklagte nur die Beschaffung von Material zur Bekämpfung des für sie ungünstigen Gerichtsurteils, bestand für den Kläger keine Verpflichtung, sich den Untersuchungen zu unterziehen. *Der Versicherungsträger war gehalten, den Kläger auf diese Sachlage hinzuweisen.* Diese Verpflichtung wird von keinem Versicherungsträger beachtet.

11. Obergutachter

Es ist für einen Kläger immer wieder schockierend, daß der gleiche medizinische Sachverhalt von einzelnen Sachverständigen unterschiedlich – oft sogar diametral entgegengesetzt – beurteilt wird. Das hat meistens nichts damit zu tun, daß ein erfahrener oder sachkundiger Gutachter einem unerfahrenen oder schlechten gegenübersteht. Dieses Phänomen existiert auch dann, wenn die Sachkunde beider Gutachter gleichgroß und gleich fundiert ist. *Sarstedt* (Auswahl und Leitung des Sachverständigen im Strafprozeß, NJW 1968 S. 177) hat generell behauptet, daß es zum Beispiel Psychiater gebe, die das Krankhafte fast immer bejahten und andere, die es fast immer verneinten. Das sei die wissenschaftliche Überzeugung dieser Sachverständigen. Kennt man die Ansicht eines bestimmten Psychiaters oder Psychologen, so ist bereits oft mit seiner Benennung ein Prozeß entschieden. Das hat mit Befangenheit oder mit der Besorgnis der Befangenheit nichts zu tun, weil das Problem bei der unterschiedlichen wissenschaftlichen Überzeugung der Gutachter überhaupt nicht in Erscheinung tritt. Obwohl *Rauch* (Auswahl und Leitung des Sachverständigen im Strafprozeß, NJW 1968 S. 1173) *Sarstedts* Auffassung als zu pauschal verwarf, mußte er doch zugeben, daß zumindest bei Neurosen bereits mit der Auswahl des Gutachters das Ergebnis des Prozesses beeinflußt oder gar vorweggenommen werde. Diese Tatsache müßte eigentlich jeden Dogmatiker schockieren.

Das Gericht ist berechtigt, sich von jedem Gutachter überzeugen zu lassen und die entgegengesetzte Auffassung zu verwerfen. Es kann und darf den Antrag auf Einholung eines Obergutachtens ablehnen. In Übereinstimmung mit Lehre und Rechtspre-

chung vertreten *Baumbach/Lauterbach* (Zivilprozeßordnung § 412, Anm. 1) die Auffassung, daß keine Partei einen Anspruch auf ein Obergutachten besitzt.
Dem Richter, der sich im Gegensatz zu einem Gutachten stellt, sollte die Entscheidung des Reichsgerichts (RGZ 167 S. 269) ins Gedächtnis zurückgerufen werden, in der ausgeführt ist, daß der Richter zwar nicht an das Sachverständigengutachten gebunden ist, da ihm aber eine unmittelbare Sachkunde fehle, müsse es dieser Umstand ausschließen, daß der Richter das Gutachten nicht nur verwirft (was ihm selbstverständlich frei steht), sondern die eigene Beurteilung – sei sie auch geschöpft aus den einzelnen Untersuchungsergebnissen des Sachverständigen – an die Stelle derjenigen des Gutachters setzt. „*Will der Richter das Ergebnis, zu dem der Gutachter gelangt ist, nicht gelten lassen und an dessen Stelle selbst einen entgegengesetzten Schluß ziehen, begibt er sich auf ein Gebiet, das einem Sachverständigen vorbehalten bleiben muß, denn auch die zusammenfassende Bewertung der Einzelergebnisse verlangt über die Fähigkeit, allgemeine Folgerungen zu ziehen, hinaus spezielle Kenntnisse. Bewegt sich der Richter auf diesem Gebiet, so übernimmt er eine Verantwortung, die zu tragen er nicht in der Lage ist. Wenn er dem Gutachter nicht glaubt folgen zu können, so wird es sich empfehlen, die Bedenken dem Gutachter mitzuteilen und diesen zu einer ergänzenden Stellungnahme zu veranlassen. Notfalls muß er einen anderen Sachverständigen hören.*"
Das gilt insbesondere, wenn *unterschiedliche* Gutachten vorliegen. Obwohl das Gericht grundsätzlich nach freiem Ermessen (vgl. BGH VersR 1959 S. 392 und BAG BB 1966 S. 947) entscheidet, ob ein weiteres oder ein drittes (Ober-)Gutachten eingeholt wird, besteht dazu ausnahmsweise eine Pflicht, wenn die gestellten Fragen besonders schwierig zu beantworten sind oder wenn die vorliegenden Gutachten grobe Mängel aufweisen, wie es das BSG im Urteil vom 1. 3. 1956 (8 RV 41/54, BSGE 2 S. 236 = Meso B 290/18) und der BGH (VersR 1955 S. 279; 1969 S. 188) erklärten. Nach Auffassung des BAG (Urteil vom 23. 11. 1964-4 AZR 134/63, AP Nr. 1 zu § 412 ZPO) muß das Gericht ein neues Gutachten einholen, wenn es das von ihm bestellte Gutachten für ungenügend hält und ihm die eigene Sachkunde fehlt.
Beantragt der Kläger die Einholung eines Obergutachtens von einem bestimmten Arzt auf Gerichtskosten, kann nach dem Beschluß des BSG vom 28. 10. 1957 (11/8 RV 863/55, Meso B 20 a/28) dieser Antrag nicht in einen gem. § 109 SGG gestellten Antrag umgedeutet werden. Ein Gericht, das ein eingeholtes Gutachten als Obergutachten bezeichnet und es seitenlang wortwörtlich in das Urteil übernimmt, läßt nach dem Urteil des BSG vom 27. 10. 1961 (2 RU 24/58 3 SGb 1961 S. 365 = Meso B 100/7) den Verdacht aufkommen, daß es dem Gericht nicht gelungen sei, das Wesentliche von mehr Beiläufigen zu unterscheiden.

12. Ausschluß und Ablehnung von Sachverständigen

Nach § 406 ZPO kann ein Sachverständiger aus denselben Gründen, die zur Ablehnung eines Richters berechtigen, abgelehnt werden. Der Ablehnungsgrund ist glaubhaft zu machen, also nicht zu beweisen. Abgesehen von den Ausschlußgründen kraft Gesetz im Sinne des § 41 ZPO kann ein Ablehnungsgrund nach § 42 ZPO nur auf die *Besorgnis der Befangenheit* gestützt werden. War die Rechtsprechung früher zu formal und berücksichtigte sie bis in die jüngste Vergangenheit nicht, daß die innere Abhängigkeit oder Befangenheit zwar zu spüren, kaum aber zu beweisen ist, so hat sie die Ablehnungsgründe praktisch dadurch ausgedehnt, daß sie die Besorgnis der Befangenheit nunmehr vom Standpunkt der ablehnenden Partei beurteilt, wie es die Urteile des OLG Stuttgart vom 10. 6. 1958 (2 W 32/58, NJW 1958 S. 2122) und LSG Nordrhein-Westfalen vom 3. 7. 1963 (L 14 S 2/63, SozSich-Kartei Nr. 1621, I/A zu § 118 SGG) beweisen.

Das Urteil des BSG vom 12. 7. 1961 (9 RV 908/57, AP Nr. 1 zu § 109 SGG = MRKn 1962 S. 204 = Meso B 20 a/36) geht zu weit, wenn es zwar richtig feststellt, daß die Vorakten dem Gutachter grundsätzlich deshalb mit übersandt werden müssen, weil andernfalls das neue Gutachten zur objektiven Aufklärung des Sachverhalts regelmäßig nicht beitragen könnte, dann aber erklärt, daß ohne Anhaltspunkte für eine zwischen dem Gutachter und dem Kläger bestehende *Feindschaft* eine Besorgnis der Befangenheit nicht berechtigt sei, wenn der Sachverständige dem Kläger „neurotische, wenn nicht schon paranoide Fehlhaltung" attestiert. Es handele sich dabei nicht um unsachliche und deshalb als feindselig anzusehende Ausführungen, sondern um die Erklärung eines medizinischen Sachverständigen über die Ursache der von ihm zu beurteilenden Beschwerden. Ich meine, daß auch ohne Feindschaft die Besorgnis der Befangenheit durchaus gegeben sein kann.

Das OLG Frankfurt hat in seiner Entscheidung vom 16. 9. 1959 (2 W 102/59, NJW 1960 S. 1622) zu Recht die Besorgnis der Befangenheit bestätigt, obwohl es davon überzeugt war, daß dieser Ablehnungsantrag objektiv unbegründet war. Einen anderen Standpunkt nahm das LSG Niedersachsen in seiner Entscheidung vom 18. 12. 1956 (L 6 Kn 6/56, Meso B 20 a/1) ein. Unter Hinweis auf die Rechtsprechung des Reichsgerichts (vgl. Urteil vom 3. 3. 1902, JW 1902 S. 216 Nr. 16), wonach das öffentliche Ansehen, das der Sachverständige sich in langjähriger Tätigkeit erworben hat, bei der Frage der Besorgnis der Befangenheit mit ins Gewicht fallen soll, erklärte der Senat, daß ein Ablehnungsantrag unbegründet sei, wenn der Sachverständige als leitender Arzt eines der Beklagten gehörenden Krankenhauses ein Fachgelehrter, also eine anerkannte Kapazität auf dem entsprechenden Fachgebiet sei, einen untadeligen Ruf genieße und als besonders zuverlässig und gewissenhaft bekannt sei. Die dienstliche Stellung sei zu berücksichtigen. Wenn Beamte einer Partei Sachverständige sein könnten, wenn sie weder Vertreter der Partei noch unmittelbar

Beteiligte des Prozesses seien, müsse dies auch für den Arzt gelten, der sich in gesicherter Stellung befindet und in seiner ärztlichen Meinungsäußerung völlig uneingeschränkt sei. Diese Beurteilung stützt sich auf Fakten, die für die Besorgnis der Befangenheit nicht relevant sind. Hier kommt es nicht auf die berufliche Qualifikation an, sondern persönliche Motive wie Antipathie, Aggressivität, Auflehnung gegen Autorität, politische Anschauungen, Abneigung gegen das Äußere des Betreffenden (wie zum Beispiel lange Haare) und weitere Emotionen sind maßgebend.
Der Ansicht von *Peter/Sautter/Wolff* (Kommentar zur Sozialgerichtsbarkeit § 118, II/88-81) ist beizupflichten, wonach die Besorgnis der Befangenheit regelmäßig dann gerechtfertigt ist, wenn sich der Sachverständige in ein und derselben Streitsache im Auftrag eines Beteiligten und gegen dessen Bezahlung bereits gutachtlich betätigt hat. Diese Auffassung wird auch vom BSG (Urteil vom 31. 5. 1958 – 2 RU 59/58, SozR ZPO § 42 Da 1 Nr. 1 = SGb 1958 S. 387 = Breith. 1959 S. 954) geteilt. Meiner Meinung nach muß dies aber vorbehaltlos *für beide Parteien* und ihre Sachverständigen gelten. Besser wäre es allerdings, man würde sich durchringen und entgegen der Entscheidung des LSG Berlin (Urteil vom 21. 3. 1963 – L 2 J/A/3/63, Breith. 1964 S. 172), wonach ein behandelnder Arzt als Sachverständiger wegen der Besorgnis der Befangenheit abzulehnen ist, weil dieser nach jahrelangem Behandlungsverhältnis sich nicht so rein objektiv sachlich zu seinem Patienten einstellen könne, wie er es als gerichtlicher Sachverständiger tun müßte, konstatieren, daß auch in solch einem Fall nur die Qualität des Gutachtens ausschlaggebend sein soll. Ich wehre mich jedenfalls gegen die jeden Tag vor Gericht widerlegte Auffassung, daß nur der behandelnde Arzt, nicht aber der ständig für den Versicherungsträger oder die Staatsanwaltschaft tätige Arzt mit dem Geruch der Befangenheit und dem Makel der Unfähigkeit, objektiv urteilen zu können, versehen wird. Dabei bleibt noch zu klären, was eigentlich unter einer objektiven Beurteilung (vgl. S. 31) zu verstehen ist.

13. Schweigepflicht

Die ärztliche Schweigepflicht ist so stark ausgeprägt, daß sie selbst von der StPO in Form des *Zeugnisverweigerungsrechts* (§ 53 StPO) gedeckt wird. Eine Parallelbestimmung finden wir im § 383 Abs. 1 Ziff. 5 ZPO, die auch für die Arbeits- und Sozialgerichtsbarkeit nach § 46 Arbeitsgerichtsgesetz und § 118 Abs. 1 SGG gilt. Mit Recht weist *Kleinknecht* (Kommentar zur Strafprozeßordnung 32. Aufl. 1975, Anm. 4) darauf hin, daß auch die Mitteilung an Personen, die – wie Rechtsanwälte – ebenfalls zur Verschwiegenheit verpflichtet sind, strafbar ist. Nichts läßt erkennen, daß diese Auslegung für Ärzte nicht gelten soll.
Zum inneren Tatbestand der Schweigepflicht und somit des Geheimnisverrats gehört der *Vorsatz.* Der Täter muß wissen, daß es sich um ein Privatgeheimnis handelt und daß der Geheimnisinhaber die Geheimnishaltung will. Feststehen muß auch, daß der Offenbarende wissen konnte oder wissen mußte, daß er ohne entsprechende aus-

drückliche Genehmigung des Geheimnisinhabers nicht zur Offenbarung ermächtigt ist. Das dürfte bei einem Arzt verhältnismäßig leicht zu beweisen sein. Denn hier liegt in der Regel der sogenannte *qualifizierte Vorsatz* vor: auf Grund seiner Ausbildung und Erfahrung ist von jedem Arzt die Kenntnis zu erwarten, daß er zur Geheimhaltung verpflichtet ist. Das gilt auch für den Werksarzt (vgl. *Schimanski,* Werksarzt und Schweigepflicht, SozSich 1966 S. 14 ff).

Das LSG Bremen hat in seiner Entscheidung vom 2. 5. 1957 (B Reg. 4/57, NJW 1958 S. 371) betont, daß ein Arzt, der auf rechtswidrige Weise Kenntnis von dem Inhalt der Krankenpapiere erlangt hat, ohne daß er von seiner Schweigepflicht entbunden wurde, wegen Besorgnis der Befangenheit abgelehnt werden kann. Nach Auffassung des Senats ist das Interesse des Klägers an der Geheimhaltung dieser Krankenunterlagen begründet, da alle Tatsachen, deren Bekanntwerden nach objektiver Würdigung mit den Interessen des Klägers kollidieren und die geeignet sind, das Ansehen, die Ehre oder das soziale Prestige zu mindern, durch Art. 1 und 2 GG geschützt sind.

Nach dem Urteil des BGH vom 2. 4. 1957 (VI ZR 9/56, NJW 1957 S. 1146) ist die Geheimhaltung ärztlicher Unterlagen wie Befundberichte, Zeugnisse und Gutachten als Bestandteil des verfassungsgeschützten Persönlichkeitsrechts anzusehen. Die Verletzung dieses Rechts stellt eine *unerlaubte Handlung* dar, die gem. § 823 Abs. 1 BGB zu Schadenersatz verpflichtet. Das LSG Bayern entschied am 6. 4. 1962 (L7 S 13/60, BG 1962 S. 462 = SGb 1962 S. 440 = Meso B 20 a/43), daß die ärztliche Schweigepflicht selbst nach dem Tode des Patienten weiterbesteht. Verweigere der Arzt nach dem Tode des Patienten seine Aussage als sachverständiger Zeuge, so habe das Gericht nur zu prüfen, ob der Arzt durch wirksame Entbindungserklärung oder gesetzliche Vorschrift von seiner Schweigepflicht befreit ist. Die nächsten Angehörigen oder die Eltern könnten den Arzt nicht von seiner Schweigepflicht entbinden. Der Arzt selbst habe gewissenhaft abzuwägen, ob das Interesse und die Würde des Verstorbenen Schweigen gebieten oder ob demgegenüber das Interesse der Hinterbliebenen an seiner Aussage überwiegt.

Die Schweigepflicht gilt aber nicht für den angestellten oder beamteten Arzt des Staates und seiner Einrichtungen und nicht für Gerichtsgutachter, Vertrauens- und Amtsärzte. Diese werden vielmehr von den Straftatbeständen erfaßt, die jeden Beamten mit Strafe bedrohen, wenn er Geheimnisverrat begeht. Wie *Kierski* (Zur Frage der Schweigepflicht des Arztes als gerichtlicher Sachverständiger, MedSach 1958 S. 114) schildert, will § 53 StPO Personen, die ärztliche Hilfe oder Rechtshilfe suchen, vor der Offenbarung von Privatgeheimnissen schützen, die sie denjenigen anvertrauen, die ihnen in Ausübung ihrer Berufe Hilfe gewähren. Es gelte immer noch die Entscheidung des RG vom 17. 10. 1927 (RGSt 61 S. 384), in der ausgeführt wurde: „Die Vorschrift will hilfesuchende Kranke vor einer Offenbarung der Privatgeheimnisse schützen, die sie dem behandelnden Arzt zu ihrer sachgemäßen Beratung und Heilung anvertraut haben. Im vorliegenden Falle war aber der Sachverständige der Zeugin nicht als behandelnde Vertrauensperson, sondern als Beauftragter des Gerichts gegenübergetreten, der sie auf ihren Geisteszustand untersuchen sollte."

Peters (Vertrauensarzt und Schweigepflicht, MedSach 1960 S. 89) weist darauf hin, daß für Kassenärzte eine *Offenbarungspflicht* gegenüber der Krankenkasse nach § 368 Abs. 1 RVO im Rahmen der dort normierten Pflicht zur Zusammenarbeit besteht. Das Urteil des LSG für das Saarland vom 14. 12. 1964 (L 3 S7/64 = Meso B 20 a/86) vertritt die Auffassung, daß jeder behandelnder Arzt nach § 1543 d RVO verpflichtet sei, dem Unfallversicherungsträger Auskunft über die Behandlung und den Zustand des Verletzten zu erteilen; einer Befreiungserklärung bedürfe es nicht. ,,Wenn auch auf der einen Seite grundsätzlich die freie Willensentscheidung des einzelnen darüber befindet, was der Geheimhaltung unterliegen soll, durch das in Art. 2 GG verankerte Persönlichkeitsrecht geschützt ist, so ist andererseits dieser Schutz nicht grenzenlos und kann sich nur auf solche Umstände beziehen, deren Bekanntwerden nach objektiver Wertung nicht im Interesse des Versicherten liegt," erklärte der Senat.

Nach dem Urteil des LSG Hessen vom 14. 12. 1960 (L 6 Ar 69/59, Meso B 20 a/21) ist die *Beiziehung von Akten* des Versicherungsträgers durch einen anderen Träger der gesetzlichen Sozialversicherung und deren Verwertung bereits im Hinblick auf die verfassungsmäßige Amtshilfepflicht nicht durch die Schweigepflicht ausgeschlossen. Sie erstreckt sich im allgemeinen nicht auf den Inhalt von Gutachten, die zum Zweck der Entscheidung über öffentlich-rechtliche Leistungsansprüche erstattet wurden.

Das LAG Bremen stellte am 28. 3. 1956 (Sa 10/56, AP Nr. 17 zu § 626 BGB) fest, daß ein erkrankter Arbeitnehmer nicht gegen seine arbeitsrechtliche Treuepflicht verstößt, wenn er sich weigert, den Vertrauensarzt, der ihn im Auftrag seines Arbeitgebers untersucht hat, von der Schweigepflicht gegenüber dem Arbeitgeber zu befreien.

14. Straf- und zivilrechtliche Haftung

Nach § 153 StGB wird derjenige mit Freiheitsstrafe nicht unter drei Monaten bedroht, der als Zeuge oder Sachverständiger uneidlich *vorsätzlich* falsch aussagt. Wer vor Gericht oder einer zuständigen Stelle vorsätzlich falsch schwört, wird nach § 154 StGB gleichfalls mit Freiheitsentzug bestraft.

Nach *Schönke/Schröder* (Kommentar zum Strafgesetzbuch 17. Aufl. 1974, § 154, Anm. II Ziff. 2) ist Gegenstand des Gutachtens die *Überzeugung des Sachverständigen von der Richtigkeit seiner Expertise.* Ist diese Überzeugung nicht vorhanden, leistet der Gutachter selbst dann eine falsche Aussage oder gar einen Meineid, wenn das Gutachten objektiv richtig ist. Träfe somit der Vorwurf zu, der Amts-, Verwaltungs- oder Gerichtsgutachter erstelle wider besseren Wissens und Überzeugung ein für den Betroffenen ungünstiges Gutachten, um seinem Auftraggeber Leistungen zu ersparen, läge der Straftatbestand der §§ 153, 154 StGB vor.

Ist dem Sachverständigen bekannt, daß sein Gutachten unsorgfältig angefertigt wurde, liegt trotzdem keine vorsätzlich falsche Aussage vor, wenn er von der Richtigkeit seines Gutachtens überzeugt ist. Gegenteiliges nachzuweisen, dürfte kaum gelingen.

Selbstverständlich werden die im Gutachten aufgeführten Tatsachen vom Eid erfaßt; eine eidliche Falschaussage ist auch dann gegeben, wenn die vom Sachverständigen mitgeteilten Befunde mit den objektiven Tatsachen nicht übereinstimmen. Das ist zum Beispiel der Fall, wenn der Bizepsumfang nicht wie angegeben 28, sondern nur 25 cm beträgt.

Zu beachten ist, daß nach § 163 StGB auch derjenige bestraft wird, der aus *Fahrlässigkeit* einen Meineid schwört; die fahrlässige falsche uneidliche Aussage und Begutachtung ist somit strafrechtlich nicht relevant. Nach der vom BGH in seinem Urteil vom 22. 4. 1955 (BGHSt 7 S. 363 = NJW 1955 S. 1688) aufgestellten Definition des Vorsatzes und der Fahrlässigkeit handelt der Sachverständige bedingt vorsätzlich, der zwar den Betroffenen nicht schädigen will, trotzdem aber ein unrichtiges Gutachten erstellt, um dadurch von seinem Auftraggeber neue Gutachtenaufträge zu erhalten. *Dreher* (Kommentar zum Strafgesetzbuch 35. Aufl. 1975, § 163 Anm. 1 B b) weist darauf hin, daß dem Sachverständigen ein fahrlässiger Meineid selten nachweisbar ist, weil der Gutachter nur seine subjektive Überzeugung wiedergibt. Immerhin könne er fahrlässigerweise nicht sein ganzes Wissen kundtun oder die von ihm erforschten Tatsachen falsch wiedergeben.

Es herrscht Einigkeit darüber, daß eine *zivilrechtliche Haftung* wegen positiver Vertragsverletzung nicht in Frage kommt, weil zwischen dem Sachverständigen und dem Untersuchten kein Vertragsverhältnis besteht. Die Rechtslehre geht davon aus, daß der Gerichts- und Verwaltungsgutachter aufgrund eines öffentlich-rechtlichen Vertrages tätig wird, aus dem die Parteien keine Rechte herleiten können. So stellte das OLG Hamm im Urteil vom 3. 1. 1950 (MDR 1950 S. 221) fest, daß der Grundgedanke des § 328 BGB (Versprechen einer Leistung an einen Dritten) auf Gutachten nicht anzuwenden ist.

Zu diskutieren bleibt, ob als Haftungsgrundlage die Vorschriften über *unerlaubte Handlungen* im Sinne der §§ 823 BGB ff. in Frage kommen können. Nach § 823 Abs. 1 BGB ist derjenige schadenersatzpflichtig, der vorsätzlich oder fahrlässig das Leben, den Körper, die Gesundheit, die Freiheit, das Eigentum oder ein sonstiges Recht eines anderen widerrechtlich verletzt. Weil das Vermögen kein „sonstiges Recht" ist, scheidet nach dem Urteil des BGH vom 12. 12. 1963 (II ZR 36/62) diese Norm als Haftungsgrundlage aus. Etwas anderes würde nur gelten, wenn durch die falsche Beurteilung die Gesundheit oder der Körper des Betroffenen verletzt worden wäre. In seinen Urteilen vom 30. 1. 1968 (VI ZR 153/66, NJW 1968 S. 787) und vom 18. 12. 1973 (VI ZR 113/71, NJW 1974 S. 312) vertrat der BGH die Auffassung, daß auch im Hinblick darauf, daß durch ein falsches Gutachten eine Freiheitsentziehung durchgeführt wird, der § 79 StPO kein Schutzgesetz im Sinne des § 823 Abs. 2 BGB sei.

Die weitere Frage, ob eine Haftung des Sachverständigen nach § 823 Abs. 2 BGB möglich ist, hängt davon ab, ob durch die Erstellung eines falschen Gutachtens ein „den Schutz eines anderen bezweckendes Gesetz" verletzt wird. Das ist unbestritten der Fall, wenn der Tatbestand der vorsätzlichen uneidlichen und eidlichen Aussage

und des fahrlässigen Meineids im Sinne der §§ 153, 154, 163 StGB gegeben ist, denn diese Normen dienen nicht nur dem Schutz der Rechtspflege, sondern auch des einzelnen Bürgers (so *Palandt,* Kommentar zum Bürgerlichen Gesetzbuch 34. Aufl. 1975, § 823 Anm. 9 f, mit Hinweisen und BGH in *Lindenmair/Möhring,* Entscheidungen des BGH, Nr. 8 zu § 823/Be/BGB mit Nachweisen). Eine Anspruchsgrundlage könnte nur § 410 ZPO oder § 79 StPO geben, die den gerichtlichen Sachverständigen verpflichten, das Gutachten *nach bestem Gewissen und Wissen und unparteilich zu erstatten.* Diese Verpflichtung ist losgelöst von der Frage, ob der Gutachter vielleicht seine Expertise beschwören muß. Kommt man zu dem Ergebnis, daß beide Bestimmungen nicht nur gegenüber dem Gericht, sondern auch den Prozeßbeteiligten gelten, dann würde die Verletzung dieser Pflichten die Mißachtung eines Schutzgesetzes darstellen.
In dem bereits genannten Urteil des OLG Hamm vom 3. 1. 1950 hatte das Gericht die Ansicht vertreten, daß es keinesfalls allein Sinn und Zweck des § 410 ZPO sei, unparteiliche Richtergehilfen zu schaffen, sondern auch die Interessen der Parteien zu vertreten. Es sei ein Gebot der Gerechtigkeit, daß der Sachverständige auch ohne Beeidigung bei fahrlässiger Verletzung seiner Pflichten der Partei für ein unrichtiges Gutachten Schadenersatz leiste, die durch die Expertise geschädigt worden sei.
Diese Auffassung, die § 410 ZPO als ein Schutzgesetz ansah, wurde vom BGH mit Urteilen vom 19. 11. 1964 (VII ZR 8/63, NJW 1965 S. 296) vom 30. 1. 1968 (VI ZR 153/66, NJW 1968 S. 787) und 18. 12. 1973 (VI ZR 113/71; NJW 1974 S. 312) als unrichtig verworfen, da es nur die Fassung des Eides und den Zeitpunkt seiner Abnahme wie § 392 ZPO regele. Es setze die Sorgfaltspflicht des Sachverständigen voraus, bestimme sie aber nicht selbständig. Insbesondere behandle er nicht den Fall, daß der Sachverständige nur uneidlich vernommen werde. Diese Vorschrift sei zwar auch den Parteien dienlich, ihr Zweck aber sei allein, den ordnungsgemäßen Ablauf des Verfahrens zu gewährleisten. Nach Ansicht des 7. Senats des BGH stehen den Parteien nur die Möglichkeit der Ablehnung des Sachverständigen und gegebenenfalls die Restitutionsklage gegen ein unrichtiges Gutachten offen. Eine Bestimmung, die den Parteien bei jeder fahrlässigen Pflichtverletzung des Sachverständigen einen Schadenersatzanspruch gewährt, gebe es nicht.
Diese Regelung habe nach Ansicht des BGH auch ihren guten Sinn, denn aus Gründen der Rechtssicherheit sei es notwendig, die Einwendungen abzugrenzen, die auf Abänderung eines durch gerichtliches Urteil geschaffenen Ergebnisses abzielen. „Würde man bereits die nicht mit Strafe bedrohte uneidliche Verletzung der Zeugen- und Sachverständigenpflichten für einen Schadenersatzanspruch als ausreichend erachten, so könnte dies zu einer großen Zahl von Prozessen führen, mit denen versucht würde, den gerichtlichen Spruch auf andere Weise unwirksam zu machen. Daß das Gesetz dies gewollt hat, kann nicht unterstellt werden."
Bei Durchsicht der gesamten BGH-Rechtsprechung drängt sich der Eindruck auf, daß die Schädigung des Eigentums (vgl. BGH vom 13. 7. 1956–VI ZR 132/55, BB 1956 S. 865 = NJW 1956 S. 1595) als sittenwidrig angesehen wird, nicht aber der

durch unrichtige Gutachten verursachte Verlust der Freiheit und sonstiger Rechte. Art. 19 Abs. 4 GG gibt zwar keinen verfassungsmäßigen Rechtsschutz gegen, sondern gerade durch die Gerichte (so *Maunz/Dürig:* Kommentar zum Grundgesetz Art. 19 Abs. IV, Anm. III c mit Nachweisen). Doch verlangen Art. 20 und 28 GG, nach denen die Bundesrepublik Deutschland ein demokratischer und sozialer Rechtsstaat ist, daß neben dem formellen, auch der materielle Rechtsstaatsbegriff beachtet wird. Der Begriff Rechtsstaat umfaßt – was leider immer übersehen wird – auch notwendig den „Gerechtigkeitsstaat". *Eine Rechtsordnung, die nicht der Gerechtigkeit des Bürgers als dem Souverän primär dienen will, besitzt keine Daseinsberechtigung und eine Justiz, die die Ordnungs- und Sicherheitsfunktion des Rechts im Namen der Rechtssicherheit über die Gerechtigkeit stellt, verleugnet und mißachtet letztlich die in der Verfassung verankerten Menschenrechte.* Sie übersieht, daß der heutige mündige Bürger mit Recht fordert, gegen fahrlässig handelnde, befangene oder verblendete Sachverständige, die ihn durch unrichtige Begutachtungen schädigen, geschützt zu werden. Bis dahin sollte die Anregung von *Sarstedt* (Auswahl und Leitung des Sachverständigen im Strafprozeß, NJW 1968 S. 177) aufgegriffen werden, grundsätzlich jedes Gutachten vom Sachverständigen beschwören zu lassen. Nur so kann erreicht werden, daß der Sachverständige tatsächlich sein Gewissen strapaziert und bei der Abwägung von Vorteil und Strafandrohung die Objektivität wählt.

II. Das medizinische Gutachten

1. Beweisfragen des Gerichts

Sinn und Zweck des Sachverständigenbeweises ist, dem Gericht das Fachwissen zur Verfügung zu stellen. Das kann durch Sachverständige, sachverständige Zeugen oder Zeugen geschehen. Während der Zeuge über die konkrete Wahrnehmung von Tatsachen aussagt, ist der sachverständige Zeuge nach dem Urteil des BSG vom 12. 8. 1959 (11/8 RV 223/57, Meso B 20 a/44) in der Lage, die zufällige Wahrnehmung vergangener Tatsachen und Zustände nur kraft seiner Fachkunde zu machen wie der Arzt, der zum Beispiel über die Wunden, die er bei dem Patienten bemerkt hat, aussagt. Der Sachverständige hingegen vermittelt dem Gericht nicht nur Tatsachen, sondern *Urteile über Tatsachen,* nicht oder nicht nur sinnliche Wahrnehmungen, sondern auch Schlußfolgerungen. Er soll seine Meinung über Tatsachen, unter Umständen auch über von ihm selbst beobachtete, äußern. Es ist selbstverständlich, daß dem Sachverständigen je nach seiner prozessualen Stellung unterschiedliche Fragen zu stellen sind. Für den Sachverständigen ist es schwierig, ein Gutachten zu erstatten, wenn die einzelnen Beweisfragen des Gerichtes nicht erkennen lassen, von welchem Sachverhalt er ausgehen soll. Dem Gutachten kann jeder Beweiswert fehlen, wenn der Gutachter aufgrund eines nicht ausreichend aufgeklärten Sachverhalts gezwungen wird, von sich aus Ermittlungen anzustellen. Zu fordern ist daher, daß die Beweisanordnung in genau umrissener Form substantiiert die Tatsachen angibt, die der Aufklärung durch den Gutachter bedürfen. *Die Aufgabe des Richters, den Tatbestand festzustellen, beginnt somit bereits damit, daß die Beweisfragen so abgefaßt sein müssen, daß der Sachverständige ohne Zweifel erkennen kann, von welchem Sachverhalt das Gericht und somit auch er auszugehen habe.* Anschließend ist vom Gericht zu prüfen, ob das Gutachten diesen Tatbestand berücksichtigt oder ob der Sachverständige nicht einen eigenen seiner Begutachtung zugrunde gelegt hat. Nach dem Urteil des LSG Nordrhein-Westfalen vom 26. 4. 1961 (L 12 J 8/61, Meso B 20 a/40) hat sich der Sachverständige zu den in der Beweisanordnung gestellten Fragen exakt und konkret – ohne allgemein gehaltene Floskeln – zu äußern.

Die Beantwortung von Fragen, die außerhalb seines Fachgebietes liegen, ist nicht Aufgabe des Sachverständigen, denn dort ist er Laie. Dazu gehören Fragen zum Berufsbild. Nach der Entscheidung des BSG vom 11. 3. 1959 (1 RA 8/58, BSGE 9 S. 206 = SozSich 1959 S. 209 = SGb 1959 S. 435 = Meso B 10/5) soll das Gericht, bevor es den Sachverständigen hört, den Tatbestand festlegen. Zu den richterlichen Aufklärungspflichten gehört ferner die Ermittlung der sogenannten Brückensymptome, um den Kausalzusammenhang beweisen zu können. *Rechtsfragen,* wie zum

Beispiel ob der Versicherte arbeits-, berufs- oder erwerbsunfähig ist, hat nicht der Gutachter, sondern der Richter zu beantworten. Nach der bereits genannten BSG-Entscheidung vom 11. 3. 1959 handelt es sich hierbei nicht um medizinische, sondern um juristische Begriffe, so daß auch technische und berufliche Sachverständige zu hören sind (vgl. *Schieckel*, Anmerkung zu diesem Urteil, SGb 1959 S. 437). Nach dem Beschluß des LSG Berlin vom 7. 5. 1963 (11 S 3/63, Breith. 1964 S. 353 = Meso B 20 b/15) muß immer beachtet werden, daß der Sachverständige dem Gericht nur einen Teil der Grundlagen liefert, derer er zur Urteilsfindung bedarf.

Nach dem Sinn und Zweck des Sachverständigenbeweises kann mit der Einholung des Gutachtens nur *eine Aufklärung des Gesundheitszustandes angestrebt werden.* Das LSG Nordrhein-Westfalen stellte in seinem Urteil vom 16. 1. 1962 (L 13 J 356/61, Meso B 20 a/56) richtig fest, daß im Rentenrecht die Erhebung der auf Krankheit, Gebrechen und Schwäche der körperlichen und geistigen Kräfte beruhenden medizinischen Befunde, die daraus abzuleitenden Diagnosen und die dem Versicherten noch verbliebenen Kräfte sowie seine aus dieser Gesamterhebung zu folgernden Belastungs- und Funktionsfähigkeit Gegenstand einer Beweisanordnung sein kann.

In dem Beschluß vom 17. 1. 1958 (10 RV 102/56, BSGE 6 S. 267 = Meso B 20 a/41) stellte das BSG klar, daß die Frage, in welch einem Maße die durch eine Schädigung oder einen Arbeitsunfall verursachten Gesundheitsstörungen einschließlich ihrer physiologischen und funktionellen Folgen die Erwerbsfähigkeit mindern, zwar von den ärztlichen Feststellungen auszugehen habe, daß die Beantwortung aber über das ärztlich-wissenschaftliche Gebiet hinausgehe. Für die Frage der Gradfrage biete die ärztliche Auffassung nicht mehr als einen Anhaltspunkt. Die in der BSG-Entscheidung vom 2. 3. 1971 (2 RU 39/70, Breith. 1971 S. 829 = SozSich-Kartei Nr. 2530, V/D zu § 622 RVO = SGb 1971 S. 168 = BSGE 32 S. 245) enthaltene Auffassung, das Gericht dürfe niemals von der Einschätzung der Erwerbsminderung des Versicherungsträgers oder Arztes um 5 % abweichen, wurde von mir (Die gerichtliche Überprüfung der MdE-Schätzung, SV 1973 S. 239) als teilweise falsch angegriffen. Daraufhin wiederholte das BSG am 21. 3. 1974 (8/2 55/72, SozSich-Kartei Nr. 2854, V/D zu § 581 RVO = SGb 1974 S. 286), „daß es weder früher einen Rechtssatz gegeben habe, wonach das Gericht von der MdE-Schätzung eines Gutachters in gewissen Fällen nicht um 5 % abweichen dürfe, noch gibt es ihn heute. Die ständige Rechtsprechung des BSG geht im Gegenteil dahin, daß für die Entscheidung der Gradfrage die ärztliche Auffassung nicht mehr als einen Anhalt bietet."

Problematisch ist die Frage, wie die vom Sachverständigen ermittelten Tatsachen zu bewerten sind. Je nach der Quelle, aus der der Gutachter seine Informationen schöpft, ist die Antwort zu geben. Handelt es sich um spezifisch *medizinische Fakten,* wie zum Beispiel die Angaben des Versicherten zur Krankengeschichte (Anamnese), Befunde und ihre Beurteilung wie die Schlüsse, die aus naturwissenschaftlichen Wahrnehmungen gezogen werden, geht es um die Ermittlung medizinischer Tatsachen im Rahmen des Gutachterauftrags.

Ermittelt der Sachverständige aber *nichtmedizinische Tatsachen,* dürfen diese auch dann nicht einer gerichtlichen Entscheidung zugrunde gelegt werden, wenn Gegenvorstellungen der Beteiligten unterbleiben. Wie *Sieglaff* (Unabhängigkeit im Schlepptau des Gutachters, SGb 1958 S. 36) schrieb, besteht bei einer Tatsachenfeststellung durch den Sachverständigen keine Gewähr dafür, daß die Auskunftsperson ausreichend und erschöpfend befragt wurde und daß die Beteiligten Vorbehalte machen und sich selbst äußern konnten. Fraglich ist ferner, ob der Gutachter die Äußerung des Untersuchten überhaupt richtig verstanden hat. Folgerichtig hat das BSG in seiner Entscheidung vom 18. 10. 1960 (11 RV 1280/59, SGb 1960 S. 363 = SozR Da 25 Nr. 59 zu § 128 SGG) ausgeführt, daß das Gericht gegen die Unmittelbarkeit der Beweisaufnahme (§ 117 SGG) verstößt und damit gem. §§ 103, 128 SGG einen Verfahrensmangel begeht, wenn es nichtmedizinische Tatsachen, die in einem Gutachten enthalten sind, ohne weiteres als festgestellt ansieht, obwohl der Kläger diese Tatsachen bestreitet und dem Gericht Beweismittel zur Verfügung stehen, die zur Sachaufklärung geeignet sind. Die Feststellungen des Arztes über das Verhalten des Klägers während der Kur konnte hier die richterliche Sachaufklärungspflicht nicht ersetzen. Um Verfahrensfehler zu vermeiden, sollte der ärztliche Sachverständige, wenn noch weitere Tatbestandsfeststellungen nichtmedizinischer Natur zu treffen sind, vom Gericht die Durchführung einer weiteren Sachaufklärung verlangen oder sein Gutachten für jede Möglichkeit der Tatsachenbeurteilung erstatten. Formulierungen wie: „Sollte sich allerdings herausstellen, daß bei dem Unfall doch eine Rippe gebrochen ist, dann ..." sollten für das Gericht immer Veranlassung sein, den Tatbestand klarzustellen und danach – wenn notwendig – erneut den Sachverständigen zu befragen.

2. Grundlagen ärztlicher Begutachtung

Die ärztliche Begutachtung ist kein naturwissenschaftlich reproduzierbares Experiment, wie die Medizin ihrem Wesen nach überhaupt noch keine Wissenschaft von der zwingenden Evidenz der Mathematik ist. In welch eine Sackgasse die Übernahme von Kategorien der Physik oder Mathematik und Psychologie in die Medizin führt, beweist Th. *von Uexküll* (Grundfragen der psychosomatischen Medizin, S. 80 ff.). Über das Vorliegen objektiver Befunde oder das Ergebnis chemischer Analysen wird es wohl kaum Streit geben, obwohl auch hier grundsätzlich Vorsicht geboten ist. Das illustriert bereits die Tatsache, daß es bis heute der Medizin nicht gelungen ist, exakte Umfangsmessungen zum Beispiel des Bizeps vorzunehmen. Wenn aber die biologischen Auswirkungen eines Befundes zu beurteilen sind, werden nach *Grüner* (Der Arzt als Sachverständiger, SGb 1966 S. 1) die Beurteilungsgrundlagen generell schwankend.

Auch bei dem heutigen Stand der medizinischen Wissenschaft ist der Gutachter mehr als allgemein angenommen wird auf seine Beobachtungsgabe und berufliche Erfahrung sowie Geschick und Können angewiesen. Deshalb ist es so verhängnisvoll, wenn

unerfahrene Assistenzärzte ein Gutachten allein erstellen und der Klinikleiter nur unterschreibt. Da die jedes Gutachten mehr oder minder tragenden Fakten nicht meßbar sind, wird somit jede Begutachtung letztlich zu einer *Ermessensfrage.*
Nicht selten muß in der Praxis festgestellt werden, daß der persönliche Eindruck, den der Patient hinterließ, auch dann das Gutachten wesentlich prägte, wenn dieser dem ärztlichen Wissen widerspricht. Wenn *March* (a. a. O. S. 3) darauf hinweist, daß die jeweils herrschende medizinische Lehre unzulänglich wie alle naturwissenschaftlichen Erkenntnisse und daß praktisch nur ihr ständiger Wandel sicher ist, ist ihm grundsätzlich beizupflichten. Das gilt um so mehr, wenn nichtwissenschaftliche Momente die Lehre verfälschen. Zur Zeit erleben wir, daß die Erkenntnisse der Sozialmedizin von bestimmten Ärzten mit aller Heftigkeit bekämpft werden und zwar aus überwiegend politischen Gründen. Um so mehr muß man staunen, daß auf dem 81. Kongreß der Gesellschaft für innere Medizin 1975 in Wiesbaden der Vorsitzender der Gesellschaft, Prof. *Schölmerich,* um Beachtung sozialmedizinischer Fakten warb und erklärte, daß die deutsche Medizin einen Rückstand gegenüber anderen Ländern aufweise, den es aufzuholen gelte.
Einigkeit herrscht darüber, daß die naturwissenschaftliche Betrachtungsweise der Medizin mit der juristischen nicht übereinstimmt. Das Recht fordert Wertung, die Naturwissenschaft aber eine wertfreie Betrachtung. So ist der Begriff der Gerechtigkeit der Medizin völlig fremd. Wie *Hennies* (Unterschiede zwischen juristischem und medizinischem Denken und die Stellung des Sachverständigen in der Sozialgerichtsbarkeit, MedSach 1968 S. 213) ausführte, bedient sich der Arzt der induktiven, der Jurist aber der deduktiven Methode. Um diese Nahtstelle nicht zu einer Bruchstelle werden zu lassen, empfiehlt *Schneble* (Von den Grenzen der medizinischen Begutachtung unter besonderer Berücksichtigung des Ursachenzusammenhanges, SGb 1964 S. 385) den Gerichten, dem Gutachter die wesentlichen Begriffe des Sozialrechts zu erläutern, während *Gräff* (Der Laie im Getriebe der ärztlichen Wissenschaft, Der Sozialrichter, Beilage der SGb 1965 S. 29) offensichtlich die Ansicht vertritt, dem Richter selbst müsse der Sinn eines medizinischen Tatbestandes bekannt sein; er müsse also über eigene medizinische Fachkenntnisse verfügen. *Friederichs* meint (Zwanzig Jahre Sachverständigenbeweis im Verfahren vor den Gerichten der Sozialgerichtsbarkeit – Rückschau und Ausblick, MedSach 1974 S. 2), daß eine Daueinrichtung für Juristen und Mediziner mit dem Ziel der *Sachverständigenschulung* anzustreben sei. Meiner Ansicht nach sind alle drei Vorschläge nicht geeignet, diesen elementaren Unterschied in der Beurteilung zu eliminieren. Er könnte höchstens gemindert werden.

3. Wissenschaftlich objektive Beurteilung

Grundsätzlich hat *Spengler* (Arzt, Vertrauensarzt, Gutachter – Patient und Antragsteller, SV 1964 S. 168) Recht, wenn er feststellt, daß bei der Beurteilung der Leistungsminderung eines Versicherten ein Ermessensspielraum immer offenbleiben wird. Ob dieser aber klein ist, wie er behauptet, möchte ich bezweifeln. Der sozialmedizinische Dienst sehe aber sein Ziel darin, diesen Spielraum zu Gunsten einer wissenschaftlich objektiven Beurteilung so klein wie möglich zu halten, um den gleichen Sachverhalt gleich beurteilen zu können. Niemand wird sich nun gegen eine objektive Beurteilung wehren. Wenn aber Einseitigkeit mit Objektivität gleichgesetzt wird, sind Proteste anzumelden. Nicht nur bei *Spengler* sind die medizinischen Beurteilungen eine mehr oder minder starke Addition oder Aufhäufung von naturwissenschaftlichen Fakten. Hier aber an diesem Punkt scheiden sich die Geister und beginnt ein generelles Unbehagen.

Krankheit als Phänomen läßt sich nach naturwissenschaftlichen kausalen Prinzipien allein nicht begreifen. Ebensowenig läßt sich die durch Krankheit eingeschränkte Leistungsfähigkeit oder die noch verbliebene Belastungsfähigkeit eines Versicherten allein durch physiologisch messende Methoden, wie zum Beispiel die Lungenfunktionsprüfung, bestimmen. Die so ermittelte Arbeitsleistung in Watt ist mit dem Begriff der beruflichen Belastbarkeit nicht gleichzusetzen, was sich bei den Ärzten noch nicht überall herumgesprochen hat. *Der Mensch ist kein Motor, der bei einer entsprechenden Leistungsaufnahme einen bestimmten Abgabewert in Watt erreicht und konstant beibehält.* Die Tatsache, daß die Arbeitsphysiologie die Leistung und damit auch die Leistungsfähigkeit in der Vergangenheit zu einseitig und positivistisch beurteilt hat, in jüngster Zeit die Einsicht aber zunimmt, daß die Nichtberücksichtigung der psychischen und soziologischen Momente zu willkürlichen, nicht realen Ergebnissen führt, wird vor Gericht immer noch nicht beachtet.

Die Verwaltungs- und Gerichtspraxis beweist, daß die *psychosomatische Komponente* vieler Krankheiten bewußt ignoriert wird. Indem nur Organkrankheiten beurteilt und bewertet werden, ergibt sich bereits zum Ansatzpunkt des Gutachtens ein völlig schiefes Bild, das aber als objektiv hingestellt wird. Die medizinische Erfahrung, daß es funktionelle Störungen, Ausdruckskrankheiten und Organneurosen gibt und somit zum Beispiel hartnäckige Hauterkrankungen, Verstopfungen, Muskelverhärtungen, Atmungsanomalien und sogar Veränderungen des Säure-Basengewichts des Blutes mit der dadurch bedingten Verschiebung des Mineralhaushalts (nach *Christian/Mohr/Ulmer,* Das nervöse Atmungssyndrom bei vegetativ Labilen, Deutsches Archiv für klinische Medizin 1955 S. 702 können dadurch tetanische Krämpfe entstehen) gibt, die Ausdruck von Konflikten und sozialen Motiven sind, muß hinsichtlich der Therapie und Beurteilung Beachtung finden.

Das gilt auch im Hinblick auf die Tatsache, daß der Körper des Subjekts selbst, wie es *von Uexküll* (Grundfragen der psychosomatischen Medizin, S. 155) geschildert wird, „sich hier Beachtung (in Form psychosomatischer Symptome) erzwingt". Während der Verstand quasi in Worten zu uns sprechen kann, da er Zugang zur Brocaschen Windung, also dem Teil des Gehirns hat, in dem die Artikulierfähigkeit gesteuert wird, besitzen die Triebe nicht diese Möglichkeit. Sie „sprechen" verschlüsselt zu uns. Physiologisch betrachtet bleibt dem Instinkt nur die Möglichkeit, über das vegetative Nervensystem sich durch Zeichen und Bilder Gehör zu verschaffen. Solange nun die Schulmedizin in Deutschland sich weigert, diese Zeichen zu verstehen oder zur Kenntnis zu nehmen, wird eine objektive Beurteilung nicht zu erwarten sein. Es muß immer wieder darauf hingewiesen werden, daß Ärzte, die nur dann eine Krankheit anerkennen, wenn ein Organbefund nachgewiesen werden kann, als Sachverständige vor Gericht nichts zu suchen haben. Es wird höchste Zeit, daß die vom BGH (vgl. unter anderem Urteil vom 29. 2. 1956 – VI ZR 352/54, BGHZ 20 S. 137 = NJW 1956 S. 1108) und BSG (Urteil vom 18. 12. 1962 – 2 RU 74/57, BSGE 18 S. 163 = SozSich-Kartei Nr. 1470 a, V/A zu § 542 RVO a. F. = SGb 1963 S. 45 = AP Nr. 10 zu § 542 RVO a. F. = Meso B 320/17) geforderte *Berücksichtigung von seelischen Fakten* endlich von allen Gutachtern vorgenommen wird. Zu beachten ist nach diesen Entscheidungen, „*daß die Begutachtungen nicht auf Geschehensabläufe beschränkt werden dürfen, die sich auf körperlich-organischem Gebiet abgespielt haben, vielmehr sind auch Vorgänge im Bereich des Psychischen und Geistigen hinsichtlich ihrer rechtlichen Bedeutung zu würdigen.*" Folgerichtig hat das BSG bereits am 20. 3. 1956 (8 RV 199/54, Meso B 90/3 = BSGE 2 S. 265 = SozSich 1956 S. 153 = SGb 1956 S. 161) für Recht erkannt, daß zum Beispiel die Aufregung bei einem Fliegeralarm eine unmittelbare Kriegseinwirkung ist.

Weiter gehört zu der objektiven Beurteilung, daß niemals von einem nicht existierenden *Durchschnittsmenschen* auszugehen ist. Schon in seiner Entscheidung vom 29. 10. 1958 (11/9 RV 280/57 = BSGE 8 S. 209 = SozSich 1959 S. 18 = SGb 1958 S. 385) hat das BSG gefordert, „die Betrachtungsweise auf die Persönlichkeit des Betroffenen und seine Reaktionsweise abzustellen." Es muß immer gefragt werden, ob gerade dieser Mensch auf Grund seiner Persönlichkeit so reagieren mußte und erkranken konnte und ob er wegen seiner psychosomatischen Anomalien noch arbeitsfähig und in welchem Umfang er es ist. Das gilt auch für den Schmerz und die individuelle Fähigkeit, Schmerzen zu ertragen. Die alte Erfahrung, daß der Schmerz den Menschen bis in den Wahnsinn treiben kann, muß auch hier wieder neu entdeckt werden.

4. Ungenügende Untersuchungen

Je nach den Beweisfragen hat der Sachverständige die Ermittlungen durchzuführen, die er für die Beurteilung des Sachverhalts für notwendig hält. Analog des § 182 Abs. 2 RVO, der den Umfang der Krankenpflege regelt, kann gesagt werden, daß die Untersuchung *ausreichend und zweckmäßig* sein muß, daß sie aber das Maß des Notwendigen nicht überschreiten darf. Weiterhin ist die Beachtung der Verhältnismäßigkeit zu fordern.

Nach Ansicht des LSG Schleswig-Holstein (Urteil vom 22. 5. 1970 – L 3 Ka 6/67, Meso B 210/2) sind die an eine medizinische Sachaufklärung zu stellenden Anforderungen hinsichtlich der Untersuchungsmethoden nicht so hoch anzusetzen, daß

Fehldiagnosen schlechthin ausgeschlossen werden können. Im Hinblick auf die für den Beweis geforderte Wahrscheinlichkeit – eine „an Sicherheit grenzende Wahrscheinlichkeit" wird nach dem Urteil des BSG vom 2. 6. 1959 (2 RU 158/56, SozSich 1959 S. 205 = SGb 1959 S. 231 = Meso B 30/5) nicht gefordert – ist dieser Entscheidung beizupflichten.
Nicht nur wegen der strafrechtlichen Ahndung einer fahrlässigen Körperverletzung sollte der Gutachter sich immer fragen, ob eine *gefährliche Untersuchung* unter allen Umständen notwendig ist. So kann zum Beispiel bei arteriellen Durchblutungsstörungen der Extremitäten eine im Hinblick auf die Thrombosebildung gefährliche Arteriographie oft durch die harmlose Oszillographie (Messung der Pulswelle mittels Druckmanschette und Manometer) und Rheographie, bei der die Pulsschwankungen durch Messung der durchfließenden Blutmenge festgestellt wird, ersetzt werden. Beide Methoden reichen in der Regel aus, auch wenn durch sie nichts über die Kollateraldurchblutung ausgesagt wird. Grundsätzlich sollte die cerebrale Angiographie wegen ihrer Gefährlichkeit nicht durchgeführt werden, zumal diese Untersuchung nach §§ 624 Abs. 2, 1243 RVO nicht erzwingbar ist. Leberpunktionen sollten nur mit größter Vorsicht durchgeführt werden. Das gilt auch für einige Kontrastmittelinjektionen wie zum Beispiel mit Jod. Selbst die simple Frage, ob neue Röntgenbilder notwendig sind, gehört hier her. Ein verantwortungsbewußter Gutachter wird oft eine weitere Strahlenbelastung des Patienten vermeiden und sich mit den vorliegenden Fotos begnügen.
Ist die Ermittlung der Leistungsfähigkeit Gegenstand des Gutachtens, so müssen entsprechende *Mindestanforderungen* an die Untersuchung gestellt werden. Dazu gehören nach *Seiler* (Über die Einordnung technischer Untersuchungsmethoden in die ärztliche Begutachtung, MedSach 1970 S. 193) die Untersuchung des Urins, die Festlegung des Blutdrucks, der Blutsenkungsgeschwindigkeit, die Anfertigung eines Elektrokardiogramms, Blutstatus und eine Röntgenuntersuchung von Herz und Lunge (vgl. dazu J. *Schmidt;* Synoptische Röntgen- und EKG-Diagnostik bei der Beurteilung des Herzens, Hippokrates 1969 S. 295).
In seiner Entscheidung vom 14. 5. 1958 (11/9 RV 1076/55, Meso B 320/11) hat das BSG festgestellt, daß das Gericht seine Entscheidung nicht auf ein medizinisches Gutachten stützen darf, das nicht näher begründete Vermutungen enthält. Zu fordern ist daher, daß die ärztlichen Untersuchungen so umfangreich sind, daß die abschließende Beurteilung durch Befunde abgesichert und begründet werden kann. Das LSG Nordrhein-Westfalen fordert in seinem Urteil vom 23. 10. 1962 (L 15/2 KnU 1028/58, Meso B 90/33), daß sich die Rechtsprechung neuen wissenschaftlichen Erkenntnissen nicht verschließen darf. Das gilt nicht nur hinsichtlich der Beurteilung, sondern auch der Untersuchungsmethoden. Der Sachverständige hat, wenn er die Ablehnung seiner Expertise nicht provozieren will, seine Untersuchung dem jeweiligen Stand der Diagnosefindung – notfalls durch Zusatzgutachten – anzupassen. Grundsätzlich richtig ist das Urteil des BSG vom 29. 9. 1965 (5 RKn 108/62, Meso B 10/47a), wonach der medizinische Sachverständige allein entscheidet, welche Un-

tersuchungsmethoden notwendig sind. Wenn aber weiter betont wird, radiologische und spirometrische seien ausreichend, um zum Beispiel bei einer Silikose den Umfang der Funktionseinbuße der Lunge zu ermitteln, muß dagegen Widerspruch eingelegt werden. Diese Untersuchungsmethoden sind so grob, daß sie nur unzulängliche Ergebnisse erbringen, wie es das LSG Niedersachsen am 28. 10. 1970 (L 6a U 223/69, SozSich 1971 S. 211 = Meso B 70/80) feststellte und daher die Durchführung einer Blutgasanalyse forderte. Unzulässig ist aber immer die Untersuchung durch einen *Terminsarzt,* wenn sie kurz vor dem Termin in gedrängter Form vorgenommen wird, erklärte das BSG am 21. 1. 1959 (11/9 RV 206/57, SGb 1959 S. 85 = MRKn 1960 S. 68 = Meso B 20a/15) und am 27. 6. 1962 (2 RU 158/66, SozSich-Kartei Nr. 2310, I/A zu § 128 SGG = Meso B 20a/115).

Voraussetzung, daß die Äußerung des behandelnden Arztes als Gutachten gewährt werden kann, ist nach dem Urteil des LSG Niedersachsen vom 21. 5. 1959 (L4 S 27/59, Meso B 20b/7 = SozSich-Kartei Nr. 1232, XI/N zu § 2 GebO), daß dieser die Untersuchungsergebnisse anderer Ärzte mit verwertet, den Patienten neu untersucht und sich mit den medizinischen Fragen, die in den anderen Gutachten beantwortet werden, selbst auseinandersetzt.

Um das Ergebnis der angeordneten Untersuchung von vornherein zu beeinflussen, haben es sich viele Sachverständige angewöhnt, den Probanden erst einige Stunden lang im Wartezimmer sitzen zu lassen, damit er von den Reisestrapazen erholt völlig ausgeruht die Teste beginnen und sie auch überstehen kann. In der betrieblichen Praxis wird aber vorausgesetzt, daß sofort nach der Ankunft im Betrieb mit der Arbeit begonnen wird. Die bei der Untersuchung gewonnenen Ergebnisse sind somit nicht realistisch.

Als häufigster Grund einer fehlerhaften oder ungenügenden Untersuchung ist die mangelhafte Erhebung der Krankengeschichte (*Anamnese*) zu nennen. Die Klagen und Beschwerden des Probanden werden von vornherein nicht ernst genommen und nicht objektiviert; der voreingenommene Sachverständige ermittelt nur in einer bestimmten Richtung, um sein vorgefaßtes Ergebnis begründen zu können. Alles, was gegen dieses angestrebte Ergebnis sprechen könnte, wird ignoriert. So kommt es, daß der nächste Arzt Befunde erheben kann, die vorher nicht beachtet wurden und die nun ein völlig neues Bild ergeben. Der Jurist nennt dies eine Tatbestandsquetsche.

5. Arbeitsmedizinische Kenntnisse

Unbestreitbar ist Arbeit die Lebensäußerung des Menschen, ohne die nicht nur das Individuum, sondern auch Staaten und Kulturen nicht existieren können. Die uralte Frage ist, ob Arbeit nicht nur Selbstdarstellung, sondern auch Fluch sein kann. Während mangelhaftes Training – auch durch Arbeit – zu einer körperlichen und geistigen Verkümmerung und damit Minderung der Lebenserwartung führt, ist andererseits eine ständige Überforderung körperlicher oder geistiger und seelischer Art gleichfalls schädlich.

Seit jeher hat sich die Arbeitsmedizin mit den Einflüssen der Arbeit auf den Menschen, die zu Veränderungen der menschlichen Gesundheit in Form von Krankheiten oder Arbeitsunfällen führen, befaßt. Dabei wurde erst spät entdeckt, daß *Arbeit den ganzen Menschen, also Körper, Geist und Seele erfaßt.* Wie *Preuschen* (Einführung in die Arbeitswissenschaft S. 32) schreibt, muß auch die primitivste und stumpfsinnigste Arbeit einmal erlernt worden sein; sie war mindestens einmal mit dem geistig-seelischen Bereich verbunden.

Die biologischen Abläufe im Menschen und auch seine Arbeit vollziehen sich im *bewußten und unbewußten* Bereich, wobei der Energieaufwand besonders groß ist, wenn durch Willenskraft Funktionen des unbewußten Bereichs (wie zum Beispiel Bewegungen) geändert werden sollen. Sobald die vorgeschriebenen Bewegungsabläufe zur Routine werden, gehören sie dem unbewußten Bereich an. Diese wiederum zu ändern, stellt vor allem bei älteren Menschen eine mehr oder minder starke zusätzliche Belastung dar, weil sie gegen die Gesetzmäßigkeit des mit dem Alter zunehmenden Sicherheitsbedürfnisses und des abnehmenden Antriebs und der Initiative gerichtet ist. Bei älteren Menschen ist jeder Arbeitsplatzwechsel eine zwar abgestufte ständige Überforderung, die aber immer die bereits geschwächten Leistungsreserven angreift und nicht selten zu Organschäden führt. In meinem Aufsatz: Die objektive Beurteilung der Leistungsfähigkeit (SV 1975 S. 142) habe ich darauf hingewiesen, daß zum Beispiel jeder ältere Richter des Sozialgerichts zugeben wird, daß er einer extrem starken Streßbelastung ausgesetzt wäre, würde er zum Strafgericht versetzt werden. Während er beim Sozialgericht durch Routine manche körperliche und psychische Insuffizienz ausgleichen könnte, würde sich beim Strafgericht jede Beeinträchtigung der Leistungsfähigkeit durch Streß und Unsicherheit verstärken. Dieser Summierungseffekt ist bei jedem Berufswechsel vorhanden, wenn auch in unterschiedlicher Stärke. Es geht jedenfalls nicht an, eine Umstellungsfähigkeit ohne weitere Ermittlungen einfach zu unterstellen.

Die in ständiger Rechtsprechung erhobene Forderung, daß der Versicherte nicht überfordert werden darf, zwingt Verwaltung und Gerichte dazu, die Leistungsfähigkeit des Probanden an die betriebliche Realität zu messen. Sterile Laborteste mögen zwar nützlich sein, ersetzen aber nicht die betriebliche Erprobung, wie sie heute in Form von *Belastungsproben* durch das Gesetz (vgl. §§ 182 d, 557 Abs. 1 Nr. 5, 1237 Abs. 1 Nr. 5 RVO) gefordert werden. Die Erkenntnis des Gesetzgebers, *daß arbeitswissenschaftlich die Belastung eines Menschen auf einem bestimmten Arbeitsplatz in etwa ermittelt werden kann, eine Verweisung auf andere Tätigkeiten aber nicht reproduzierbar und feststellbar und somit stets mehr oder minder große Spekulation und Hypothese ist,* muß endlich auch von den Gerichten beachtet werden. Zu fordern ist, daß ohne entsprechende Teste keine Verweisung auf andere Tätigkeiten mehr erfolgt, da Vermutungen niemals Gegenstand einer gerichtlichen Entscheidung sein dürfen. Das gilt grundsätzlich auch für die medizinischen Wissenschaftler, die als Sachverständige Beurteilungen über Berufe und ihre Belastungen abgeben, von denen sie überhaupt keine Erfahrung und Kenntnisse haben. Ihnen muß entgegengehalten

werden, *daß selbst ein Dutzend Betriebsbesichtigungen kein Studium der Arbeitsmedizin ersetzt (BSG vom 3. 9. 1965 - 4 RJ 329/64, Meso B 20 a/88).*
Die zu fordernden Untersuchungen dürfen sich nicht auf die somatische *Leistungsfähigkeit* des Menschen beschränken. Während die augenblickliche Leistungsfähigkeit des Versicherten bezogen auf Atmung, Muskelkraft und Kreislauf und ihre Defekte auch früher schon ermittelt wurde, fand die Festlegung der Dauerleistungsgrenze und Wirtschaftlichkeit überhaupt nicht statt, obwohl noch niemals aus der Tatsache, daß jemand fünf Minuten lang ein bestimmtes Gewicht heben kann, geschlossen werden konnte, daß dies auch acht Stunden lang am Tag geschehen kann. Die einschränkenden *dynamischen* Faktoren der *Ermüdung* der durch Veränderung der zum Aufbaustoffwechsel (anabolen) oder den Abbau hemmenden Hormone (Katabolismus), des Verschleißes von Struktur sowie durch mangelhafte Anpassungsfaktoren – zum Beispiel in Form gestörter Koordination der Motorik bei einem Fingertremor –, die auch zur körperlichen Arbeitsfähigkeit gehören, wurden aber ignoriert.

Die im Auftrag des Vorstandes der Bundesversicherungsanstalt für Angestellte von *Kleinschmidt* und *Blohmke* sowie von *Siegrist* (Belastungen der Arbeitssituation bei Angestellten, Zeitschrift für Allgemeinmedizin – Der Landarzt 1971 S. 1037) durchgeführten Untersuchungen haben bewiesen, daß die Erkrankungen von Angestellten nicht mehr in körperlichen Wirbelsäulen- und Extremitäten-Erkrankungen einerseits und die vegetativen und Herz-Kreislauferkrankungen andererseits unterschieden werden können. *Die frühere Überlastung des Körpers durch manuelle Arbeit wurde abgelöst durch eine Überbeanspruchung der Sinne und Nerven, so daß logischerweise dieser Wandel sich auch bei den Krankheiten bemerkbar macht und zwar in Form von Nervosität, Herz- und Kreislauferkrankungen und vor allem der vegetativen Dystonie. Das gilt praktisch für alle Berufe und Tätigkeiten.*

Welche *Streßbelastungen* (vgl. S. 163) sind es nun, die die Leistungsfähigkeit beeinflussen? An erster Stelle ist die *Hetzarbeit* zu nennen, die es auch außerhalb des Fließbandes oder des Akkords gibt. *Rutenfranz* (Streß und Hetzarbeit als medizinisches Problem) weist darauf hin, daß er bei seinen Untersuchungen festgestellt hat, *daß es keine Arbeit mehr gibt, bei der der Arbeitnehmer freie Arbeit leistet.* Immer ist er an ein betrieblich vorgegebenes Leistungspensum gebunden, das er einhalten muß, um seinen Lohn oder gar den Arbeitsplatz zu erhalten. Belastend ist ferner der Konkurrenzdruck. Um vorwärts zu kommen, aufzusteigen oder um den Arbeitsplatz gegenüber Nachdrängenden zu behaupten, müssen zusätzliche Arbeiten übernommen und Schulen besucht werden. Aber auch der Vorgesetzte ist einem Dauerstreß ausgesetzt. Er ist verantwortlich für den optimalen Einsatz von Menschen und Maschinen sowie einwandfreier Produktion und somit Prellbock zwischen Direktion und Untergebenen, die ihn demoralisieren. Eine Verstärkung erfahren diese Faktoren durch Ärger und personelle Schwierigkeiten (zum Beispiel durch zu wenig Anerkennung durch Vorgesetzte, Übergehen bei Beförderungen), Änderungen der bisherigen Tätigkeit zum Beispiel durch Einführung einer EDV-Anlage in der Buchhaltung, Resignation über die berufliche Entwicklung durch die Erkenntnis, daß eine bestimmte berufliche Hürde nicht genommen werden kann.

Die Ganzheit der Arbeit fordert, daß neben der körperlichen auch die psychischen Komponenten der von der Wirtschaft vorausgesetzten Arbeitsfähigkeit ermittelt werden, um endlich ein realistisches Bild der individuellen Leistungsfähigkeit, auf die es allein ankommt, zu gewinnen. Hier bietet sich das von *Schäfer/Blohmke* (Sozialmedizin S. 401) entwickelte Modell an, wonach folgende Fakten zusätzlich festzustellen sind:

1. Die *augenblickliche Fähigkeit zu geistiger Leistung* in Form der Intelligenz und Begabung, Aufmerksamkeit und Antrieb sowie ihre Einschränkung durch Intelligenz- und Verhaltensdefekte oder endogene Psychosen.

Fragen an den Sachverständigen: (abgeleitet von Schaefer/Blohmke, Sozialmedizin S. 400 ff.)

A. Somatische Leistungsfähigkeit bezogen auf:

1. die Arbeitsunfähigkeit, im Hinblick auf:
   a) Kreislauf
   b) Atmung
   c) Muskelkraft und freie Beweglichkeit
   Frage: Liegen a) Organdefekte
   b) Stoffwechseldefekte
   c) Reglerdefekte und von welcher Qualität vor?
2. die Dauerleistungsgrenze bezogen auf:
   a) Fließgleichgewicht (steady state)
   b) Erträglichkeit
   Frage: Wie hoch ist die Ermüdung infolge von
   a) Veränderungen der zum hormonellen Aufbaustoffwechsel gehörenden Anaboliten und
   b) Anhäufung der den Abbau hemmenden Hormone (Kataboliten)
   c) des „Verschleißes" von Struktur?
3. die Wirksamkeit, bezogen auf:
   a) Nutzeffekt im physikalischen Sinne und
   b) Geschicklichkeit im sensomotorischen Sinne
   Frage: Liegt ein mangelnder Übungsgrad vor hinsichtlich
   a) fehlender struktureller Anpassung
   b) fehlender regeltechnischer Anpassung z. B. infolge mangelhafter Koordination der Motorik?

B. Psychische Leistungsfähigkeit, bezogen auf:

1. die Fähigkeit zu geistiger Leistung, also von
   a) Intelligenz und Begabung
   b) Aufmerksamkeit (subjektbezogen, rational) und
   c) Antrieb (emotional, außenweltbezogen)
   Frage: Liegen Einschränkungen vor in Form von
   a) Intelligenzdefekte
   b) Verhaltensdefekte (z. B. Neurosen, Fehlprägung, Fehlerziehung
   c) endogene Psychosen

2. Ausdauer hinsichtlich der Fähigkeit
   a) langdauernde fehlerfreie rationale Leistung zu erbringen
   b) langdauernde emotionale Spannungen (Streß) zu ertragen
   Frage: Wirkt sich eine psychische Ermüdung oder reaktive Verstimmung aus:
   a) als Leistungsermüdung
   b) als Stimmungsermüdung als Reaktion auf Arbeitsbedingungen
   c) als emotionale Verstimmung als Reaktion auf soziale Situation in Form von Angst, Resignation, Depression)
3. Die Güte der Leistung, definiert durch
   a) das Verhältnis zwischen Ratio ./. Emotion
   b) Fehlerfreiheit
   c) Einfügbarkeit in das wirtschaftliche Leistungssystem
   Frage: Sind Bildungsmängel im weiteren Sinne oder Anpassungsfehler vorhanden, also
   a) Erziehungs- und Lernmängel
   b) reaktiv bedingte Verhaltensmängel

Unter Beachtung dieser Fakten ist arbeitsmedizinisch zu klären:
1. Ist der Versicherte nach Wissen und Können (aus psychosomatischer Sicht) in der Lage, berufsfremde Tätigkeiten, wie z. B. Überwachungs- und Kontrollfunktionen auszuüben oder kann er diese Tätigkeiten erlernen?
2. Verfügt er über besonders ausgeprägte geistige und körperliche Fähigkeiten, die für eine bestimmte Tätigkeit genutzt werden können?
3. Wie groß ist die psychosomatische Dauerbelastbarkeit des Versicherten?
4. Welche psychosomatischen Rückwirkungen (Krankheiten und Störungen) würden bei der Ausübung der konkret genannten berufsfremden Tätigkeit auftreten?

2. Die *Ausdauer* hinsichtlich der Fähigkeit, langdauernde fehlerfreie rationale Leistung zu erbringen und emotionale Spannungen zu ertragen. Aufgabe des Arztes ist es, die psychische Ermüdung und Verstimmung, die sich als Leistungs- und Stimmungsermüdung und emotionale Verstimmung, letzte als Reaktion auf Arbeitsbedingungen und soziale Situationen in Form von Angst, Resignation und Depression, quantitativ und qualitativ zu ermitteln.
3. Die *Güte der Leistung.* Dabei ist das Verhältnis Vernunft (Ratio) ./. Gefühl (Emotion), Fehlerfreiheit und Einordnung in das wirtschaftliche Leistungssystem zu erforschen und die Einschränkungen durch Bildungs- und Verhaltensmängel und Anpassungsfehler festzustellen.

Unter Beachtung aller Fakten ist abschließend unter Verwendung des Fragebogens auf S. 38 arbeitsmedizinisch zu klären:
1. Ist der Versicherte nach Wissen und Können (Leistungsfähigkeit aus psychosomatischer Sicht) in der Lage, berufsfremde Tätigkeiten wie zum Beispiel Überwachungs- und Kontrollfunktionen auszuüben? Kann er diese Tätigkeiten erlernen?
2. Verfügt er über besonders ausgeprägte geistige und körperliche Fähigkeiten, die für eine neue berufliche Tätigkeit genutzt werden können?
3. Wie hoch ist die Belastbarkeit des Körpers und der Sinne des Versicherten?
4. Welche psychosomatischen Rückwirkungen würden bei der Ausübung bestimmter berufsfremder Tätigkeiten, auf die der Versicherte verwiesen werden soll, auftreten?

6. Würdigung durch das Gericht

Nach § 128 SGG muß das Gericht nach freier, aus dem Gesamtergebnis des Verfahrens gewonnener Überzeugung entscheiden. Bereits am 25. 8. 1955 stellte das BSG (4 RJ 21/54, BSGE 1 S. 194 = SozSich 1956 S. 81) fest, daß der Gesetzgeber die Stellung der Gerichte der Sozialgerichte freier als die der Zivilgerichte (vgl. § 286 ZPO) gestaltet habe. In seinem Urteil vom 27. 3. 1958 (8 RV 387/55, BSGE 7 S. 103 = Meso B 30/4 = SGb 1958 S. 161) definierte das BSG den Begriff der richterlichen Überzeugung dahingehend, daß die subjektive Gewißheit des Gerichtes nur in dem Sinne zu verstehen sei, daß das Gefühl des Zweifels beseitigt sein muß. ,,Denn es kann wegen der Unvollkommenheit der menschlichen Erkenntnis nicht der Sinn der freien Beweiswürdigung sein, jeden möglichen Zweifel und jede Möglichkeit des Gegenteils ausschließende Gewißheit zu erlangen; es genügt ein der Gewißheit nahekommender Grad von Wahrscheinlichkeit." Im gleichen Sinne erklärte sich der BGH (BGHZ 7 S. 116 und BGHSt 10 S. 208).
Der Grundsatz der freien Beweiswürdigung wirkt nach dem oben bereits genannten Urteil des BSG vom 25. 8. 1955 sowohl auf die Frage der Würdigung wie auch des Umfangs des Beweises ein. Eine unrichtige oder nicht erschöpfende Beweiswürdigung betrifft grundsätzlich nicht den Gang des Verfahrens, sondern den Inhalt der Entscheidung; sie ist nach dem Urteil des BSG vom 1. 3. 1956 (8 RV 41/54 = BSGE 2 S. 236) kein Verfahrensmangel. Dieser liegt nur vor, wenn das Gericht die *Grenzen des Rechts der freien Beweiswürdigung überschreitet, zum Beispiel gegen Erfahrungen des täglichen Lebens verstößt.* Die Unterstellungen, daß entgegen der ermittelten Blutalkoholkonzentration von 2,6 Promille keine Alkoholbeeinflussung vorgelegen habe, da die Zeugen entsprechende Ausfälle verneint hatten (BSG vom 27. 5. 1959 – 9 RV 428/56, BSGE 10, S. 46 = SozSich 1959 S. 213 = SGb 1959 S. 232, 441) wie die Behauptung, es gebe einen *Erfahrungssatz,* wonach zum Beispiel Brustkrebs (BSG vom 28. 11. 1957 – 4 RJ 166/56, BSGE 6 S. 136 = SGb 1957 S. 369) oder Epilepsie (BSG vom 2. 7. 1965 – 5 RKn 34/61, Breith. 1965 S. 1002 = SGb 1965 S. 270) immer Berufs- oder Erwerbsunfähigkeit verursachen, stellen Verfahrensmängel dar. Es gibt auch keinen allgemeinen Beweisgrundsatz, wonach Gutachten namhafter Hochschulärzte ohne weiteres und in jedem Fall gegenüber Expertisen von privaten oder beamteten Ärzten den Vorzug verdienten (BSG vom 23. 8. 1966 – 4 RJ 437/62, Meso B 20a/98).
Das Gericht kann eine *abschließende Überzeugung* nur gewinnen, wenn es auf gesicherte Unterlagen zurückgreifen kann. Es ist, wie das BSG am 25. 8. 1955 (4 RJ 21/54, BSGE 1 S. 194) feststellte, nicht von der Pflicht entbunden, sachlich und pflichtgemäß alle Umstände und Tatsachen zu prüfen. Unzulässig ist es also, wenn das Gericht einen für die Entscheidung wichtigen Punkt in seiner Beweiswürdigung übergeht (BSG vom 19. 4. 1966 – 10 RV 525/65, Meso B 300/9 = SGb 1966 S. 178),

denn es hat seine Überzeugung nicht aus dem Gesamtergebnis des Verfahrens gebildet. Wurde durch eine Auseinandersetzung die Untersuchung vorzeitig abgebrochen oder liegt nur die Erklärung eines Terminsarztes vor, der sich nicht auf Unterlagen früherer Untersuchungen berufen kann, ist nach Ansicht des BSG (Urteil vom 21. 1. 1959 – 11/9 RV 206/57, MRKn 1960 S. 68 = Meso B 20a/15 = SGb 1959 S. 85) keine ausreichende Beurteilungsgrundlage vorhanden. Das gilt auch, wenn zum Beispiel der Sachverständige nicht alle Röntgenaufnahmen eingesehen und beurteilt hat (BSG vom 5. 9. 1956 – 9 RV 192/54, SozSich 1956 S. 380 = Meso B 70/5 = SGb 1956 S. 317). Ein Sachverständigengutachten ist total zu verwerfen, wenn es von einem Arzt angefertigt wurde, den das Gericht nicht beauftragt hat. Wie *Friederichs* (Zwanzig Jahre Sachverständigenbeweis im Verfahren vor den Gerichten der Sozialgerichtsbarkeit – Rückschau und Ausblick, MedSach 1974 S. 2) schildert, hat er bei seiner Aktendurchsicht beim BSG festgestellt, daß in erschreckend hoher Zahl gegen dieses Gebot verstoßen wird.

Die Forderung nach einer *eigenen Urteilsbildung* des Gerichts ist nicht erfüllt, wenn das Gutachten kritiklos übernommen wird. Das Gericht ist vielmehr gehalten, sich *kritisch* mit ihm auseinanderzusetzen und die wesentlichen tatsächlichen Grundlagen, an die die Schlußfolgerungen des Gutachtens anknüpfen und die Art dieser Folgerungen im Urteil mitzuteilen, wie dies zum Verständnis des Gutachtens und zur Beurteilung seiner gedanklichen Schlüssigkeit erforderlich ist (BGH, BSGSt 7 S. 238; 8 S. 113; 12 S. 311 und BSG, Urteil vom 20. 5. 1958 – 2 RU 305/56, Meso B 240/32 = SozSich 1958 S. 217 = SGb 1958 S. 222). Unerheblich ist, ob das Gericht überhaupt in der Lage ist, Befunde und Beurteilung des Sachverständigengutachtens kritisch zu würdigen. Nach dem Urteil des BSG vom 13. 10. 1958 (10 RV 759/56, BSGE 8 S. 159) darf sich das Gericht bei der Prüfung der *Schlüssigkeit* nicht von subjektiven Erwägungen leiten lassen und zum Beispiel eine Tatsache auch dann für glaubhaft halten, wenn eine solche Annahme fern liegt oder gar unmöglich ist. Entnimmt das Gericht dem Gutachten ärztliche Aussagen, die in ihm eindeutig nicht enthalten sind, beweist es nach dem Urteil des BSG vom 13. 11. 1956 (10 RV 370/54, BSGE 4 S. 112 = SGb 1956 S. 384) und vom 15. 8. 1967 (10 RV 924/64, Meso B 20a/108 = SGb 1967 S. 449), daß es den Inhalt der Erklärung nicht fehlerfrei aufgenommen hat. Darin liegt ein Verfahrensfehler. Hinsichtlich der vom Gutachter beantworteten Fachfragen ist das Gericht (vgl. BSG vom 20. 5. 1958 – 2 RU 305/56, Meso B 240/32 = SozSich 1958 S. 217 = SGb 1958 S. 222) immer zu eigenem Urteil verpflichtet.

Das Gericht hat sich weiter davon zu überzeugen, daß der Gutachter die gerichtlichen Beweisfragen überhaupt richtig verstanden und den vom Gericht ermittelten und ihm unterbreiteten Tatbestand seiner Beurteilung zugrunde gelegt hat. Weiterhin ist darauf zu achten, ob zum Beispiel der Gutachter den entsprechenden (juristischen) Krankheitsbegriff verwendet oder ob er mit demselben Wort auch denselben Begriff meint. Um die Gefahr einer Irreführung durch eine *fremde Begriffssprache,* einer Mißdeutung von Einzeldiagnosen und einer unzulässigen Vereinfachung der Auswertung ärztlicher Gutachten zu begegnen, soll nach dem Urteil des LSG Nordrhein-Westfalen vom 15. 7. 1958 (L 13 J 134/57, Meso B 20a/8) das Gericht die unmittelbare Verständigung mit dem Sachverständigen suchen und in gemeinsamer Arbeit mit ihm eine ganzheitliche Lösung anstreben und erarbeiten.

Das Gutachten muß gedanklich *nachvollziehbar* sein wie auch das Urteil. Es muß erkennen lassen, worauf sich die Beurteilung stützt. Das Gericht darf sich dem Gutachten nur anschließen, wenn es die Tatsachen beschreibt, die es gestatten, sich von der Richtigkeit des Gutachtens zu überzeugen. Fehlen die notwendigen Einzelangaben, muß das Urteil nach Auffassung des BGH (DRiZ 1962 S. 387) wenigstens erkennen lassen, weshalb das Gericht trotzdem diesem Gutachten folgte. Erschöpft sich aber die Expertise nur in einer zwar ausführlichen und mit Befunden belegten Diagnose und in der Anführung einer abstrakten so gut wie nichtssagenden Prozentzahl der Erwerbsminderung, ist es nach richtiger Auffassung des LSG Nordrhein-Westfalen vom 26. 4. 1961 (L 12 J 8/61, Meso B 20a/40) zumindest im Rentenverfahren nicht zu verwenden.

Die vom Gericht durchzuführende *Inhaltsprüfung* des Gutachtens verlangt die Feststellung, ob unstreitige oder bewiesene Tatsachen dem Gutachten zugrunde liegen und ob die vom Sachverständigen gezogenen Schlüsse *überzeugend* sind. Genügt bereits nach dem Gesetz die Glaubhaftmachung von Tatsachen, reicht es, wenn nach dem Gutachten eine *überwiegende Wahrscheinlichkeit* für die Tatsache spricht (BSG vom 13. 10. 1958 – 10 RV 759/56, BSGE 8 S. 159). Unzulässig ist es aber nach den Entscheidungen des BSG vom 17. 1. 1957 (5 RKn 28/55, Meso B 70/15 = SozSich 1957 S. 92) und vom 14. 5. 1958 (11/9 RV 1076/55, Meso B 320/11), daß das Gericht sich auf ein Gutachten stützt, in dem der Sachverständige es weder als sicher, noch als hinreichend wahrscheinlich, sondern nur als „durchaus möglich" bezeichnet hat, daß eine Krankheit oder ein anderer Tatbestand vorliegt. Wenn von zwei möglichen Krankheitsursachen eine erwiesen ist, während für die andere nicht die geringsten Anhaltspunkte vorhanden sind, tritt nach Auffassung des LSG für das Saarland im Urteil vom 23. 2. 1962 (6 LV 520/457, Meso B 150/3) die nur theoretisch in Betracht kommende Ursache soweit zurück, daß ihr keine Bedeutung mehr zukommt, selbst wenn sie gleichwertig ist.

Zulässig ist, eine Entscheidung mit zwei selbständigen Begründungen zu rechtfertigen. Allerdings stellte das BSG am 18. 3. 1964 (11 RV 1004/62, SozSich-Kartei Nr. 1645, IX/A zu § 1 BVG = Meso B 290/46 = SGb 1964 S. 140 = Breith. 1964 S. 882) fest, liegt dann schon ein Verfahrensmangel vor, wenn auch nur eine dieser Begründungen verfahrensrechtlich nicht einwandfrei zustande gekommen ist. Statistische Gesichtspunkte können für die Beurteilung im Einzelfall nach dem Urteil des BSG vom 28. 8. 1964 (9/11 RV 512/63, SGb 1964 S. 304 = Meso B 300/8) nicht von allein maßgebender Bedeutung sein. Maßgebend ist grundsätzlich der Gesamtstand der medizinischen Wissenschaft und nicht die Auffassung einzelner Forscher (LSG Hessen vom 9. 12. 1971 – L 4 V 107/68, Meso B 40/14 = Breith. 1972 S. 588). Es gehört daher zu den Aufgaben des Gerichtes, sich davon zu überzeugen, daß die Beurteilung im Rahmen der herrschenden Lehre erfolgt. Ist das nicht der Fall, muß der Gutachter gezwungen werden, die Gründe anzugeben, die ihn zu einer abweichenden Ansicht geführt haben. Ein seriöser Sachverständiger wird dies grundsätzlich auch ohne besondere Aufforderung von sich aus tun. Die letzte Prüfung des Gerichts hat dahingehend zu erfolgen, ob das Gutachten *mit den Denkgesetzen vereinbar oder widersprüchlich ist.* Das ist zum Beispiel der Fall, wenn ein Aktengutachten eine Aussage über den jetzigen oder zukünftigen Gesundheitszustand macht, obwohl die letzten Befunde vor längerer Zeit erhoben wurden. Mit einem Aktengutachten können nur Befunde aus der Vergangenheit verglichen werden (so zu Recht BSG vom 22. 3. 1962 – 10 RV 1179/61, SGb 1962 S. 149 = Meso B 90/3). Wenn ein Gutachten in gleichgelagerten Fällen nach Auffassung des Tatsachengerichts nicht überzeugen kann, muß ihm (vgl. BSG vom 20. 5. 1958 – 2 RU 305/56, wie oben) der Überzeugungswert auch im Einzelfall versagt werden.

Die Feststellung von *Friederichs* (Zwanzig Jahre Sachverständigenbeweis im Verfahren vor den Gerichten der Sozialgerichtsbarkeit – Rückschau und Ausblick, MedSach 1974 S. 2), daß die Gerichte der Sozialgerichtsbarkeit grundsätzlich kritischer dem medizinischen Gutachten als andere Gerichte gegenüberstehen, trifft zu. Ich meine, daß aber im Interesse einer noch besseren und gerechteren Wahrheitsfindung eine Erhöhung dieser kritischen Grundeinstellung stattfinden sollte.

III. Medizinisch-rechtliche Begriffe

1. Krankheit und Gebrechen

Von der Rechtsprechung kaum beachtet wurde die Tatsache, daß es medizinisch vier unterschiedliche Krankheitsbegriffe gibt. Ich halte die von *Rothschuh* (Prinzipien der Medizin, S. 127) vorgenommene Beschreibung für hervorragend, so daß ich mich ihr anschließe mit der grundsätzlichen Forderung, statt allgemein von Krankheit (Morbus) richtiger von krankhaften Störungen (Pathos), Krankheitserlebnis (Aegritudo) und abgegrenztem Krankheitsbild (Nosos) zu sprechen.

1. Nach dem *naturwissenschaftlichen* Krankheitsbegriff ist nur krank, wer einen Befund von Krankheitswert besitzt und zwar im Rahmen der medizinisch-wissenschaftlichen Diagnostik. Pathos ist also Befund, ist das objektivierbare Abweichen von der Norm. Der Mensch wird als Maschine angesehen; es interessiert nur das jeweils kranke Organ. Folgerichtig wird auch nur der Blinddarm und nicht der Patient behandelt.
2. Demgegenüber wird unter Nosos der *klinische* Krankheitsbegriff verstanden und zwar aus dem Blickwinkel des behandelnden Arztes. Dieser stellt eine sogenannte Rechtfertigungsdiagnose, um seine Konsultation begründen, seine Kosten liquidieren und die notwendige Therapie durchführen zu können. Obwohl Pathos und Nosos nicht identisch sind, besitzen sie doch enge Verbindungen. Wie *Rothschuh* (a. a. O. S 128) richtig bemerkt, geht es bei beiden Krankheitsbegriffen um eine objektivierende Darstellung, um Verallgemeinerungen zu Erkenntnis-, Verständigungs- und Lehrzwecken. Beide Betrachtungen erfassen weder abschließend noch ausreichend den Patienten als Individuum oder Subjekt.
3. Der Patient empfindet keineswegs, daß sein Blinddarm oder sein Herz krank ist; er selbst ist krank und zwar immer in dem Sinne, daß ihn die Krankheit völlig ergriffen hat. Im Sinne der Laienmedizin, die sogar die einzig richtige Auffassung darstellt, ist derjenige krank, der sich unwohl fühlt, diesem Gefühl einen Krankheitswert beimißt und sich selbst oder mit Hilfe eines Arztes heilt. Aegritudo ist nach Rothschuh als *personalistischer* Krankheitsbegriff das Befinden, also Krankheit aus der Sicht des Kranken und sein Erlebnis dieser Krankheit.
4. Die von der konservativen Medizin bekämpfte *Sozialmedizin* sieht denjenigen als krank an, der sich Gefahren aussetzt, die erfahrungsgemäß zu einer Krankheit führen können oder bei dem bereits Frühstadien bestimmter Krankheiten (wie zum Beispiel Hyperlipidämie als Zeichen einer Präsklerose) diagnostiziert werden. Wer also das Risiko einer Überernährung, eines auf Alkohol, Rauschgift oder Medikamenten beruhenden Abusus oder des Tabakrauchens auf sich nimmt, ist sozialmedizinisch bereits krank.

Diese vier Definitionen der Krankheit ergeben in Kombination miteinander sechzehn Gruppen. Eine davon ist der Versicherte, der sich gesund fühlt, obwohl er zum Beispiel an Krebs erkrankt ist oder der sich krank fühlt und bei dem kein pathologischer Befund erhoben werden kann, wie es *von Ferber* (Zur gesellschaftlichen Entstehung von Krankheiten, MedKlin 1974 S. 1561) schildert.
Zu beachten ist, daß in allen Zweigen der Gerichtsbarkeit ein eigener, *juristischer* Krankheitsbegriff angewandt wird, der in der Regel mit den vier medizinischen nicht deckungsgleich ist. Dieser Krankheitsbegriff orientiert sich am Leitbild des gesunden Menschen, den es bekanntlich nicht gibt. *Jede Abweichung von dieser Norm ist regelwidrig und damit Krankheit.* So hat bereits das RVA die Krankheit als einen regelwidrigen *Körper- und Geisteszustand* definiert. Ein Dauerausscheider von übertragbaren Krankheitserregern wie Typhus (BSG vom 20. 12. 1960 – 4 RJ 118/59, BSGE 13 S. 255 = Meso B 260/2 = SozSich 1961 S. 22 = SGb 1961 S. 51 = MRKn 1961 S. 175) und von Salmonellen ist nach dem Urteil des BSG vom 27. 5. 1971 (3 RK 28/68, Meso B 10/204 = SozSich-Kartei Nr. 1529, IV/A zu § 182 RVO = BSGE 33 S. 9 = Breith. 1971 S. 883 = SGb 1971 S. 351) krank, auch wenn er völlig beschwerdefrei ist. Das gilt auch für die Zeugungsunfähigkeit eines jungen Mannes. Dazu erklärte das BSG am 28. 4. 1967 (3 RK 12/65, BSGE 26 S. 240 = SozSich-Kartei Nr. 2062, IV/A zu § 182 RVO = Meso B 190/4 = Breith. 1967 S. 909 = SGb 1968 S. 74), daß es nicht darauf ankomme, ob besondere Beschwerden oder Schmerzen vorliegen noch daß die Gefahr einer wesentlichen Verschlimmerung des Gesundheitszustandes drohe. Selbst der Verlust eines einzigen Zahnes oder gar Zahnlosigkeit ist eine Krankheit, wenn dieser Zustand die natürlichen Körperfunktionen des Kauens, Beißens oder Sprechens nicht unerheblich stört, stellte das BSG (Entscheidung vom 12. 12. 1972 – 3 RK 87/70, SozSich 1973 S. 180 = Meso B 130/9 = SGb 1973 S. 52) fest. Unter Beachtung der Tatsache, daß nur in bestimmten Phasen des Kindesalters die *Kieferanomalie* durch eine kieferorthopädische Behandlung beeinflußt werden kann, ist nach Urteil des BSG vom 23. 2. 1973 (3 RK 82/72, Breith. 1973 S. 603 = SozSich-Kartei Nr. 2745, IV/A zu § 182 RVO = SGb 1973 S. 211) eine behandlungsbedürftige Krankheit gegeben, wenn von den verantwortungsbewußt handelnden Eltern erwartet werden muß, daß sie ein derart gefährdetes Kind behandeln lassen. Mit anderen Worten: In diesem Fall ist nicht die objektive, sondern die subjektive Notwendigkeit der Heilbehandlung maßgebend. Dieser hier vom BSG aufgestellte Grundsatz ist ein Novum und nur zu erklären aus der seinerzeitigen rechtswidrigen Ausnutzung der Monopolstellung der Kieferorthopäden, die sich weigerten, Kassenpatienten zu behandeln. Die gesetzliche Krankenversicherung fordert weiter, daß neben dem regelwidrigen Körper- und Geisteszustand noch *Behandlungsbedürftigkeit* oder Arbeitsunfähigkeit besteht. Nach der Entscheidung des BSG vom 17. 12. 1965 (5 RKn 113/63, SGb 1966 S. 41 = Meso B 10/118 = SozSich 1966 S. 53 = MRKn 1966 S. 146) ist unter Behandlungsbedürftigkeit ein schicksalhaft bedingter objektiver Zustand anzusehen, der nicht davon abhängen kann, ob und wann der Versicherte die Behandlung dulden oder der Versiche-

rungsträger sie durchführen lassen will. Die Behandlungsbedürftigkeit als maßgebendes Kriterium der Krankheit entfällt demnach auch nicht dadurch, daß die einzig mögliche Behandlung (hier war es eine Operation) aus privaten oder von der Kasse aus technischen Gründen hinausgeschoben und damit die Behandlungsbedürftigkeit verlängert wird. Unerheblich ist nach dem Urteil des BSG vom 22. 11. 1968 (3 RK 20/66, Meso B 310/31 = Breith. 1969 S. 552 = SozSich 1969 S 53 = SGb 1969 S. 382 = DOK 1969 S. 80 = WzS 1969 S. 78) ferner, ob die Behandlungsbedürftigkeit sogleich oder erst nachträglich festgestellt wird und ob zum Beispiel die Trunksucht schon zu Organschäden geführt hat. Die Unmöglichkeit, mit dem Trinken aufzuhören, ist bereits Krankheit, stellte das BSG am 18. 6. 1969 (3 RK 63/66, Breith. 1968 S. 809 = SozSich-Kartei Nr. 2203, IV/A zu § 182 RVO = Meso B 310/30 = SGb 1968 S. 320 = BSGE 28 S. 114) fest und forderte weiter, daß grundsätzlich ein objektiv faßbarer regelwidriger Zustand des Körpers und des Geistes oder beides zugleich vorliegen müsse.

Diese Ausführungen beweisen bereits, daß der naturwissenschaftliche Krankheitsbegriff noch niemals von der Rechtsprechung als verbindlich und richtig angesehen wurde. Für die Sozialgerichtsbarkeit hat das BSG (Urteil vom 1. 10. 1964 – 11/1 RA 266/62, SGb 1964 S. 369 = Meso B 310/26) festgestellt, daß zum Beispiel *Neurosen* auch dann eine Krankheit sein können, wenn sie nicht im Anschluß an ein organisches Leiden entstanden sind, wenn ihre ,,Folgeerscheinungen" nicht zu organischen Veränderungen geführt haben und wenn es zu einer ,,Umstrukturierung der Persönlichkeit" oder zu einer ,,Gleichgewichtsstörung des Gesamtorganismus" nicht gekommen ist. *Der Krankheitsbegriff der gesetzlichen Sozialversicherung kann nicht auf die Beeinträchtigungen der Gesundheit im körperlichen und geistigen Bereich beschränkt werden, er umfaßt auch die seelischen und seelisch bedingten Störungen, wenn sie durch Anspannung des Willens des Betroffenen nicht (mehr) zu beheben sind.* Zum gleichen Ergebnis war das BSG bereits im Urteil vom 16. 3. 1962 (12/3 RJ 108/57, MRKn 1962 S. 235 = SGb 1962 S. 143 = Meso B 310/12 = SozSich 1962 S. 150) gekommen. Es hatte dabei betont, daß es nicht angehe, nur solche sogenannten neurotischen Störungen als Krankheit anzusehen, die sich in körperlich sichtbaren oder wahrnehmbaren Fehlhaltungen zeige. Vielmehr können neurotische Fehlentwicklungen, psychogene Wunsch- und Zweckreaktionen und neurotische Symptomverstärkungen eine Krankheit sein, wenn sie ein entsprechendes Ausmaß annehmen. Im Hinblick auf die Behandlungsfähigkeit neurotischer Symptome erklärte das LSG Niedersachsen in seinem Urteil vom 27. 10. 1970 (L 4 Kr 25/7c, Meso B 310/38 = Breith. 1971 S. 265), daß bei Vorliegen depressiv-ängstlicher neurotischer Fehlentwicklungen auf dem Boden einer zwangsneurotischen Persönlichkeitsstruktur mit Milieuschäden die Notwendigkeit von psychotherapeutischen Maßnahmen nach geltender Lehrmeinung nicht zu bestreiten sei. Die Unterscheidung zwischen aktuellen und chronischen neurotischen Störungen sei kein Kriterium für die Definition des sozialversicherungsrechtlichen Krankheitsbegriffes. Es liege kein Grund vor, im Bereich der den Geisteszustand betreffenden Regelwidrigkeiten den versicherungsrechtlichen Krankheitsbegriff anders als bei Organkrankheiten zu definieren.

Interessant ist das Urteil des BSG vom 23. 11. 1971 (3 RK 26/70, BSGE 33 S. 202 = Meso B 10/205 = SozSich-Kartei 2620, IV/A § 182 RVO = SGb 1972 S. 52 = Breith. 1972 S. 276), wonach eine Krankheit im Sinne der Krankenversicherung bereits dann vorliegt, wenn ein regelwidriger Körper- oder Geisteszustand allein Arbeitsunfähigkeit zur Folge hat, wie zum Beispiel bei einer unheilbaren Krankheit. Ist der Versicherte nur mit Hilfe einer Prothese in der Lage, eine versicherungspflichtige Beschäftigung zu verrichten, ist er nach der auch für die Krankenversicherung geltenden Ursachenlehre arbeitsunfähig krank, wenn er für die Dauer der Reparatur der Prothese nicht arbeiten kann.

Nach der Entscheidung des LSG Niedersachsen vom 21. 9. 1966 (L 5 Kr 3/61, Meso B 10/132 = Breith. 1967 S. 282) hat Behandlungsbedürftigkeit nicht zur Voraussetzung, daß auch Aussicht auf Besserung des Leidens durch die ärztliche Behandlung besteht. Es genügt, daß durch ärztliche Mitwirkung das Leiden erträglicher gestaltet wird. Im Rentenrecht wird nach dem Urteil des BSG vom 25. 5. 1961 (5 RKn 3/60, BSGE 14 S. 207 = Meso B 70/22 = SozSich 1961 S. 214 = SGb 1961 S. 215 = MRKn 1961 S. 166) nicht vorausgesetzt, daß Behandlungsbedürftigkeit oder Arbeitsunfähigkeit besteht. So ist zum Beispiel eine Frühsilikose Krankheit im Sinne des Rentenrechts.

Unter einem *Gebrechen* wird grundsätzlich ein stationärer Gesundheitszustand verstanden. Bereits das RVA hat in seinen Entscheidungen Nr. 2140 (AN 1916 S. 341), Nr. 2577 (AN 1920 S. 319), Nr. 3235 (AN S. 285 und EuM 46 S. 149) bei Gebrechen eine Heilbehandlung dann als erforderlich angesehen, wenn sich besondere Beschwerden oder Schmerzen einstellen oder die Gefahr einer wesentlichen Verschlimmerung droht. *Kennzeichnendes Unterscheidungsmerkmal des Gebrechens gegenüber der Krankheit im allgemein-medizinischen Sinne, insbesondere der krankhaften Anlage, sei die augenblickliche Behandlungsbedürftigkeit.* Dies gilt nach der BSG-Entscheidung vom 28. 10. 1960 (3 RK 29/59, Meso B 10/53 = SGb 1961 S. 118 = BSGE 13 S. 134 = SozSich 1960 S. 372 = MRKn 1960 S. 141) auch heute noch, allerdings mit der Erweiterung, daß Krankheit und Behandlungsbedürftigkeit anzunehmen ist, wenn der gegenwärtige Zustand noch keine Schmerzen oder Beschwerden bereitet, durch eine ärztliche Behandlung aber eine wesentliche Besserung erreicht werden kann.

Nach dem Urteil des BSG vom 18. 11. 1969 (3 RK 75/66 = Meso B 340/11 = SozSich 1970 S. 21 = SGb 1970 S. 17 = DOK 1970 S. 28, 432 = BSGE 30 S. 151 = Breith. 1970 S. 186 = WzS 1970 S. 17) ist ein Gebrechen bereits behandlungsbedürftige Krankheit, wenn sich durch eine dem Leiden angepaßte Heilbehandlung, zu der auch die Versorgung mit einer Prothese und eine anschließende Übungsbehandlung gehört, eine nicht unwesentliche Besserung der Körperfunktionen erzielen läßt. Dabei braucht eine Verschlimmerungsgefahr nach der Entscheidung des BSG vom 11. 3. 1970 (3 RK 49/66, DOK 1970 S. 394 = Breith. 1970 S. 980 = SozSich

1970 S. 238 = Meso B 340/10a) nicht in der Weise unmittelbar zu drohen, daß ohne sofortige Behandlung mit dem alsbaldigen Eintritt einer wesentlichen Verschlimmerung zu rechnen ist. Es genügt vielmehr, daß sich das Gebrechen ohne Behandlung wahrscheinlich verschlimmern würde und daß dieser Gefahr am besten, also mit der größten Aussicht auf Erfolg, durch eine möglichst frühzeitige Behandlung entgegengewirkt wird.

2. Arbeitsunfähigkeit

Nach § 182 RVO besteht ein Anspruch auf Krankengeld, wenn die Krankheit den Arbeitnehmer arbeitsunfähig macht. Schon das RVA hat in seiner GE Nr. 1987 vom 1. 3. 1915 (AN 1915 S. 425) festgestellt, daß ein *Versicherter arbeitsunfähig krank ist, wenn er nicht oder nur mit der Gefahr der Verschlimmerung seines Gesundheitszustandes in der Lage ist, seine bisherige Erwerbstätigkeit weiter auszuüben.* Es ist also immer zu fragen, ob zum Beispiel ein Schlosser trotz seiner Fußverletzung weiterhin Schlosserarbeiten verrichten kann. Ist die Frage zu verneinen, liegt auch dann Arbeitsunfähigkeit vor, wenn er durchaus noch leichte Montierarbeiten verrichten könnte. Eine Verweisung, wie sie im Rentenrecht vorgenommen wird, gibt es in der Krankenversicherung grundsätzlich nicht.

Im Rahmen der Familienhilfe kommt es nach der Entscheidung des BSG vom 18. 11. 1969 (3 RK 75/66, BSGE 30 S. 151 = Breith. 1970 S. 186 = SGb 1970 S. 17 = DOK 1970 S. 28 = Meso B 340/11 = SozSich 1970 S. 21) bei der Gewährung von Heilmitteln nicht darauf an, ob durch das Hilfsmittel die Arbeitsfähigkeit des Familienangehörigen hergestellt oder erhalten wird. Bei einem Kind genügt es, daß sich die Versorgung mit einer Prothese günstig auf die Schulfähigkeit auswirkt. Von der individuellen Prüfung der Arbeitsunfähigkeit gibt es allerdings eine gewichtige Ausnahme. In seiner Entscheidung vom 14. 4. 1970 (L 4 Kr 32/69, Meso B 10/190) stellte das LSG Niedersachsen fest, daß bei *ungelernten Arbeitnehmern* die bisher ausgeübte Erwerbstätigkeit nur dann maßgebend ist, sofern sie längere Zeit verrichtet wurde und der Versicherte infolge der darin erworbenen Erfahrung, Geschicklichkeit und Anpassung an ihre besonderen Verhältnisse gewissermaßen zum Beruf geworden ist (so bereits RVA GE Nr. 2834, AN 1925 S. 34). Hat der Versicherte die ungelernte Arbeit nur knapp drei Monate lang ausgeübt, ist sie nicht zum Beruf geworden. Dieses Urteil wurde vom BSG am 19. 1. 1971 (3 RK 42/70, SozSich 1971 S. 241) bestätigt. Kann der ungelernte Arbeitnehmer zwar die vor Beginn der Arbeitsunfähigkeit ausgeübte schwere körperliche Arbeit nicht mehr verrichten, sind ihm aber eine ganze Reihe anderer leichter ungelernter Arbeiten zuzumuten, besteht keine Arbeitsunfähigkeit.

Gefordert wird, daß durch die Krankheit die Arbeitsunfähigkeit verursacht wird. Nach der Entscheidung des LSG Baden-Württemberg vom 21. 10. 1960 (L4 b Kr 1542/58, Meso B 290/52) dürfen dabei nicht nur Organschäden, sondern auch seelische Gegebenheiten berücksichtigt werden. Im Urteil vom 23. 11. 1971 (3 RK 26/70, SozSich-Kartei Nr. 2620, IV/A zu § 182 RVO = Meso B 10/205 = SGb 1972 S. 52 = BSGE 33 S. 202 = Breith. 1972 S. 276) erklärte das BSG, daß zwar bei der herkömmlichen Definition des Krankheitsbegriffs das Tatbestandsmerkmal „Arbeitsunfähigkeit" mehrfach, nämlich direkt als eine Voraussetzung des Anspruchs und indirekt in der zweiten Voraussetzung „Krankheit" enthalten, benutzt werde. Diese vermeintliche Unlogik sei jedoch dahin zu verstehen, daß anstelle einer umständlichen Umschreibung des Zustandes, der bei nicht mehr bestehender Behandlungsbedürftigkeit trotzdem noch „Krankheit" darstellt, zur Vereinfachung und Abkürzung der rechtstechnische Begriff „Arbeitsunfähigkeit" gesetzt werde. Es sei jedenfalls daran festzuhalten, daß auch der regelwidrige Körper- und Geisteszustand, der allein Arbeitsunfähigkeit zur Folge hat, Krankheit im versicherungsrechtlichen Sinn sei. Ist ein Schwerbehinderter nur bei Benutzung eines Schienenhülsenapparates in der Lage, versicherungspflichtige Arbeit zu leisten, ist er arbeitsunfähig krank, wenn der Apparat repariert wird, stellte der Senat fest.

Etwas anderes gilt, wenn ein Schwerbehinderter seinen Arbeitsplatz – auch wenn er ihn nur vergönnungsweise erhalten und behalten hatte – verliert. Dazu erklärte das BSG in seinem Urteil vom 19. 6. 1963 (3 RK 37/59, BSG 19 S. 179 = Meso B 290/21a = SozSich 1963 S. 246 = SGb 1963 S. 280 = WzS 1963 S. 280), daß bei Rentnern oder Schwerbehinderten, die noch abhängige Arbeit verrichten, für die Frage der Arbeitsunfähigkeit allein maßgebend ist, ob sie ihre zuletzt verrichtete Arbeit weiter ausüben können. In solch einem Fall tritt Arbeitsunfähigkeit nur ein, wenn sich – gleichviel aus welchem Grund – der bisherige Zustand verschlimmert oder doch in absehbarer Zeit zu verschlimmern droht oder wenn eine neue Krankheit hinzutritt, die allein oder in Verbindung mit dem bisherigen Gesundheitszustand Arbeitsunfähigkeit bedingt. Der Verlust des Arbeitsplatzes verursacht allein keine Arbeitsunfähigkeit. Ist der Bezieher einer Berufsunfähigkeitsrente noch fähig, außerhalb seines bisherigen Berufes den ihm verbliebenen Rest der Erwerbsfähigkeit zu verwerten, besteht nach dem Urteil des BSG vom 18. 6. 1968 (3 RK 57/66 = SGb 1968 S. 321 = KVRS 2300/11) Arbeitsunfähigkeit. Erst wenn er eine neue Arbeit aufnimmt, endet die Arbeitsunfähigkeit. Anschließend beurteilt sich die erneute Arbeitsunfähigkeit nach der neu aufgenommenen Tätigkeit, stellte das BSG fest (Urteil vom 2. 10. 1970 – 3 RK 6/70, BSGE 31 S. 18 = Breith. 1971 S. 261 SozSich-Kartei Nr. 2453, IV/A zu § 182 RVO) fest.

Ohne Bedeutung ist nach der Entscheidung des BSG vom 13. 5. 1966 (5 RKn 57/63, Breith. 1967 S. 112 = Meso B 10/137) daß – medizinisch gesehen – mehrere Erkrankungen auf einer einheitlichen „Grundkrankheit" wie zum Beispiel Meniskopathie zurückzuführen sind. Im Sinne der Krankenversicherung handelt es sich um verschiedene selbständige Krankheits-(Versicherungs-)fälle, wenn zwischen ihnen ein erheblicher Zeitraum liegt, in dem die einheitliche „Systemerkrankung" weder eine Heilbehandlung erforderte noch Arbeitsunfähigkeit bewirkte.

Die Kassen haben nach § 369 b RVO die Arbeitsunfähigkeit des Versicherten durch

einen *Vertrauensarzt* nachprüfen zu lassen. Dabei ist nach der Entscheidung des LSG Baden-Württemberg vom 15. 10. 1965 (L4 b Kr 1379/63, SGb 1966 S. 26 = Meso B 10/112) grundsätzlich zu beachten, daß der Vertrauensarzt wesentlich häufiger als der praktische Arzt die Arbeitsunfähigkeit beurteilt und deshalb auf diesem Spezialgebiet der ärztlichen Wissenschaft über mehr Erfahrungen verfügt. Daraus darf aber kein Grundsatz abgeleitet werden, wonach der Vertrauensarzt immer Recht hat.
In dem bereits oben zitierten Urteil des LSG Baden-Württemberg vom 21. 10. 1960 stellte der Senat klar, daß die Krankenkasse an die Beurteilung des Vertrauensarztes nicht gebunden ist. Die Entscheidung über Arbeitsunfähigkeit hat nicht der Arzt, sondern der Versicherungsträger zu treffen. Dabei ist es rechtlich unerheblich, ob der behandelnde Arzt des Versicherten Einspruch gegen das vertrauensärztliche Gutachten, das die Arbeitsfähigkeit des Versicherten feststellt, erhebt oder nicht. Die Feststellung der Arbeitsfähigkeit ist kein Verwaltungsakt, der für den Versicherten bindend wird, wenn der praktische Arzt nicht widerspricht.

3. Leistungsfähigkeit

Das Verbot, wonach niemand angehalten werden kann, auf Kosten seiner Gesundheit abhängige Arbeit zu leisten (vgl. BSG vom 16. 4. 1959 – 5 RKn 28/58, SozSich 1959 S. 212 = SGb 1959 S. 161 = BSGE 9 S. 254 = Meso B 10/6) kann nur individuell beachtet werden; eine generalisierende Betrachtungsweise ist ohne jede Ausnahme unzulässig (vgl. BSG vom 11. 11. 1959 – 11 RV 290/57, BSGE 11 S. 50 = SozSich 1960 S. 17 = SGb 1959 S. 393 = Meso B 320/8).
Nach *Murrell* (Ergonomie, S. 31) weisen die Kenntnisse der menschlichen Leistungsfähigkeit noch erhebliche Lücken auf. Auch bei der Arbeit beweist sich die Richtigkeit der alten Erkenntnis, daß eines der Hauptmerkmale des Menschen die individuelle Verschiedenheit ist. Arbeitswissenschaftliche Erkenntnisse stellen auch Verallgemeinerungen dar; sie beziehen sich auf den hypothetischen Durchschnittsmenschen, den es bekanntlich nicht gibt.
Während arbeitswissenschaftlich die Belastung jedes Menschen auf einem bestimmten Arbeitsplatz empirisch in etwa exakt ermittelt werden kann, ist die Übertragung auf andere Tätigkeiten nicht möglich; sie ist mehr oder minder Spekulation und Hypothese. Das muß nicht sein, denn es steht ein ausreichendes Instrumentarium zur Verfügung, um die jeweilige Leistungsfähigkeit festzustellen. So kann zum Beispiel durch Urinuntersuchungen die Streßbelastung auf einem bestimmten Arbeitsplatz ermittelt werden. Das war auch offensichtlich der Grund, Belastungsproben als Leistung der Rehabilitation in die Sozialversicherung einzuführen, damit konkrete Werte festgestellt werden können.
Die bisher benutzten klinischen Tests und Untersuchungen sind kaum geeignet, die Leistungsfähigkeit zu ermitteln oder abzuschätzen. Es kommt nicht darauf an, ob in einem sterilen Labor eine bestimmte Leistung vollbracht werden kann, sondern ob

dies in der freien Wirtschaft möglich ist. *Das zu ermittelnde Leistungsvermögen beinhaltet die konkrete Fähigkeit, auf bestimmten Arbeitsplätzen Lohn oder Gehalt zu erzielen.* Dies setzt aber bereits begrifflich voraus, daß der Patient sich den betrieblichen Gegebenheiten unterwerfen muß – hauptsächlich aber einer vom Betrieb aufgestellten Leistungsnorm. Ist sie unbekannt oder wird sie gar ignoriert, ist eine abschließende Beurteilung unmöglich.

Völlig verkannt wurde bisher, daß mehrere Faktoren die Leistungsfähigkeit beeinflussen, daß diese somit nicht *statisch,* sondern doppelwertig *(ambivalent)* zu verstehen ist. Die Behauptung eines Sachverständigen, daß die organischen Krankheiten noch eine bestimmte Art von Arbeit – zum Beispiel leichter Art – erlauben (vgl. *Rautenberg* (Prüfmethoden des körperlichen Leistungsvermögens in der ambulanten Begutachtung der Rentenversicherung, MedSach 1966 S. 257), ist unvollständig. *Die von zu Hause mitgebrachten strukturellen Fähigkeiten und Begabungen wie zum Beispiel Fingerspitzengefühl, Organisationstalent, Musikalität usw. werden durch berufliche Kenntnisse und Fähigkeiten, die während des Arbeitslebens ständig trainiert werden müssen, ergänzt. Beide Faktoren, Begabung und berufliches Training, sind also maßgebend, ob eine bestimmte Tätigkeit tatsächlich verrichtet werden kann.*

Da jede Arbeit den Einsatz des ganzen Menschen fordert, indem sie seine Muskelkraft, Geist und Psyche okkupiert, muß die Leistungsfähigkeit auch im Hinblick auf diese drei Faktoren beurteilt werden. Das bedeutet nach dem Gutachten des Gemeinsamen Beirates für Verkehrsmedizin bei den Bundesministern für Verkehr und Jugend sowie Jugend, Familie und Gesundheit von Juni 1973 (S. 16), daß immer ein zu berücksichtigender Gefährdungstatbestand vorliegt, wenn

1. von dem Versicherten nach dem Grad der festgestellten Beeinträchtigung der körperlichen und/oder geistigen Fähigkeit zu erwarten ist, daß er den Anforderungen der Arbeit – zu denen auch die Beherrschung von Belastungssituationen gehört – nicht mehr gewachsen ist oder
2. in einem *absehbaren Zeitraum* die Gefahr des plötzlichen Versagens der körperlichen und/oder geistigen Leistungsfähigkeit zu erwarten ist.

Hauck/Spann (Fahrtauglichkeit unter Medikamenteneinfluß, MedKlin 1974 S. 526) weisen mit Recht darauf hin, daß die Verminderung einzelner sinnesphysiologischer Funktionen nicht meßbar zu sein braucht, um trotzdem den Komplex Arbeitsleistung (hier im Sinne der Fahrtauglichkeit) so entscheidend zu beeinflussen, daß Leistungsunfähigkeit besteht. Beide Autoren bestätigen, daß es zur Zeit noch kein absolut sicheres objektives Kriterium gibt, um die Arbeitstauglichkeit für die Zukunft oder Vergangenheit zu objektivieren. Das gelte vor allem hinsichtlich der psychophysischen Funktionen wie Aufmerksamkeit einschließlich Konzentration, Reizaufnahme und -verarbeitung, Reaktion und Erfolgskontrolle.

Bei körperlich leichten Arbeiten, wie sie heute in der freien Wirtschaft bei der Bedienung von Maschinen und Apparaten anzutreffen sind, entsteht durch einseitige Beanspruchung der Sinnesorgane eine zusätzliche Belastung außerhalb der eigentlichen Arbeitsbelastung, auf die *Preuschen* (Einführung in die Arbeitswissenschaft S. 113) hinweist. Diese ist aber individuell verschieden. *Bei gleicher Arbeit wird somit jeder Arbeitnehmer unterschiedlich stark belastet und zwar körperlich wie psychisch.* Einseitige psychische Belastung (vgl. Streß S. 115) verursacht oft die so verkannte vegetative Labilität oder verstärkt sie. Das gilt vor allem für ältere Arbeitnehmer, die zwar in der Lage wären, ihre schwindenden Kräfte durch die berufliche Routine auszugleichen, die aber auf einem neuen Arbeitsplatz völlig versagen, da sie dem hier geforderten Zwang zu ständiger Konzentration oder Verantwortung nicht mehr gewachsen sind. Während ohne jeden Nachweis und gegen die empirischen Erfahrungen in der Gerichtspraxis die *Anpassungsfähigkeit* bei jedem Versicherten unterstellt wird, greift die hierdurch produzierte permanente Überforderung die Leistungsreserven an und führt zu Organschäden. Der bereits vegetativ geschwächte Arbeitnehmer wird einem erhöhten Streß ausgesetzt. Es ist das gleiche Problem, zu dem *Mülsmann* (Die berufliche Eingliederung von Frauen im Rückbildungsalter, MedSach 1966 S. 107) ausführt, daß Frauen im Klimakterium, nachdem sie den Anforderungen an Geschicklichkeit, Fingerfertigkeit und Sinnenschärfe nicht mehr entsprechen, durch Trainingsverlust von mehreren Jahren nicht mehr in den Betrieb eingeordnet werden können und zwar auch nicht auf leichte Arbeitsplätze. Etwas anderes gilt nur, wenn der Versicherte durch berufliche Rehabilitation arbeitsfähig wird.

Auf dem Chirurgenkongreß in Hamburg hat *Thielicke* 1967 die unbequeme Frage aufgeworfen, wo denn eigentlich die *Grenze des verwertbaren Menschen liege.* Es entspreche der Logik, daß man auch vom unproduktiven Menschen oder gar Leben sprechen müsse. „Man muß wissen", führte *Thielicke* aus, „daß der Arzt damit sein Heilethos preisgibt und zum Ingenieur, zum Manipulator einer Leistungsgesellschaft (mit allen Konsequenzen) werden würde." Diese Befürchtungen sind meiner Ansicht bereits seit langem Realität. Die moderne einseitig ausgerichtete naturwissenschaftliche Medizin hat zwar unter bewußter Mißachtung der Einheit des Menschen geniale Leistungen vollbracht, zugleich aber bewirkt, daß sie sich selbst nur noch als – wenn auch hochqualifiziertes – Handwerk versteht. Die ständig sich erhöhende Zahl von Schadenersatzprozessen beweist weiter, daß auch der Patient den Arzt nur noch als Handwerker ansieht, der zur Rechenschaft gezogen wird, wenn seine Behandlung nichts nützt oder gar schädlich war. Einer vergewaltigten Objektivität im naturwissenschaftlichen Sinne zuliebe, die höchstens nur eine Seite der Medaille darstellt, wurden und werden die beiden ersten Silben des Wortes Humanmedizin nur noch als Gattungsbegriff verstanden. Das berechtigt, mit *Thielicke* (Wer darf leben?, S. 10) die Behauptung aufzustellen, daß das humanum zu ernst ist, als daß man es nur den Medizinern überlassen dürfe.

4. Erwerbsminderung

Die herrschende Lehre, wie sie *Brackmann* (Handbuch der Sozialversicherung, S. 566y I) schildert, und die ständige Rechtsprechung (vgl. schon RVA GE

Nr. 54 = AN 1891 S. 162) verstehen unter *Erwerbsfähigkeit das Vermögen des Versicherten, Erwerb zu erzielen. Alle Tatsachen, die sich auf die Fähigkeit, in abhängiger Stellung Geld zu verdienen, positiv oder negativ auswirken, sind dabei zu berücksichtigen.* Hierunter fallen vor allem die individuellen Kenntnisse, Fähigkeiten und Erfahrungen des Versicherten sowie seine schulische Bildung (so schon BSG vom 4. 8. 1955 – 2 RU 67/54, BSGE 1 S. 144 = SozSich 1956 S. 79).

Auszugehen ist grundsätzlich von der im Unfallrecht schon immer anerkannten Auffassung, daß unter dem Begriff Erwerbsfähigkeit die Fähigkeit des Versicherten zu verstehen ist, *sich unter Ausnutzung der Arbeitsgelegenheiten, die sich ihm nach seinen gesamten Kenntnissen und körperlichen wie geistigen Fähigkeiten im ganzen Bereich des wirtschaftlichen Lebens (allgemeiner Arbeitsmarkt) bietet, einen Erwerb zu verschaffen,* erklärte das BSG in seinem Urteil vom 29. 2. 1968 (4 RJ 423/66, BSGE 24 S. 18 = SozSich 1968 S. 119 = SGb 1968 S. 155, 293 = Breith. 1968 S. 669). Nur für die Gewährung von berufsfördernden Rehabilitationsmaßnahmen und die damit verbundene soziale Betreuung ist nach dieser Entscheidung nicht auf die Vielzahl aller abstrakten Erwerbsmöglichkeiten des gesamten Arbeitsfeldes abzustellen, sondern – in Einschränkung des allgemeinen Begriffes der Erwerbsfähigkeit – auf den bisherigen Beruf des Versicherten.

Die vor dem Unfall oder der Wehrdienstverletzung bestehende individuelle Erwerbsfähigkeit – sie ist immer mit 100 Prozent anzusetzen – muß mit der nach der Verletzung verbliebenen Leistungsfähigkeit verglichen werden. Liegt zum Beispiel eine *Vorschädigung* vor, ist die Erwerbsminderung grundsätzlich höher zu bewerten, wenn sie für die Unfallfolgen eine wesentliche Bedeutung hat (BSG vom 29. 4. 1964 RU 155/62, BSGE 21 S. 63 = Breith. 1964 S. 850). Bestand zum Beispiel ein Beinschaden als Vorschaden mit einer Erwerbsminderung von 20 %, als der Versicherte durch den Unfall das Bein im Oberschenkel verlor (laut Knochentaxe = $66^2/_3$ % Erwerbsminderung), beträgt die unfallbedingte Erwerbsminderung $66^2/_3$ %, da sich nach dem Urteil des BSG vom 24. 8. 1966 (2 RU 53/62, SozSich-Kartei Nr. 2024, V/D zu § 581) dieser Unfallschaden schwerer als der Vorschaden auswirkt. Ein *Nachschaden* findet hingegen keine Berücksichtigung (LSG Baden-Württemberg vom 28. 4. 1969 – L 10 Ua 1530/68, Breith. 1969 S. 938) . Außer bei einer sogenannten „Stützrente" (durch zwei Arbeitsunfälle wird die Mindest-Erwerbsminderung von 20 % erreicht) ist es unzulässig, die Folgen mehrerer Arbeitsunfälle zusammen zu bewerten.

Die verbliebene Erwerbsfähigkeit ist auf den allgemeinen Arbeitsmarkt zu übertragen. Hierbei muß gefragt werden, welche Kenntnisse und Fähigkeiten der Verletzte auf dem allgemeinen Arbeitsmarkt noch verwerten kann und welche verloren gingen. Nach dem Urteil des LSG Rheinland-Pfalz vom 12. 9. 1966 (L 1 V 63/66, Meso B 150/5 = SozSich 1967 S. 54, 278) sind auch seelische Begleiterscheinungen und Schmerzen zu beachten. Die Erwerbsminderung dürfe nicht schematisch festgesetzt werden, vielmehr müsse die Persönlichkeit des Beschädigten in seinem leibseelischen Gefüge Berücksichtigung finden. Handelt es sich um *besondere Kenntnisse* und Fähigkeiten, die durch die Verletzung verloren gingen, ist die Erwerbsminderung nach § 581 Abs. 2 RVO aufzustocken. Durch Übertragung der individuellen Erwerbsfähigkeit auf den allgemeinen Arbeitsmarkt entsteht die *abstrakte Schadensregulierung* des Kriegsopfer- und Unfallversicherungsrechts. Dazu erklärte das BSG im Urteil vom 26. 2. 1957 (2 RU 45/54, BSGE 4 S. 295 = SGb 1957 S. 339 = SozSich 1957 S. 207), daß die je nach Lage des Falles gebotene Berücksichtigung der Ausbildung und Berufs nicht auf den Kreis derjenigen Fähigkeiten zu beschränken ist, die im Unfallunternehmen üblicherweise verwertbar sind oder der fachlichen Abgrenzung des zuständigen Unfallversicherungsträgers entsprechen; vielmehr kommt jede Berufsfertigkeit in Betracht, die bei Würdigung des gesamten Arbeitslebens des Versicherten seine berufliche Verwendung steigert. Nach einer gewissen Zeit ist eine eingetretene *Gewöhnung und Anpassung* an die Verletzungsfolgen, wenn sie objektiviert werden kann, zu berücksichtigen.

Auch die *Rentenversicherung* geht grundsätzlich von einer abstrakten Erwerbsminderung aus. Dazu stellte das BSG in seinem Urteil vom 16. 4. 1959 (5 RKn 28/58, SozSich 1959 S. 212 = BSGE 9 S. 254 = SGb 1959 S. 437 = MRKn 1959 S. 71 = Meso B 10/6) fest, daß der Rentenanspruch davon abhängt, ob die individuelle Erwerbsfähigkeit des Bewerbers einen bestimmten Mindestsatz unterschreitet. Dieser Mindestsatz (bei der Berufsunfähigkeitsrente die Hälfte der Erwerbsfähigkeit) ist nicht unmittelbar an den Versicherten und dessen individuellem Leistungsabfall zwischen der Zeit seiner normalen Höchstleistung und seinem derzeitigen Zustand zu messen, sondern *über den Vergleich mit einem „körperlich und geistig gesunden Versicherten mit ähnlicher Ausbildung und gleichwertigen Kenntnissen und Fähigkeiten"* (§ 1246 RVO). Mit dieser Formulierung hat der Gesetzgeber deutlich gemacht, daß er die Erwerbsmöglichkeit einer ganzen, durch jene Merkmale gekennzeichneten Berufsgruppe, als die sich der Durchschnittsverdienst dieser Gruppe anbietet, maßgebend ist. Die Addition von Prozentsätzen einer Schätzung der Erwerbsminderung ist nach dem Urteil des LSG Nordrhein-Westfalen vom 26. 4. 1961 (L 12 J 8/61, Meso B 20a/40) für die Zwecke der gesetzlichen Rentenversicherung absolut unbrauchbar. Der Wortteil „Unfähigkeit" bedeutet nach dem Urteil des BSG vom 30. 10. 1968 (4 RJ 177/64, BSGE 28 S. 271 = SozSich-Kartei Nr. 2235, VII/A zu § 1247 RVO), daß es um ein „Können" geht, nämlich darum, ob der Betreffende imstande ist, Arbeit zu leisten, die zu einem für andere wirtschaftlich verwertbaren Ergebnis führt und deshalb für den Arbeitenden als Erwerbsquelle dienen kann. Daß auf das Vermögen oder Unvermögen des Menschen zum Gebrauch seiner körperlichen und geistigen Kräfte abzustellen ist, entspricht ständiger Auslegung. *Wer den Belastungen seines Mindestmaßes von Erwerbsarbeit nicht mehr gewachsen ist, aber trotzdem etwa deshalb weiterarbeitet, weil die Rente zum Lebensunterhalt nicht ausreicht, verliert dadurch nicht seinen Rentenanspruch.* Nach den Entscheidungen des Großen Senats des BSG vom 11. 12. 1969 (GS 1/68, SozSich-Kartei Nr. 2359, VII/A zu § 1247 RVO = SGb 1970 S. 186 = BSGE 30 S. 192 = Breith. 1970 S. 404 = Meso B 10/176 und GS 1/69, SGb 1970 S. 176 = SozSich 1970 S. 22 = BSGE 30

S. 167 = Breith. 1970 S. 393 = Meso B 10/175) ist es wesentlich, ob der leistungsgeminderte Arbeitnehmer noch einen *offenen Arbeitsmarkt* vorfindet. Ist dieser verschlossen, steht ihm die Rente auch dann zu, wenn er tatsächlich noch Arbeit leisten kann. Ist der Versicherte nicht mehr in der Lage, vollschichtig Arbeit zu leisten, ist er wegen des verschlossenen Arbeitsmarktes grundsätzlich erwerbsunfähig. Das gilt neuerdings auch für Frauen.

Die Frage nach der *Höhe der Erwerbsminderung* ist (so schon LSG Berlin vom 11. 1. 1957 – 15 LSG 129/55, Meso B 20a/17) keine rein medizinische Frage, denn sie besteht aus einem medizinischen, wirtschaftlichen und juristischen Teil. Der Begriff Erwerbsminderung ist wie der der Arbeits-, Berufs- und Erwerbsunfähigkeit ein unbestimmter Rechtsbegriff, der vom juristischen Laien – und das sind in der Regel die medizinischen Sachverständigen – allein nicht beantwortet werden kann. Vielmehr gehört die Subsumtion der vom Gutachter festgestellten Befunde und der von der Verwaltung und dem Gericht festgestellten Tatsachen unter das Gesetz unzweifelhaft zu den ureigendsten Aufgaben der Gerichte. Weder die Verwaltung noch das Gericht sind somit (vgl. BSG vom 21. 3. 1974 – 2 RU 55/72, SozSich-Kartei Nr. 2854, V/D zu § 581 RVO = SGb 1974 S. 286 = BSGE 37 S. 177) an die Schätzung des Sachverständigen über die Höhe der Erwerbsminderung gebunden, da diese nur Anhaltspunkte geben. Die Festsetzung der Erwerbsminderung kann niemals mathematisch genau erfolgen. Literatur und Rechtsprechung gehen daher mit Recht davon aus, daß die Festsetzung tatsächlich eine Schätzung darstellt. Dabei fordern für das Unfallrecht § 581 RVO und § 30 BVG für das Kriegsopferrecht unmißverständlich, daß nicht nach billigem Ermessen geschätzt wird, sondern daß Versicherungsträger und Gericht sich ernsthaft bemühen, das allein richtige Ergebnis zu finden. Jede schematische Betrachtung führt jedoch zu mehr oder minder unerträglichen Ergebnissen, denn der vielschichtige Komplex des Grades der Erwerbsminderung, der nicht nur materielle, sondern auch immaterielle Folgen umfaßt, kann selbst durch das beste Schema nicht beherrscht werden. So wird in der Literatur übereinstimmend die Auffassung vertreten, daß im Hinblick auf diese Vielschichtigkeit des Begriffes Erwerbsminderung sowie der Natur der Sache den Versicherungsträgern und Gerichten ein gewisser Beurteilungsspielraum gegeben ist. Nach der Entscheidung des BSG vom 29. 11. 1956 (2 RU 121/56, Meso B 30/3 = BSGE 4 S. 147 = SozSich 1957 S. 13 = SGb 1956 S. 385) kann die Schätzung der Erwerbsminderung vom Revisionsgericht nur daraufhin nachgeprüft werden, ob die gesetzlichen Grenzen für die Ausübung dieses Ermessens überschritten worden sind. Das BSG darf sein Ermessen nicht an die Stelle der Ermessensfreiheit des Tatsachengerichts setzen. Dabei ist allerdings zu beachten, daß das Ermessen von Fall zu Fall so eng zu ziehen ist, daß praktisch keine Toleranz mehr bleibt. Wie das BSG am 9. 9. 1966 (5 RKn 112/63, SGb 1966 S. 411 = Meso B 250/33 a) betonte, gibt es keinen Grundsatz, daß bei Zweifeln eine dem Versicherten günstige Feststellung zu teffen sei. Maßgebend sei vielmehr im gesamten Sozialrecht der Grundsatz der *objektiven Beweislast,* wonach derjenige die Beweislast trägt, der aus einer Tatsache Rechte herleiten will.

Nicht zu bestreiten ist, daß auch in der gerichtlichen Praxis die individuelle Leistungsminderung mehr oder minder stark schematisch festgesetzt wird, so daß von einer Schätzung nur in Ausnahmefällen gesprochen werden kann. Das gilt hauptsächlich für das Kriegsopfer- und Unfallrecht, bei denen ausschließlich nach den sogenannten „*Knochentaxen*", wie zum Beispiel *Liniger/Molineus* (Der Rentenmann) und *Hymmen* (Unfallbegutachtung) geurteilt wird. Während im Kriegsopferrecht der Verlust des Berufes noch zusätzlich berücksichtigt wird, findet er im Unfallrecht grundsätzlich keine Beachtung. Hat der 2. Senat des BSG in seinen Urteilen vom 25. 8. 1965 (2 RU 52/64, SozSich-Kartei Nr. 1856, V/D zu § 581 RVO = SGb 1965 S. 308 = BSGE 23 S. 253 = Breith. 1966 S. 120 = Meso B 10/115 und vom 27. 9. 1968 (2 RU 149/66, SozSich 1968 S. 340 = BSGE 28 S. 227 = SGb 1968 S. 439) die Auffassung vertreten, daß nur ausnahmsweise der Verlust des Berufes die Nichtverwendung besonderer Kenntnisse und Fähigkeiten zur Folge hat, stellte sich der Knappschaftssenat des BSG am 3. 5. 1966 (5 RKn 3/64, SozSich Kartei Nr. 1927, V/D zu § 581 RVO) und am 10. 9. 1971 (5 RKnU 8/68, SGb 1971 S. 426 = SozSich-Kartei Nr. 2580, V/D zu § 581 RVO = Breith. 1972 S. 27) auf den Standpunkt, daß der Facharbeiter des Bergbaus besondere Kenntnisse und Fähigkeiten besitzt. Kann er nicht mehr als Hauer eingesetzt werden, ist seine Rente wegen besonderer beruflicher Betroffenheit zu erhöhen. Was dem Facharbeiter des Bergbaus Recht ist, sollte auch den anderen Facharbeitern billig sein. Die Berücksichtigung des Verlustes des Berufes würde nichts an der grundsätzlichen abstrakten Schadensregulierung, die ich auch für richtig halte, ändern.

Die im Unfallrecht noch heute benutzten Knochentaxen sind zum Teil bereits vor sieben Jahrzehnten von Privatärzten aufgestellt worden. Sie lassen jede Begründung vermissen, warum zum Beispiel der Verlust des Zeigefingers der rechten Hand überhaupt keine Erwerbsminderung verursachen soll. Wie *Krösl/Zrubecky* (Arbeitsunfall und Begutachtung, S. 9 ff) erklären, ist nach heutiger medizinischer Auffassung nicht der anatomische Verlust einzelner Glieder für die Höhe der Erwerbsminderung maßgebend, sondern die dadurch gestörten Funktionen. Die hierfür maßgebenden Faktoren wie Sensibilitätsstörungen an einem Finger (selbst der Laie weiß, wie wichtig gerade das Fingerspitzengefühl ist), Durchblutungsstörungen oder Schmerzen finden in den Tabellen keine Berücksichtigung. Die moderne Handchirurgie hat aber nachgewiesen, daß die noch heute gebräuchliche Unterscheidung zwischen einer unfallverletzten rechten oder linken Hand unbegründet ist, da beide Hände in der Wertigkeit gleichzusetzen sind. Die Industrie verlangt grundsätzlich den Einsatz beider Hände, so daß sich Ausfälle des Tastgefühls und der Beweglichkeit gleich stark bemerkbar machen. Es wird also Zeit, daß diese neuen empirisch gewonnenen Erkenntnisse Eingang in die Verwaltungs- und Gerichtspraxis finden. Es wäre grundsätzlich zu begrüßen, wenn der Gesetzgeber selbst eine derartige Knochentaxe, wie er sie für das Kriegsopferrecht bereits vor Jahrzehnten schuf, auch für die Unfallversicherung aufstellen würde.

5. Kausalität

Unter Kausalität wird der Zusammenhang von Ursache und Wirkung verstanden, wobei nach naturwissenschaftlich-philosophischer Lehrmeinung grundsätzlich nichts ohne Ursache geschieht. Die Erforschung der Regeln, nach denen Ursache und Wirkung sich oft in Kettenform verknüpfen, ist für nicht wenige wissenschaftliche Disziplinen die wesentlichste Aufgabe. Dabei ist nach übereinstimmender wissenschaftlicher – also auch juristischer – Auffassung Ursache die Gesamtheit aller Bedingungen, die eine entsprechende Wirkung (Erfolg) erzielen. Jede einzelne Bedingung wiederum ist Teilursache im philosophisch-naturwissenschaftlichen Sinn.

Gottschick (Ursachenbegriff und Wehrdienstbeschädigung, MedSich 1956 S. 49) weist darauf hin, daß es Ursachen nur für Zustandsveränderungen gibt. Veränderungen, die keine weiteren Veränderungen bewirken, sind keine Ursachen, sondern höchstens Folgen. Nach *Schopenhauer ist Ursache die Bedingungen für Veränderungen und stets selber Veränderung. Jede Veränderung stelle die zeitliche Aufeinanderfolge von mindestens zwei unterschiedlichen Zuständen dar. Aussagen über den ursächlichen Zusammenhang müßten somit stets Angaben über mindestens zwei Veränderungen und die zu ihnen gehörenden Zustände enthalten, nämlich über die ursächliche und die Folgeveränderung.*

Der medizinische Kausalitätsbegriff geht von der Beziehung Ursache ./. Wirkung aus, wobei die einzelnen Fakten wertfrei beachtet werden. Wie *Hennies* (Unterschiede zwischen juristischem und medizinischem Denken und die Stellung des Sachverständigen in der Sozialgerichtsbarkeit, MedSach 1968 S. 213) mit Recht betont, bedient sich der Arzt der induktiven Methode, die bekanntlich vom Einzelfall auf das Allgemeine schließt, während der Jurist vom Allgemeinen Schlüsse auf den Einzelfall zieht, sich somit der deduktiven Methode bedient. Da es auch heute noch keine absolut befriedigende Ursachenforschung in der Lehre der Krankheitsentstehung (Pathogenese) gibt, geht die Ursachenforschung in der Krankheitserkenntnis von einer künstlichen Subtraktion und verallgemeinernder Unterschlagung wichtiger Fakten aus, um zu einer abstrakten Aussage kommen zu können. Es muß daher von Weizsäcker grundsätzlich Recht gegeben werden, wenn er daraus folgert, daß es oft pseudoexakte Stümperei ist, wenn man mit der Kausalanalyse in die Pathogenese geht (vgl. auch LSG Baden-Württemberg vom 26. 1. 1965 – L 6a V 523/63, Breith. 1966 S. 514 = Meso B 70/62).

Nicht zu bestreiten ist, daß der medizinische Kausalbegriff mit dem juristischen nicht identisch ist. Unter Übernahme der ständigen Rechtsprechung des RG (vgl. RGSt 1 S. 373) hat der BGH in seiner Entscheidung vom 28. 9. 1951 (2 StR 391/51, JZ 1951 S. 787) erklärt, daß weiterhin die Bedingungs- oder Äquivalenztheorie für das gesamte *Strafrecht* gilt. *Danach ist Ursache eines strafrechtlich bedeutsamen Erfolges jede Bedingung, die nicht hinweggedacht werden kann, ohne daß der Erfolg entfiele.*

Eine Unterlassung ist für den Erfolg ursächlich, wenn sie nicht hinzugedacht werden kann, ohne daß der Erfolg in Frage gestellt wird. Diese Theorie, die von Buri begründet hat, kommt dem naturwissenschaftlichen Kausalbegriff am nächsten, denn sie geht von der Gleichwertigkeit aller den jeweiligen Erfolg mitverursachenden Bedingungen aus.

Im Prinzip entspricht sie dem philosophisch-naturwissenschaftlichen Kausalitätsbegriff der conditio sine qua non, also der Lehre von der Gleichheit aller Bedingungen. Nach *Günther* (Ableitung der unterschiedlichen Kausalitätsauffassungen und ihrer Korrektive, der ‚Kausalitätsnormen', aus den Erfordernissen der Praxis, MedSach 1966 S. 158) ist dabei Ursache als eine „wirkende" Bedingung anzusehen, während als Grund eine nur existente Bedingung gilt. Eine Bedingung (conditio) ermögliche zwar ein nachfolgendes Ereignis, eine Ursache (causa) hingegen ziehe eine Folge notwendig, zwangsläufig und unentrinnbar nach sich.

Strafrechtlich ist zu fordern, daß zwischen der Pflichtwidrigkeit und dem Erfolg ein kausaler Zusammenhang besteht. Dabei ist zu berücksichtigen, daß die Beachtung des Grundsatzes: Im Zweifel für den Angeklagten (in dubio pro reo) dazu zwingt, die Kausalität zu verneinen, wenn „nach vernünftiger Anschauung" es möglich erscheint, daß der Erfolg auch bei pflichtgemäßem Verhalten oder Unterlassen eingetreten wäre (BGH, Urteil vom 25. 9. 1957 – 4 StR 354/57, NJW 1958 S. 149).

Das *Zivilrecht* bedient sich der Adäquanztheorie, nach der eine menschliche Handlung nur dann *Ursache eines Erfolges ist, wenn sie allgemein und erfahrungsgemäß geeignet ist, einen Erfolg wie den eingetretenen herbeizuführen.* Ist eine Bedingung erfahrungsgemäß für den zur Debatte stehenden Schaden ungeeignet, ist die Kausalität zu verneinen. Sinn und Zweck dieser Theorie ist, den Schädiger zivilrechtlich nicht für unvorhersehbare, außergewöhnliche Schäden haften zu lassen. Die zivilrechtliche Kausalitätsnorm hat somit den Zweck einer positiven Haftungsvoraussetzung (BGH, BGHZ 3 S. 261). Nach dieser Entscheidung „ist eine Begebenheit adäquate Bedingung eines Erfolges, wenn sie die objektive Möglichkeit eines Erfolges von der Art des eingetretenen generell in nicht unerheblicher Weise erhöht hat. Bei der dahin zielenden Würdigung sind lediglich zu berücksichtigen alle zur Zeit des Eintritts der Begebenheit dem optimalen Beobachter erkennbaren Umstände und die dem Setzer der Bedingung noch darüber hinaus bekannten Umstände. Diese Prüfung ist unter Heranziehung des gesamten im Zeitpunkt der Beurteilung zur Verfügung stehenden Erfahrungswissens vorzunehmen." Nach diesen Grundsätzen ist eine Handlung oder Unterlassung adäquat, wenn sie vom Zeitpunkt dieser Handlung aus gesehen im allgemeinen und nicht nur unter besonders eigenartigen, ganz unwahrscheinlichen und nach dem regelmäßigen Verlauf der Dinge außer Betracht zu lassenden Umstände zur Herbeiführung eines Erfolges geeignet war (so bereits RG, RGZ 133 S. 126). Da zugleich nach dem Verschulden gefragt wird, ist gewährleistet, daß die zivilrechtliche Haftung nicht ausufert.

Das *Sozialrecht* benutzt eine eigene Kausalitätsnorm, nämlich die Relevanztheorie, die auf die Lehre von der wesentlichen Ursache aufgebaut ist. Dazu erklärte das BSG in seiner Entscheidung vom 10. 6. 1955 (10 RV 390/54, SozSich 1956 S. 80 = BSGE 1 S. 72), daß bereits das RVA in ständiger Rechtsprechung den Grundsatz entwickelt und festgehalten habe, daß unter Ursache nicht alle Bedingungen des Erfolges zu verstehen seien, einerlei mit welcher Schwere sie zu ihm beigetragen haben und in welchem Zusammenhang sie dazu stehen. *Als Ursachen und Mitursachen seien vielmehr unter Abwägung ihres verschiedenen Wertes nur die Bedingungen anzusehen, die wegen ihrer besonderen Beziehung zum Erfolge zu dessen Eintritt wesentlich mitgewirkt haben.* Im Einzelfall muß die Entscheidung, welche Bedingungen im Rechtssinne als Ursache oder Mitursache zu gelten haben und welche nicht, aus der Auffassung des praktischen Lebens abgeleitet werden. Dazu stellte das BSG in seinem Urteil vom 12. 2. 1970 (7/2 RU 262/67, Breith. 1970 S. 810 = SozSich 1970 S. 148 = Meso B 10/182) fest, daß die Auffassung des täglichen Lebens nicht losgelöst werden kann von Fachwissen mannigfaltiger Art sowie nicht von wissenschaftlich oder naturwissenschaftlich fundierten Erfahrungssätzen. Dies gelte vor allem für Zusammenhänge auf den verschiedensten Gebieten der Technik und aus dem medizinischen Bereich. Die Kausalitätsfrage sei – im Rechtszuge – allein vom Gericht zu beantworten. Die vom Gericht vorzunehmende Wertung setze jedoch in der Regel voraus, daß über die medizinische Bedeutung der Mitursachen und ihr Verständnis zueinander Sachverständigenbeweis erhoben werde.

Am 26. 2. 1914 hatte das RVA (vgl. AN 1914 S. 411) für die Unfallversicherung die Forderung aufgestellt, daß die Anerkennung eines Arbeitsunfalls den Nachweis eines *doppelten Kausalzusammenhangs* voraussetze. Einmal müsse zwischen der versicherten Tätigkeit und dem Unfallereignis der sogenannte haftungsbegründende und zum zweiten zwischen dem Schadensereignis und der Schädigung die haftungsausfüllende Kausalzusammenhang bestehen. Mit anderen Worten: Zuerst wird gefordert, daß der Arbeitsunfall bei einer versicherten und nicht bei einer privaten Tätigkeit entstanden ist und zweitens, daß das Unfallgeschehen überhaupt geeignet war, die zur Debatte stehende Gesundheitsstörung zu verursachen. Es genügt also nicht, daß der Gesundheitsschaden auf der Arbeitsstätte entstanden und der örtliche, zeitliche und persönliche Zusammenhang mit der versicherten Tätigkeit gegeben ist (vgl. BSG vom 14. 1. 1965 – 5 RKn 76/60, SGb 1965 S. 118 = Breith. 1965 S. 810 = SozSich-Kartei Nr. 1757, V/A zu § 542 RVO = Meso B 10/93).

Der haftungsbegründende Kausalzusammenhang zwischen der versicherten Tätigkeit und dem Unfall fehlt nach dem Urteil des BSG vom 30. 6. 1960 (2 RU 86/56, BSGE 12 S. 242 = SozSich 1961 S. 15 = SGb 1960 S. 272 = WzS 1960 S. 248), wenn zum Beispiel die Fahruntüchtigkeit infolge Alkoholbeeinflussung für den Eintritt des Unfalls die einzige rechtlich erhebliche Ursache ist. Das ist der Fall, wenn sie die unternehmensbedingten Umstände derart in den Hintergrund drängt, daß diese als rechtlich nicht wesentliche Mitursachen unberücksichtigt bleiben müssen. *Der Begriff der rechtlich wesentlichen Ursache ist ein Wertbegriff; die Frage, ob eine Mitursache für den Erfolg wesentlich ist, beurteilt sich nach dem Wert, den ihr die Auffassung des täglichen Lebens gibt.* Danach ist eine alkoholbedingte Fahruntüchtigkeit gegenüber betriebsbedingten Umständen als rechtlich allein wesentliche Ursache zu werten, wenn nach der Lebenserfahrung davon auszugehen ist, daß ein nicht unter Alkoholeinfluß stehender Verkehrsteilnehmer bei gleicher Sachlage wahrscheinlich nicht verunglückt wäre. Läßt sich aber kein klares Beweisergebnis über die Ursachen des Unfalls erzielen, sind also sonstige Unfallursachen nicht erwiesen, so spricht nach Auffassung des BSG (ebenso BGH, Urteil vom 24. 10. 1955 – II ZR 345/53, BGHZ 18 S. 311 = NJW 1956 S. 21) die Lebenserfahrung dafür, daß der Alkohol den Unfall allein verursacht hat. Bei der Frage der haftungsausfüllenden Kausalität wird nicht gefordert, daß die versicherte Tätigkeit die alleinige oder überwiegende Ursache der Körperschädigung ist. Wie bereits gesagt, ist vom Ursachenbegriff der wesentlich mitwirkenden Teilursache auszugehen. Nach der Entscheidung des BSG vom 13. 3. 1958 (4 RJ 184/56, SozSich 1958 S. 153 = Meso B 290/14 = SGb 1958 S. 138) genügt es nicht, daß ein Ereignis oder eine Tatsache irgendwie Ursache war und den Erfolg ausgelöst hat. Haben mehrere Bedingungen in gleicher Weise, also gleichwertig zum Erfolg beigetragen, so sind sie nach dem Urteil des BSG vom 23. 3. 1961 (11 RV 1484/59, SGb 1961 S. 183 = eso B 290/25 = SGb 1961 S. 181) auch rechtlich nebeneinander stehende Mitursachen. Jede von ihnen ist also Ursache im Rechtssinne. Kommt aber einer Bedingung gegenüber den anderen eine überwiegende Bedeutung zu, so ist diese Bedingung rechtlich allein Ursache.

Geht das Gericht von vornherein davon aus, daß traumatische Einflüsse, die keinen organischen Befund hinterlassen, keine wesentliche Bedingung für ein neurotisches Zustandsbild sein können, so hat es (vgl. BSG vom 20. 8. 1961 – 11 RV 808/61, BSGE 19 S. 275 = Meso B 310/16 = SGb 1963 S. 306 = Breith. 1964 S. 499) bei der Beurteilung des Kausalzusammenhangs das Gesetz im Sinne des § 162 SGG verletzt, denn auch Bedingungen, die sich aus der physischen und psychischen ,,Anlage" des Versicherten ergeben, sind nach dem Urteil des BSG vom 14. 12. 1961 (11 RV 40/60 = SGb 1962 S. 51 = Meso B 290/26) wie die sonstigen Bedingungen auf ihre Bedeutung für den Erfolg zu prüfen. *Ist die kausale Bedeutung einer äußeren Einwirkung mit derjenigen einer bereits vorhandenen ,,Anlage" zu vergleichen und abzuwägen, ist rechtlich wesentlich, ob der Arbeitsunfall wesentliche Teilursache oder nur Gelegenheitsursache war. Es kommt also darauf an, ob die Krankheitsanlage so stark oder so leicht ansprechbar war, daß jedes andere alltäglich vorkommende ähnliche Ereignis zu derselben Zeit die Gesundheitsstörung ausgelöst hätte (BSG vom 31. 1. 1958 – RU 107/54, Meso B 10/4).*

Rechtlich wesentlich ist immer die Tatsache, daß der Versicherte ohne den Unfall oder die Berufskrankheit, die einem Arbeitsunfall grundsätzlich gleichgestellt ist, mindestens ein Jahr länger gelebt hätte. Haben zum Beispiel mehrere Leiden, unter denen sich eine Berufskrankheit befindet, den Tod des Versicherten gemeinsam verursacht, ist die Berufsgenossenschaft nach dem Urteil des BSG vom 1. 12. 1960 (5 RKn 66/59, BSGE 13 S. 175 = SozSich 1961 S. 22 = SGb 1962 S. 55 = MRKn 1961 S. 138) leistungsverpflichtet, wenn feststeht, daß der Tod auch ohne die übrigen Leiden schon allein durch die Berufskrankheit spätestens nach einem Jahr eingetreten wäre. Das

BSG erklärte dazu unter Aufgabe seiner bisherigen Rechtsprechung am 14. 1. 1965 (5 RKn 57/93, Meso B 10/93 = SozSich-Kartei Nr. 1776, V/A zu § 542 (RVO = SGb 1965 S. 117 = BSGE 22 S. 200), daß eine Entschädigungspflicht besteht, wenn die Berufskrankheit den Tod in medizinischem Sinne *mindestens in einem erheblichen Maße mitverursacht hat.* Wann das der Fall ist, hat das Tatsachengericht vor allem auf Grund der ärztlichen Gutachten zu entscheiden. Allgemeine Regeln lassen sich nicht aufstellen. Allerdings kann gesagt werden, daß die Berufskrankheit den Tod nicht wesentlich mitverursacht hat, wenn das von der Berufskrankheit unabhängige Leiden in überragender Weise den Tod des Versicherten herbeigeführt hat, wobei jedoch zu beachten ist, daß eine bloß überwiegende oder gar lediglich gleichwertige Mitverursachung dieses Leidens der überragenden Verursachung nicht gleichsteht. Eine Berufskrankheit ist also, wenn durch sie das Leben des Versicherten um wenigstens ein Jahr verkürzt worden ist, als rechtlich wesentliche Ursache selbst dann anzusehen, wenn sie im medizinischen Sinne nicht in wenigstens erheblichem Maße den Tod des Versicherten mitverursacht hat. Sie hat das Leben des Versicherten um mindestens ein Jahr verkürzt, wenn das von der Berufskrankheit unabhängige Leiden für sich allein den Tod des Versicherten erst nach einem Jahr herbeigeführt hätte. Das ist aber nicht der Fall, wenn das anlagebedingte Leiden den Tod für sich allein schon vorher innerhalb eines Jahres herbeigeführt haben würde (so auch BSG im nicht veröffentlichten Urteil vom 25. 8. 1967 – 2 RU 247/66).

6. Anlagebedingte Leiden

Besondere Schwierigkeiten bereitet die Frage, ob ein Arbeitsunfall, eine Wehrdienstbeschädigung oder Berufskrankheit bei einer entsprechenden Anlage rechtlich wesentliche Mitursache ist. Dabei ist grundsätzlich zu unterscheiden, ob die Anlage ohne eine auslösende Ursache zunächst kein krankhaftes Geschehen im Körper hervorgerufen hat („ruhende Anlage") oder ob bereits ein krankhaftes physisches oder psychisches Geschehen vorlag, auch wenn sie nicht bei Eintritt der von außen hinzutretenden Bedingung bereits erkennbar war (BSG vom 9. 12. 1959 – 10 RV 591/56 = SGb 1960 S. 11 = KOV 1960 S. 81). Bei einer ruhenden Disposition, die ohne die Schädigung nicht zu einer Krankheit geworden wäre, ist die Krankheit als durch die Schädigung entstanden anzuerkennen (so BSG im Urteil vom 18. 10. 1960 – 11 RV 52/60 = Meso B 290/24 = BSGE 13 S. 89). Kommt durch die Schädigung eine Krankheit zum Ausbruch, für deren Manifestierung andere Ursachen gleich oder annähernd gleich wesentlich sind, ist nach dem Urteil des BSG vom 23. 3. 1961 (11 RV 1484/59, SGb 1961 S. 183 = Meso B 290/25) der ursächliche Zusammenhang im Sinne einer Verschlimmerung anzuerkennen. Nach der Entscheidung des BSG vom 24. 8. 1965 (10 RV 859/62, SozSich 1965 S. 308 = Meso B 240/43 = SGb 1965 S. 313) ist die Anlage zu einem Leiden noch nicht als eine Gesundheitsstörung anzusehen, sondern erst die sich daraus entwickelnden Folgen in Form von Veränderungen am oder im Körper. Ein sogenannter *Vorschaden* kann angenommen werden, wenn und soweit zur Zeit der Schädigung bereits eine Veränderung des Gesundheitszustandes nachweisbar war. Eine andere Auffassung würde dazu führen, daß jede anlage- oder altersbedingte spätere Veränderung des Gesundheitszustandes eine Erhöhung der Erwerbsminderung begründen würde. Daher sind Veränderungen, die nicht zu den anerkannten Schädigungsfolgen gehören und die nach der Schädigung eintreten, nicht zu beachten.

Die Gerichtspraxis beweist, daß in der Regel die Anlage überbewertet wird. Das ging so weit, daß die – unrichtige – These aufgestellt wurde, eine gesunde Achillessehne könne zum Beispiel nicht zerreißen. Jedes Unfallgeschehen wurde von den Verwaltungsärzten bagatellisiert, damit die Anlage eine dominierende Rolle erhalten konnte. Das gilt auch heute noch für seelische Folgeschäden von Unfällen. Würde man den Verwaltungsärzten folgen, müßte man annehmen, daß nur entsprechende Primärpersönlichkeiten einen Unfall erleiden und daß es einen Erfahrungssatz gebe, wonach eine Körperschädigung keine psychischen Auswirkungen haben kann. Unsinn ist auch die Behauptung, nur schwere Unfälle könnten eine sogenannte Wesensänderung hervorrufen. Jeder Traum zum Beispiel beweist, daß Nebensächlichkeiten des täglichen Lebens, die vom Verstand überhaupt nicht wahrgenommen wurden, einen nachhaltigen Eindruck auf das Unterbewußtsein ausgeübt haben.

Im Gegensatz zu diesen Auffassungen steht das BSG; es stellte in seinem Urteil vom 20. 8. 1961 (11 RV 808/61, Meso B 310/16 = SGb 1963 S. 306 = BSGE 19 S. 275 = Breith. 1964 S. 499) klar, daß ein Verfahrensmangel vorliegt, wenn das Gericht diese Auffassungen sich zu eigen macht. Nach der Entscheidung des BSG vom 26. 11. 1964 (9 RV 854/62 = SGb 1965 S. 16 = Meso B 30/23) gibt es auch keinen Erfahrungssatz, wonach eine Augenschädigung in Form einer Netzhautablösung durch einen Fußball, der das Gesicht trifft, nach aller Erfahrung unwahrscheinlich ist, weil das Auge in einer Höhle liegt und von einem Fußball kaum erreicht wird. Wird in der Praxis mit Erfahrungssätzen operiert, ist immer größte Wachsamkeit geboten. Bei *Verschleißerscheinungen* ist es ausnahmsweise berechtigt, der Disposition generell einen großen Wert beizumessen. Wenn zum Beispiel das LSG Hamburg in seiner Entscheidung vom 23. 7. 1964 (VI UBf 74/63, Breith. 1964 S. 938 = Meso B 240/34) für Recht erkannte, daß das Rollen und Kippen eines 90 kg schweren Bierfasses durch eine mitarbeitende Gastwirtsehefrau nur Gelegenheitsursache für das Hervortreten eines anlagebedingten Bandscheibenschadens an der Lendenwirbelsäule ist, ist ihm grundsätzlich beizupflichten. Etwas anderes gilt nur, wenn die betriebliche Tätigkeit, die zum Unfall führte, sich so aus der gewohnten körperlichen Belastung heraushebt, daß sie als rechtlich wesentliche Teilursache zu betrachten ist. Haben aber mehrere gleichstarke Schädigungen (Mikrotraumen) die Krankheit in Form eines Summierungseffektes verursacht, liegt kein Arbeitsunfall, sondern höchstens eine Berufskrankheit vor. Jedenfalls wird es Zeit, daß eine differenzierte Betrachtungsweise Eingang in die gutachterliche Praxis findet.

Das LSG Baden-Württemberg wiederholte in seiner Entscheidung vom 26. 1. 1965 (L6 a V 523/63, Meso B 70/62 = Breith. 1966 S. 514) eigentlich nur Selbstverständliches, als es feststellte, daß bei der Mehrzahl der Krankheiten eine entsprechende Disposition wie auch das Alter eine nicht zu unterschätzende Rolle spielt. Diese Veranlagung ist von Mensch zu Mensch verschieden stark ausgeprägt, oft ist sie weder dem Träger noch dem Arzt – auch nicht hinsichtlich der Stärke – erkennbar. Je nach dem der Versicherte nun einzuordnen ist – die Ausprägung der Anlage ist dafür maßgebend – werden äußere Faktoren für die Entstehung der Krankheit anzuerkennen sein. „Man kann sich des Eindrucks nicht erwehren", stellte der Senat weiter fest, „daß sich die medizinischen Sachverständigen ungeachtet ihrer Terminologie, meist von einer generalisierenden, normbezogenen Betrachtung und Wertung leiten lassen. Dagegen kann das Gericht oft nicht angehen, und zwar deshalb nicht, weil in der medizinischen Wissenschaft schon die Auffassung darüber, was als krank zu bezeichnen sei und demzufolge auch von wann ab eine Anlage Krankheitswert habe, nicht einheitlich ist. Es gibt in der medizinischen Wissenschaft keinen allgemein anerkannten Krankheitsbegriff.

Das BSG gibt schon bei der abstrakten Frage des Ursachenzusammenhanges der individualisierenden, auf den Einzelfall bezogenen Betrachtungsweise den Vorzug in der Absicht, diesem möglichst gerecht zu werden, vor einer generalisierenden, mehr der Vorausberechenbarkeit und Rechtssicherheit dienenden Auffassung. Damit ist aber die Frage, ob ein Ereignis oder Umstand als Bedingung im naturwissenschaftlich-philosophischem Sinne auch ‚wesentlich' im Sinne der im Recht der Sozialversicherung geltenden Kausalitätslehre und rechtlich auch Ursache ist, als Tat- und Rechtsfrage ausschließlich von der Betrachtung des Einzelfalles, damit freilich, bei der Unsicherheit um den Krankheitsbegriff selbst, weitgehend von subjektiver Auffassung und Beurteilung abhängig." Diese Feststellung sollte immer beachtet werden.

7. Wesentliche Änderung

In der gesamten gesetzlichen Sozialversicherung gilt der Grundsatz, daß eine Leistung zu erhöhen oder zu entziehen ist, wenn eine *wesentliche Änderung* eingetreten ist (vgl. unter anderem §§ 622 Abs. 1, 1286 RVO, 62 BVG, 151 AFG). Nach den Grundsätzen der objektiven Beweislast hat die Änderung derjenige zu beweisen, der sie behauptet. Bei einer Verschlimmerung ist es der Versicherte, da er eine Erhöhung seiner Rente anstrebt und bei einer Besserung, die zur Reduzierung der Leistung berechtigt, in der Regel der Versicherungsträger.

Bereits nach dem allgemeinen Sprachgebrauch ist eine Änderung bestimmter Verhältnisse dann wesentlich, wenn sie zu nicht nur geringfügigen Unterschieden des äußeren Erscheinungsbildes oder des Umfangs oder der Beurteilung, die jeweils nach bestimmten Maßstäben erfolgt, geführt hat (BSG, Urteil vom 27. 7. 1965 – 10 RV 9/64, Meso B 10/122 = BSGE 23 S. 192 = SozSich-Kartei Nr. 1869, IX/A zu § 62

BVG = SGb 1965 S. 271 = Breith. 1966 S. 68). Da das Gesetz nicht sagt, welches Ausmaß die wesentliche Änderung haben muß – es handelt sich hierbei um einen *unbestimmten Rechtsbegriff* – gehört es zu den ureigendsten Aufgaben der Gerichte, ihn zu konkretisieren (so BSG, Urteil vom 29. 1. 1970 – 8 RV 55/68, SGb 1970 S. 134 = Meso B 10/189).

Die Prüfung, ob eine wesentliche Änderung eingetreten ist, erfordert den Vergleich der objektiven ärztlichen Feststellungen (Befunde) in den Gutachten, die dem letzten Rentenbescheid und dem jetzt angefertigten zugrunde liegen (BSG vom 6. 4. 1960 – 11 RV 1300/59, SGb 1960 S. 177 = Meso B 20a/47 = SozSich 1960 S. 185 und vom 28. 4. 1967 – 2 RU 223/63, SozSich-Kartei Nr. 2067, V/A zu § 608 RVO = BSGE 26 S. 227 = SGb 1967 S. 252).

Bei diesem Vergleich ist es ohne Bedeutung, ob der Leidenszustand damals medizinisch richtig beurteilt wurde, denn der Versicherungsträger erkennt nicht eine ärztliche Diagnose, sondern einen Leidenszustand an. Folgerichtig vertrat das BSG in seinem Urteil vom 18. 10. 1960 (11 RV 52/60, BSGE 13 S. 89 = Meso B 290/24) die Ansicht, daß ein Bescheid, in dem ein bestimmtes Leiden als Schädigungsfolge anerkannt wurde, nicht zurückgenommen werden kann, wenn bei gleichen Befunden die Auffassung vertreten wird, der Leidenszustand beruhe nun auf einer „Anlage". Eine „*Verschiebung der Wesensgrundlage des Leidens*" bewirke keine Änderung in den Verhältnissen. Ein nicht vorhandenes Leiden, für das eine Rente gezahlt wird, kann sich nach ständiger Rechtsprechung des BSG (vgl. Urteil vom 26. 10. 1961 – 10 RV 763/58 = SGb 1961 S. 365 = Meso B 10/49) nicht bessern. Wird eine wesentliche Änderung in den maßgebenden Verhältnissen auf eine *Gewöhnung oder Anpassung* gestützt, so ist diese zu beweisen. Nach dem Urteil des BSG vom 14. 2. 1973 (8/7 RU 74/70 = SozSich-Kartei Nr. 2750, V/D zu § 622 RVO = SGb 1973 S. 256) gilt das auch bei Gehirnerschütterungen; der bloße Hinweis auf einen Zeitablauf ist ungenügend. Haben sich nur Einzelbefunde geändert, ist aber das Gesamtbild des als Schädigungsfolge anerkannten Leidenszustandes das gleiche geblieben, liegt nach Auffassung des BSG (Urteil vom 15. 12. 1960 – 11 RV 340/60, BSGE 13 S. 230 = SozSich-Kartei Nr. 1194, IX/A zu § 62 BVG = SGb 1961 S. 83) keine wesentliche Änderung vor.

War die Erwerbsminderung objektiv zu hoch eingestuft, darf sie (BSG vom 6. 10. 1964 – 10 RV 1039/62, SGb 1964 S. 368 = SozSich-Kartei Nr. 1707, IX/A zu § 62 BVG = Meso B 10/106) bei einer wesentlichen Änderung der Verhältnisse nur um den Grad der Änderung berichtigt werden. Hat sich bei mehreren anerkannten Gesundheitsstörungen nur bei einer eine Änderung ergeben, ist nach Auffassung des BSG im Urteil vom 22. 3. 1963 (11 RV 844/62, BSGE 19 S. 8 = Beso B 10/67) der Versicherungsträger an die Bewertung der Teil-Erwerbsminderung für die unverändert gebliebenen Leiden gebunden.

Nur wenn medizinisch-wissenschaftliche Rückschlüsse auf den früheren Zustand möglich sind, kann bei verlorengegangenen Vergleichsgutachten auf eine wesentliche Änderung geschlossen werden (BSG vom 1. 3. 1963 – 2 RU 19/62 = SozSich 1963

S. 208 = Breith. 1964 S. 21 = SGb 1963 S. 143). Auf die Verhältnisse bei der ursprünglichen Bescheiderteilung muß nach dem Urteil des BSG vom 28. 4. 1967 (2 RU 223/63, SozSich-Kartei Nr. 2067, V/A zu § 608 RVO = BSGE 26 S. 227 = SGb 1967 S. 252) abgestellt werden, wenn ohne Einholung eines medizinischen Gutachtens ein gerichtlicher Vergleich über die Höhe der Erwerbsminderung zustande kam.

Wesentlich ist eine Änderung, wenn sie *mindestens einen Monat andauert.* Unerheblich ist hingegen, ob der Versicherte ein bestimmtes Alter erreicht oder ob er nach Zubilligung des Altersruhegeldes aus dem Erwerbsleben ausgeschieden ist (LSG Baden-Württemberg vom 28. 4. 1969 – L 10 Ua 1530/68, Breith. 1969 S. 938).

Zu kritisieren ist, daß in der Verwaltungs- und Gerichtspraxis bei der Bewertung von Schädigungsfolgen eine unterschiedliche Handhabung der ,,Knochentaxen" festzustellen ist. Je nachdem, ob eine Rente neu festgesetzt oder eine Änderung begründet werden soll, werden die Schädigungen unterschiedlich bewertet. Geht man zum Beispiel davon aus, daß bei der erstmaligen Rentenfestsetzung die unfallbedingte Bewegungseinschränkung des Mittelfingers um 50 Grad keine Erwerbsminderung verursacht – der Verlust des ganzen Fingers soll ebenfalls keine Erwerbsminderung hinterlassen – dann ist es unlogisch, eine wesentliche Änderung auf den Umstand zu stützen, daß die bisherige Bewegungseinschränkung dieses Fingers nun beseitigt ist.

Es kann nur dringend geraten werden, die von den Ärzten mitgeteilten Befunde selbst zu vergleichen, wie es das beigefügte Muster (vgl. S. 78) erläutert. Ich habe zum Beispiel festgestellt, daß Längenmaße mitgeteilt wurden, aus denen der Schluß zu ziehen war, ein unfallverletztes Bein sei im Laufe eines Jahres um 3 cm gewachsen. Oft findet man, daß die Maße der beiden Seiten verwechselt werden und daß die festgestellten Befunde bei der Zusammenfassung nicht gewürdigt wurden. Noch schlimmer ist die pseudoexakte Angabe von Umfangmaßen in Millimetern. Diese sollten von der Verwaltung und den Gerichten als unseriös zurückgewiesen und der Arzt gezwungen werden zu bekennen, daß *Umfangsmessungen stets ungenau sind und nur Anhaltspunkte geben.* Das liegt in der Natur der Sache, denn die Umfangmessung einer gewölbten Fläche mittels Zentimetermaß ist immer problematisch, zumal bereits ein leichtes unwillkürliches Anspannen des Muskels ein abweichendes Maß ergibt. Hier ist immer auf das Urteil des LSG Rheinland-Pfalz vom 29. 5. 1967 (L 1 V 72/67, Meso 10/142) hinzuweisen, das richtig feststellte, daß Umfangmessungen an Gliedmaßen häufig nicht exakt miteinander vergleichbar seien, denn nicht jeder Arzt messe an der gleichen Stelle und mit der gleichen Genauigkeit. *Liegen die Umfangdifferenzen bei zwei Zentimeter, die Gradmessungen der Bewegungseinschränkungen bei etwa zehn Grad, ist das zu wenig für eine wesentliche Änderung.*

Am 2. 3. 1971 hat das BSG die fast achtzig Jahre alte Rechtsprechung aufgegeben, wonach in bestimmten Fällen eine Änderung der Erwerbsminderung um 5 vom Hundert bereits eine wesentliche Änderung darstellen könnte (2 RU 39/70, BSGE 32 S. 245 = Breith. 1971 S. 829 = SozSich-Kartei Nr. 2530, V/D zu § 622 RVO = SGb 1971 S. 169). Es wurde festgestellt, daß – außer bei der erstmaligen Festsetzung der Dauerrente, die spätestens zwei Jahre nach dem Arbeitsunfall zu erfolgen hat – *eine Änderung unter zehn Prozent rechtlich ohne Bedeutung ist, weil sie innerhalb der Fehlerbreite ärztlicher Schätzungen liegt.* Ausnahmsweise kann davon abgewichen werden, wenn die Rente nach einer Erwerbsminderung von einem oder zwei Drittel gezahlt werden soll (vgl. *Schimanski,* Die gerichtliche Überprüfung der MdE-Schätzung, SV 1973 S. 239).

Obwohl rentenrechtlich im § 1286 RVO nicht ausdrücklich gefordert wird, daß eine wesentliche Änderung eintreten muß, wird dies in der Praxis mit Recht vorausgesetzt. Voraussetzung ist jedenfalls nach dem Urteil des BSG vom 4. 12. 1959 (3 RJ 81/56, SozSich 1960 S. 16 = SGb 1960 S. 15 = Meso B 10/40), daß durch eine Besserung die Berufs- oder Erwerbsunfähigkeit beseitigt wird, daß also der Versicherte wieder in der Lage ist, eine ihm – auch sozial – zumutbare Tätigkeit zu verrichten, um bei Berufsunfähigkeit die gesetzliche Lohnhälfte oder bei der Erwerbsunfähigkeitsrente mehr als geringfügiges Entgelt zu erzielen. Wie das BSG am 21. 2. 1963 (1 RA 47/60, Meso B 10/66) konkretisierte, kann nicht auf die Voraussetzung verzichtet werden, daß der Rentenempfänger vorher berufs- oder erwerbsunfähig war. Eine zur Rentenentziehung berechtigende (wesentliche) Änderung der Verhältnisse liegt nicht vor, wenn sich nur die der Rentengewährung zugrunde liegende Diagnose als unrichtig erweist, in dem tatsächlich vorliegenden Gesundheitszustand aber keine wesentliche Änderung eingetreten ist.

Die als Entziehungstatbestand geforderte wesentliche Änderung beschränkt sich aber nicht allein auf medizinische Fakten. *Neue Kenntnisse und Fähigkeiten,* die der Rentner nach Leistungsbewilligung erwirbt, können nach dem bereits genannten BSG-Urteil vom 4. 12. 1959 (3 RJ 81/56) eine wesentliche Änderung begründen. Eine Änderung gegenüber dem bei der Rentenbewilligung bestehenden Zustand liegt auch vor, wenn Umstände eingetreten sind, die die Erwerbsfähigkeit erhöhen. Dies ist zum Beispiel zu bejahen, wenn der Versicherte durch den dauernden Besitz eines Kraftwagens und durch die Fähigkeit, ihn zu führen, nunmehr imstande ist, den Weg zur Arbeit und zurück in gesundheitlich zumutbarer Weise zurückzulegen. *Die Fähigkeit, einen Arbeitsplatz aufzusuchen, gehört zur Erwerbsfähigkeit* (BSG vom 12. 1. 1966 – 1 RA 123/63, SozSich 1966 S. 87 = Meso B 10/119 = SGb 1966 S. 7).

Die Frage, ob der Versicherte eine zumutbare Arbeit wieder verrichten kann, kann nach Auffassung des BSG (Urteil vom 16. 9. 1965 – 11/1 RA 328/62, Meso B 10/129 = BSGE 24 S. 7 = SozSich-Kartei Nr. 1836, VII/A zu § 1246 RVO = SGb 1965 S. 334 = Breith. 1966 S. 129 = MRKn 1966 S. 103) nur unter Berücksichtigung der bisherigen sozialversicherungspflichtigen Berufstätigkeit beantwortet werden. Für die Verweisungsberufe gilt dieser Grundsatz aber nicht. Der Versicherte kann durchaus auf Beschäftigungen verwiesen werden, die keiner Versicherungspflicht unterliegen, wie zum Beispiel selbständige und Beamtentätigkeiten. Ein Mechanikerlehrling, der infolge einer Minenexplosion beide Hände verlor, ist (so BSG vom 29. 5. 1969 – 12 RJ 390/65 = Meso B 10/195) nicht mehr erwerbsunfähig, wenn er ein Psychologiestudium mit Erfolg absolviert und zum Assistenten in einem

Lehramt ernannt wird. Dieser Grundsatz gilt übrigens auch im Unfallrecht. Eine Unfallrente, die aufgrund einer beruflichen Hauterkrankung, die zur Aufgabe des Berufes, oder jeder Erwerbstätigkeit geführt hat, gewährt wurde, kann entzogen werden, wenn der Versicherte neue Kenntnisse und Fähigkeiten durch eine Rehabilitationsmaßnahme des Versicherungsträgers erworben hat (BSG, Urteil vom 19. 12. 1974/8 RV 296/73).

Hat der Versicherte trotz der Rentengewährung weitergearbeitet, stellt dies grundsätzlich keine wesentliche Änderung dar, *wenn sie auf Kosten* der Gesundheit ausgeübt wird (BSG vom 30. 10. 1968 – 4 RJ 177/64, BSGE 28 S. 271 = SozSich-Kartei Nr. 2235, VII/A zu § 1247 RVO = Meso B 10/111 a), wenn es sich um eine sozial unzumutbare, eine einmalige und zufällig günstige Arbeitsmöglichkeit handelt (BSG vom 28. 1. 1963 – 12 RJ 24/58 – nicht veröffentlicht), oder wenn sie vergönnungsweise erfolgt (BSG vom 10. 12. 1970 – 5/12 RJ 72/68, SozSich-Kartei Nr. 2457, VII/A zu § 1246 RVO = SGb 1971 S. 147).

Besteht durch eine Änderung in den maßgebenden Verhältnissen keine Erwerbsunfähigkeit mehr, hat der Versicherungsträger von Amts wegen zu prüfen, ob der Versicherte noch berufsunfähig ist. Die Berufsunfähigkeitsrente kann nach der Entscheidung des BSG vom 13. 2. 1969 (12 RJ 184/66, SozSich-Kartei Nr. 2271, VII/A zu § 1286 RVO = Meso B 10/164) nur entzogen werden, wenn eine weitere Änderung eintritt, die die Berufsunfähigkeit beseitigt. Eine *unter Vorbehalt* gezahlte Rente ist nach dem Urteil des BSG vom 17. 12. 1969 (5 RKn 25/67, Breith. 1970 S. 441 = BSGE 30 S. 218 = SozSich-Kartei Nr. 2367, VII/A zu § 1286 RVO = SGb 1970 S. 131) rechtswidrig und daher auch ohne Nachweis einer wesentlichen Änderung zu entziehen. Voraussetzung ist allerdings, daß dieser Umstand dem Versicherten bekannt war. Wußte dieser, daß ihm die Rente auf Grund einer *Verdachtsdiagnose* zugesprochen wurde und stellt sich die Unrichtigkeit der Diagnose heraus, darf die Rente entzogen werden (BSG vom 22. 10. 1971 – 5 RKn 72/69, SGb 1972 S. 13 = SozSich 1971 S. 241, 376).

2. Teil: Krankheiten

1. Achillessehnenruptur

Es ist seit langem bekannt, daß die Achillessehne die stärkste Sehne des menschlichen Körpers ist, die eine Belastung von 250 bis 300 kg aushält. Die vor allem von Verwaltungsärzten vertretene Ansicht, eine *Zerreißung* (Ruptur) sei praktisch nur bei vorgeschädigter (degenerierter) Sehne möglich, „da eine gesunde Sehne nicht zerreißen kann", wurde noch niemals von der Rechtsprechung anerkannt. Sie ließ bisher unfallbedingte (traumatische) Rupturen entschädigen, wenn ein bestimmter Mechanismus nachgewiesen wurde. *Bei einer ruckartigen Überdrehung, vor allem wenn sich der Wadenmuskel (Gastrocnemius) in hochgespanntem Zustand befindet, kann durch eine scharf umschriebene Gewalteinwirkung die Sehne zerreißen.*

Diesen Unfallmechanismus hat das LSG Niedersachsen im Urteil vom 6. 2. 1962 (L 3 U 348/60, Meso B 240/22) als gegeben angesehen, als ein 30 Jahre alter Arbeiter beim Tragen zweier schwerer Gefäße auf dem Hühnerhof ausrutschte und dabei die Achillessehne zerriß. Da eine feingewebliche (histologische) Untersuchung der Sehne anläßlich der Operation nicht durchgeführt worden war, konnte die Degeneration der Sehne nicht bewiesen werden. Hingegen ist der beim Heben und Abstützen einer schweren Maschine auftretende Achillessehnenriß nach dem Urteil des LSG Hessen vom 11. 6. 1969 (L 3 U 1185/68, SGb 1969 S. 472 = Meso B 240/49) kein Arbeitsunfall, weil auch eine extrem starke Überlastung des Beines einen Riß nicht verursachen kann. Das hier fehlende Drehmoment widersprach einem Unfallgeschehen.

In der Begutachtung wird auch heute noch die Auffassung vertreten, daß grundsätzlich Degenerationen als Ursache einer Achillessehnenruptur gewichtiger sind als selbst ein Widerlager, das durch den Schuhausschnitt entsteht. Dabei muß allerdings daran erinnert werden, daß dieses Widerlager gerade viele Achillessehnenrisse beim Skifahren verursacht.

Neue Erkenntnisse der Chirurgischen Klinik der Universität München (vgl. *Wilhelm/Herzog,* Neue Aspekte zur Genese der Achillessehnenruptur, Die Medizinische Welt Heft 25, S. 827 ff.) widerlegen die bisher „herrschende Lehre". Nach den hier vorgenommenen Experimenten gibt es doch eine traumatische Zerreißung der Achillessehne aus folgenden Gründen:

1. Im Gegensatz zu früheren Erhebungen wurde ermittelt, daß in 72 % der behandelten Fälle keine Zeichen degenerativer Achillessehnenveränderungen festgestellt werden konnten. Das läßt bereits den Schluß zu, daß auch eine gesunde Sehne bei einem gewissen Unfallmechanismus reißen kann.

2. Die von Asang vertretene These, daß die Knochenbruchgrenze im System von Knochen-Muskel-Sehne (Tibia M-Triceps surae-Achillessehne) höher als die Muskelrißfestigkeit liege, ist falsch. Umgekehrt ist es richtig: *die Sehne stellt in diesem System die bei Zugbeanspruchung am meisten gefährdete Stelle dar.* Der bisherige Grundsatz, daß bei übermäßiger Beanspruchung zuerst der Knochen und dann erst die Sehne reißt, gilt nicht mehr.
3. Da der Übergang von der Sehne zum Muskel und die Ansatzstelle der Sehne am Fersenbein (Kalkaneus) einen besonderen Schutzmechanismus aufweisen, ist der Bereich der freien Sehnenlänge bevorzugt rißgefährdet. Dafür spricht auch die Tatsache, daß die freie Länge der Achillessehne zwischen 2,5 und 4 cm oberhalb des Fersenbeins eine Stelle des *geringsten Querschnitts* aufweist. Diese ist fast immer mit der Rißstelle identisch.
4. Durch das Rasterelektronenmikroskop wurde erstmals nachgewiesen, daß die Achillessehne *Zonen unterschiedlicher Texturbeschaffenheit* aufweist. Das bedeutet, daß die Sehne auch bezirklich unterschiedliche Belastbarkeit aufweist. Weitere Untersuchungen hinsichtlich des Sehnenquerschnitts ergaben, daß die Rißfestigkeit bei dynamischer und statischer Belastung der Sehne vom Querschnitt abhängig ist. Das ist logisch, denn auch ein Seil reißt bei entsprechender Belastung immer an der dünnsten Stelle ein. Mit zunehmendem Alter nimmt die Rißfestigkeit allgemein ab.
5. Nachdem erstmals in München es gelungen ist, im Experiment Achillessehnenrisse zu erzeugen, hat sich gezeigt, *daß klinische und künstlich erzeugte Rupturen sich gleichen.* Die feingewebliche (histologische) Untersuchung ergibt somit keinen Anhalt für pathologische, also krankhafte Veränderungen. Der sogenannte Korbhenkelriß beweist somit überhaupt nichts.

Dazu noch ein Wort zur *Degeneration.* Bereits kurze Zeit nach der Ruptur entstehen reaktive Veränderungen. Spätestens eine Woche nach dem Riß ist es praktisch unmöglich, anhand feingeweblicher Untersuchungen den Zeitpunkt der Entstehung degenerativer Veränderungen festzustellen (vgl. auch die Hinweise bei „Bizepssehnenriß"). Das bedeutet aber, daß nach einer kurzen Zeit nicht mehr gesagt werden kann, ob diese Degeneration bereits vor dem Unfall vorgelegen und diesen hervorgerufen oder posttraumatischen Charakter hat. Das LSG Bremen (Urteil vom 3. 6. 1969 – LU 12/68, Meso B 250/55) irrt somit, daß sieben Tage nach dem Riß entnommenes Gewebe histologisch den Beweis erbringen kann, ob und wie weit die Sehne vor dem Riß degeneriert war. In diesem Urteil wurde das Abrutschen von der Pedale eines Fahrrads und der dadurch entstandene Achillessehnenriß nicht als Unfall anerkannt.

2. Alkohol

Bei Alkoholgenuß ist immer zu prüfen, *ob der Alkoholgenuß die rechtlich allein wesentliche Unfallursache war* (BSG vom 16. 8. 1962– 2 RU 60/57, BSGE 13

S. 9 = VersR 1960 S. 1035). Das ist der Fall, wenn „nach den Erfahrungen des täglichen Lebens der Versicherte im nüchternen Zustand nicht verunglückt wäre" (BSG vom 23. 3. 1972 – 2 RU 313/68, SozSich 1972 S. 184 = SGb 1972 S. 215).

Eine infolge Alkoholgenusses *absolut fahruntüchtiger Kraftfahrer* ist nach dem Urteil des BSG vom 29. 4. 1970 (2 RU 25/67, Breith. 1970 S. 747 = SozSich 1970 S. 179) nicht ohne weiteres vom Beginn der Fahrt an unversichert. Vielmehr steht er, wenn er sein Fahrzeug noch lenken kann, grundsätzlich noch unter Versicherungsschutz. Das gilt nicht bei Volltrunkenheit, die bei 3 ‰ liegt. War die Alkoholeinwirkung die allein rechtlich wesentliche Unfallursache (BSG vom 31. 1. 1961 – 2 RU 42/58, SGb 1961 S. 114) oder können andere Umstände nicht ermittelt werden, die geeignet gewesen sein könnten, den Unfall zu verursachen (BSG vom 31. 1. 1969 – 2 RU 228/66, SGb 1969 S. 83 = SozSich 1969 S. 114), ist der Versicherungsschutz zu versagen. Für *Radfahrer* gibt es keinen entsprechenden Grenzwert (BSG vom 29. 6. 1967 – 2 RU 198/64, Breith. 1968 S. 23 = SozSich-Kartei Nr. 2094, V/A zu § 543 RVO a. F.).

Es ist bekannt, daß mittels Blutentnahme der Alkoholspiegel des Blutes nach den Methoden Widmark und ADH festgestellt wird. Das LSG Hessen forderte in seinem Urteil vom 10. 3. 1965 (L 3 U 41/62, Meso B 330/18 = Breith. 1966 S. 34), daß *neben beiden Methoden noch eine Kontrolluntersuchung mit Alkoholvergleichslösung von bekanntem Gehalt stattzufinden hat.* Wird die Kontrolle unterlassen, hat die ermittelte Blutalkoholkonzentration (BAK) auch dann keinen Beweiswert, wenn beide Methoden ein übereinstimmendes Ergebnis erbracht haben.

Wurde keine Blutentnahme vorgenommen, kann die BAK nach der Formel:

Alkoholmenge (Gramm) : Gewicht(kg) x 0,68 (Männer) ./. 0,55 (Frauen)

ermittelt werden. Voraussetzung ist allerdings, daß die genossene Alkoholmenge festgestellt werden kann.

Beispiel: Ein 80 kg schwerer Mann trinkt eine Flasche Bier (500 ccm = 15 g Alkohol) und einen Weinbrand (20 ccm = 8 g Alkohol). Die Rechnung lautet somit: 23 g Alkohol: (80 kg x 0,68 = 54,4) = 0,42 ‰.

Strafrechtlich ist die Alkoholwirkung im Hinblick auf eine Rauschtat oder Fahruntüchtigkeit (vgl. Zurechnungsfähigkeit S. 170) von großer Bedeutung. Dabei werden medizinisch zwei Rauschzustände unterschieden, nämlich den schon weitgehend von der Persönlichkeit beeinflußten einfachen Rausch, der allein durch den Alkohol verursacht wird, und den abnormen, bei dem in der Regel noch andere Kautelen mitwirken. Feststeht, daß beide Rauscharten unterschiedliche Symptome aufweisen. Ohne den Nachweis abnormer Reaktionen (die Stimmung des Betrunkenen ist nicht heiter, sondern depressiv, er selbst ist extrem müde oder gar apathisch und man hat den Eindruck einer schweren Vergiftung) kann nach *Osterhaus* (Wissenschaftliche Grundlagen und Erfahrungen bei gleichzeitiger Einwirkung von Medikamenten und Alkohol, MedSach 1964 S. 83) kein abnormer Rausch anerkannt werden.

Im Gegensatz zu anderen Faktoren, die Bewußtseinsstörungen oder Fahruntüchtigkeit verursachen, ist die Alkoholwirkung gut erforscht. Bereits vor einigen Jahren wurde experimentell nachgewiesen, daß bei einer Blutalkoholkonzentration um

0,8 ‰ in der Alkoholresorptionsphase ein alkoholbedingtes Augenzittern (Lagennystagmus) 15 bis 180 Minuten nach Trinkende eintritt. Die Tatsache, daß der Lagennystagmus seine Richtung wechselt, spricht dafür, daß eine Beeinträchtigung des Zentralnervensystems vorliegt, wie es *Ey* in seinen beiden Aufsätzen: Die Bedeutung des Alkohollagennystagmus, und: Zur Beurteilung der Alkoholwirkung auf den durch Drehung ausgelösten Nystagmus (MedSach 1964 S. 89 und 93 ff.) schilderte. Bei der Rückrechnung muß folgendes beachtet werden:

1. Fettreiches Essen verzögert zwar die Aufnahme des Alkohols im Blut, doch auch hier haben etwa eine Stunde nach der Alkoholaufnahme Blut, Organe und Gewebe etwa die gleiche Alkoholkonzentration; erst 15 bis 60 Minuten nach dem Trinken ist der Alkohol im Blut feststellbar. Der BGH geht in seiner Entscheidung vom 11. 12. 1973 (4 StR 130/73) davon aus, daß die Aufsaugzeit (Resorptionszeit) 120 Minuten beträgt. Ist zur Tatzeit die Resorption des Alkohols noch nicht mit Sicherheit abgeschlossen, darf nicht ohne Einschränkung der ermittelte Alkoholwert berücksichtigt werden. Der im Magen verbliebene Alkohol ist – außer bei Fällen des Sturztrunkes – abzuziehen.
2. Der *Abbau des Alkohols* darf nicht schematisch errechnet werden, indem der Mindestabbauwert mit den Stunden und Minuten nach der Alkoholaufnahme multipliziert oder – bei der Bestimmung der BAK nach der Alkoholmenge – dividiert wird. In der Praxis sind Abbauwerte von 0,13 bis 0,22 ‰, in einem Fall sogar von 0,3 ‰ festgestellt worden (vgl. Händel, Stand der Gesetzgebung und Rechtsprechung zum Fahren unter Alkoholeinfluß, Medizinische Klinik 1974 S. 921). In der Praxis des BGH wird nach Ablauf der Resorptionsphase von 120 Minuten ein einheitlicher Abbauwert von 0,1 ‰ angesetzt. In unserem obigen Beispiel wäre zwei Stunden nach dem Trinken der Höhepunkt von 0,42 ‰ erreicht. In der dritten Stunde müßte eine BAK von 0,32 und in der vierten Stunde von 0,22 ‰ angesetzt werden. Nach den in „Medical Tribune" veröffentlichten Untersuchungen des Instituts für Rechtsmedizin der Universität Marburg entspricht der in der Praxis angewandte Rückrechnungswert von 0,1 Promille pro Stunde sowie die Resorptionspause von zwei Stunden nicht den tatsächlichen Gegebenheiten; beide Werte benachteiligen den Betroffenen. Der Abbauwert von 1 ‰/h gilt tatsächlich nur bei einer Alkoholkonzentration bis 0,8 Promille; bei höheren Werten muß man fast das Doppelte, also 0,19 ‰ ansetzen. Auch die Resorptionsphase des Alkohols ist nach Trinkende wesentlich eher, als bisher angenommen, beendet. Es muß daran erinnert werden, daß bereits frühere Versuche zeigten, daß die Resorption in der Regel bereits nach 60 Minuten abgeschlossen ist und daß danach die Verbrennung des Alkohols beginnt. Eine Korrektur beider Werte, die noch durch andere Teste abzusichern sind, würde aber die bisherige offensichtliche Benachteiligung der Betroffenen aufheben.
3. Daß bestimmte *Medikamente die Alkoholwirkung verstärken,* ist anerkannt. Hier sind vor allem die Medikamente zu nennen, die – wie der Alkohol selbst – das Zentralnervensystem beeinflussen. An erster Stelle stehen die Schlafmittel, wobei ihre

chemische Zusammensetzung nur eine untergeordnete Rolle spielt. Jedes Medikament, das Barbiturate enthält, ist in der Lage, die Alkoholwirkung zu verstärken, hat also einen additiven Effekt. Erst in zweiter Linie sind Beruhigungsmittel zu nennen. Medikamente, die auf Alkoholbasis hergestellt werden, haben in der Regel nur hinsichtlich ihres Alkoholgehaltes eine entsprechende Wirkung.
Osterhaus: ,,Wissenschaftliche Grundlagen und Erfahrungen bei gleichzeitiger Einwirkung von Medikamenten und Alkohol" in MedSach 1964 S. 83 schildert als Ergebnis von Versuchen, daß der Übergang von normalem Angetrunkensein zur erheblichen Vergiftung infolge des Medikament-Alkohol-Synergismus *plötzlich erfolgt* und zwar in der Regel ab 1 Promille Blutalkohol. Dabei wurde wiederum bewiesen, daß dieser Wert abhängig vom Allgemeinzustand des Betroffenen, der Wirkungszeit des Medikaments, der Dosierung (hier wurden zwei Stunden vor dem Trinken 500 mg Na-Barbital = Medinal und Phenyläthylbarbitursäure = Luminal gegeben) und dem Trinkzeitraum ist. Nur mit großer Zurückhaltung darf daher eine verallgemeinernde Betrachtung durchgeführt werden. Diese Experimente bestätigten, daß einmal trotz geringer Blutalkoholkonzentration bei einem Teil der Testpersonen ab einem Wert von 1 ‰ akute Lebensgefahr bestand und diese sich am Rande des Zusammenbruchs befanden, daß andererseits die konzentrierte Wirkung von Medikament und Alkohol nicht enthemmt, sondern nur ermüdet und den Eindruck einer schweren Vergiftung macht.
Hirnschädigungen, Leber- und Stoffwechselstörungen sollen hingegen kaum die Resorption des Alkohols beeinflussen. In seiner Entscheidung vom 1. 12. 1967 (4 StR 507/67, NJW 1968 S. 1197) hat der BGH sich der ärztlichen Ansicht angeschlossen, daß ein Magenleiden durchaus eine Alkoholunverträglichkeit erzeugen kann, so daß geringe Alkoholmengen in Verbindung mit äußeren und inneren Kautelen eine Volltrunkenheit bedingen können.
Bei einer *Gehirnerschütterung* (Commotio cerebri) ist, wie neue Experimente bewiesen haben, die Resorption von Alkohol verzögert. Die entgegengesetzte Auffassung des LSG Nordrhein-Westfalen im Urteil vom 10. 12. 1957 (L 5 U 2/56, SGb 1958 S. 231 = Meso B 330/1) ist überholt. Auch eine *verstärkte Magensaftproduktion* verzögert die Resorption des Alkohols und damit auch das Maximum: dieses ist niedriger, weil eine größere Alkoholmenge bereits bei Erreichung des Gipfels abgebaut ist (vgl. *Weinel/Wolters* u. a.: Endogastrale Magensafttitration und Alkoholresorption, Medizinische Klinik 1974 S. 2067). Da der Körper selbst Alkohol im Verdauungstrakt erzeugt (pro Tag etwa 30 g – die Menge entspricht einem Liter Bier) gibt es nie 0,0 Promille.

4. Hinsichtlich eines *Sturztrunks* (vor Fahrantritt wird eine erhebliche Alkoholmenge getrunken) hat der BGH in seiner Entscheidung vom 19. 8. 1971 (4 StR 547/70) festgestellt, daß Fahruntüchtigkeit gegeben ist, wenn die für die Fahrt errechnete Blutalkoholkonzentration *geringfügig unter dem Grenzwert* liegt, dieser aber danach *erheblich überschritten* wird. Die dabei auftretende Alkoholüberflutung des Gehirns verursache Hirnleistungsstörungen, so daß die Leistungsausfälle

dem Blutalkoholspiegel vorauseilten. Das gilt aber nur bei massiven Alkoholmengen.

5. Zum *Schlußtrunk* ist zu sagen, daß nach dem Urteil des BGH vom 11. 12. 1973 (4 StR 130/73) die im Magen verbliebene Alkoholmenge *abzuziehen* ist, wenn zwischen Trinkende und Unfallzeitpunkt nur eine geringe Zeitspanne liegt. In diesem Fall ist die tatsächliche Blutalkoholkonzentration niedriger, als der auf den Unfallzeitpunkt zurückgerechnete Wert es angibt. Das gilt nicht, wenn die gesamte im Körper vorhandene Alkoholmenge anschließend den Blutalkoholspiegel *erheblich* über den Grenzwert bringt.

Merke: *Auch bei der rückwirkenden Bestimmung der Alkoholkonzentration ist es nicht ausreichend, eine schematische Berechnung nach einem „Normalmenschen", den es auch beim Alkoholgenuß nicht gibt, vorzunehmen. Vielmehr müssen die individuellen Gegebenheiten – auch wenn sie zum Beispiel in Form einer Unverträglichkeit für Alkohol infolge eines Magenleidens bestehen – beachtet werden. Im Individualfall lohnt sich oft, die offengelegte Rückrechnung des Sachverständigen zu überprüfen.*

3. Angina pectoris

Unter Angina(Enge) pectoris(Brust) wird ein Gefühl hauptsächlich krampfartig beklemmender Enge auf der Brust, das sich bis zur Todesangst steigern kann und meist mit einem dumpfen Schmerz im Zusammenhang mit der Schlagfolge des Herzens und ausstrahlend auf den linken – selten auf den rechten – Arm einhergeht, verstanden. Solche Anfälle können sich in mehr oder minder langen Abständen und wechselnder Stärke wiederholen. Nicht selten überdauern die Schmerzen im Arm den Anfall einige Zeit.

Bei der Beurteilung dieser Krankheit wird die Schwere der Erkrankung oft im Hinblick auf das regelrechte Herzstrombild und EKG bagatellisiert. Dabei wird übersehen, daß gerade bei der Beurteilung der Leistungsfähigkeit von Herzkrankheiten fundierte Untersuchungen genau so wichtig wie ein hohes Maß an Fingerspitzengefühl sind. Nach *Marx* (Gutachten-Fibel S. 99) ist der viel strapazierte und oft mißgedeutete „klinische Blick" bei diesen Beurteilungen nicht ausreichend für die Beurteilung wie auch der Schellong-Test keine Beurteilungsgrundlage darstellt.

1. Tatsache ist, daß eine Angina pectoris oft nur im eigentlichen Anfall Veränderungen im EKG zeigt. Die Tatsache, daß die Herzstromkurve im Ruhe- und Steh-EKG sowie in den Brustwandableitungen keine charakteristischen Veränderungen im Sinne einer Coronarinsuffizien (Herzkranzschwäche) zeigt, ist kein Beweis gegen das Fehlen auch von schweren pectanginösen Anfällen (vgl. *Blohmke*, Epidemiologische Studie über coronare Herzkrankheiten, Niedersächsisches Ärzteblatt 1972 S. 1333). Selbst bei der schwersten Form coronarer Durchblutungsstörungen

im Herzinfarkt wird es auch keinem Arzt einfallen, die Erkrankung zu bagatellisieren, wenn – was oft der Fall ist – keine zusätzliche Herzinsuffizienz besteht.

2. Wiederkehrende (recidivierende) stenocardische (Herz-)Anfälle stellen tatsächlich eine laufende Gefahr für den Patienten dar. Körperliche oder psychische Beanspruchungen steigern die Gefährdung, wobei Streß direkt toxisch (giftig) wirkt. Deshalb muß die Streßgefährdung am Arbeitsplatz, die kaum exakt wägbar ist (so *Heyden/Stucky*, Myocardinfarkt und psychischer Streß, Schweitzer Medizinische Wochenschrift 1965 S. 1045), einen weit höheren Stellenwert als bisher erhalten, um eine Gefährdung des Versicherten zu vermeiden.
3. Maßgebend für die Beurteilung der verbliebenen Leistungsfähigkeit ist die *Häufigkeit der Anfälle* und die dazwischen liegenden Ruhepausen. Sind diese zu gering, kann der Körper sich nicht erholen, so daß jeder neue Anfall die Leistungsfähigkeit weiter dezimiert. Den Auskünften der Angehörigen und des behandelnden Arztes hinsichtlich der Anfallshäufigkeit und -schwere ist somit größte Bedeutung zuzumessen, die die ,,objektiven Befunde" kaum besitzen.

4. Aortenruptur

Nicht selten stellt sich im Unfallrecht die Frage, ob die Zerreißung der Hauptschlagader, also eine Aortenruptur, Folge eines Arbeitsunfalls ist. Ein Aortenabriß (Marfan-Syndrom) ist in der Regel Folge der Ausbildung einer örtlich begrenzten Erweiterung der Schlagader (Aneurysma).
Die echte primäre traumatische Ruptur einer gesunden Aorta kann nach herrschender Lehre nur durch eine schwere direkte oder indirekte Gewalteinwirkung verursacht werden. Gefordert wird der Nachweis einer Fallhöhe von mindestens 15 m. Eine systematische, lückenlose, feingewebliche Untersuchung der Aortenwand ist notwendig, weil krankhafte Veränderungen der Aortenwand – selbst wenn sie von unbedeutendem Kaliber oder von geringer örtlicher Ausdehnung sind – eine Aortenruptur bereits aus geringfügigem Anlaß provozieren können. Nach Hochrhein und Schleicher: ,,Herzkreislauferkrankungen" muß bei Zerreißung einer gesunden Aorta ein Blutdruck von RR 600 mm Quecksilber (Hg) herrschen. Dieser Wert wird in der Praxis nie erreicht.
Die krankhaften Veränderungen der Aortenwand zum Beispiel durch Verkalkung (Arteriosklerose), luischer Mesaortis (Syphylis) und vor allem durch Untergang der Gewebschichten von Arterien (Medianecrosis aortae idiopathica) sind in der Regel die anlagebedingten Grundlagen für die pseudotraumatische Zerreißung der Aorta im Sinne einer ,,Spontanruptur". Die vor dem Ereignis vorhandenen (prätraumatischen) Veränderungen der Aortenwand sind so gewichtig, daß der Faktor ,,Trauma" nur eine sogenannte Gelegenheitsursache darstellt. Bei jeder anderen Verrichtung des täglichen Lebens wäre der Riß ebenfalls eingetreten. So sind Rupturen bereits beim

Treppensteigen, Pressen beim Stuhlgang und – von mir selbst beobachtet – beim Radfahren entstanden.
Etwas anderes kann – ausnahmsweise – nur gelten, wenn der Unfall sich durch eine ungewohnt extrem große Belastung des Herzens oder Kreislaufs auszeichnet oder eine entsprechend starke Gewalteinwirkung auf den Körper nachgewiesen werden kann.

5. Artefakt

Sogenannte harte Handrücken-Ödeme– schmerzlose Schwellung durch Ansammlung seriöser Flüssigkeit – nach Bagatellverletzungen werden heute fast immer als Folge willkürlicher Einwirkungen (Artefakte) angesehen, wenn ein vegetativ-ernährungsgestörtes (dystrophisches) Geschehen im Sinne einer Sudeck'schen Erkrankung an allen Weichteilen und Knochen ausgeschlossen werden kann. Auslösender Mechanismus soll das Strangulieren des betreffenden Armes und/oder Inaktivität der Extremität sein. Als Beweis werden Schnürfurchen, die fotografisch festgehalten wurden, angeführt.
Stauung und Zwangsruhigstellung einer Extremität führen zu einer mechanischen Behinderung des Rückflusses von Blut und Lymphe und damit zu einer Ödembildung, die beliebig erzeugt und beseitigt werden kann. Das beim echten Sudeck'schen Syndrom vorhandene Ödem bleibt hingegen lange Zeit kontinuierlich bestehen, bis das Syndrom abheilt. Das Verschwinden und Wiederkehren des Ödems sprechen somit wie auch die im Röntgenbild fehlenden fleckförmigen Entschattungen für eine Manipulation (vgl. LSG Nordrhein-Westfalen vom 26. 10. 1965 – L 15 KnU 1008/58, Meso B 320/22 = Breith. 1966 S. 302). Da die Ursache des chronisch-traumatischen Handrückenödems, das nach *Bürkle de la Camp/Rostock* (Handbuch der gesamten Unfallheilkunde, Band 1 S. 81, Band 3 S. 129) größtenteils durch Selbstschädigung entsteht und nicht durch die Prellung einer Hand verursacht sein kann, lehnte das LSG Baden-Württemberg (Urteil vom 10. 4. 1967 – 10a Ua 1359/65, Breith. 1968 S. 21 = SGb 1967 S. 520 = Meso B 320/26) den Kausalzusammenhang zwischen Unfall und Ödem ab.
Nach *Rieder* (Die akute Knochenatrophie, Deutsche Zeitschrift für Chirurgie 1936 S. 248 ff.) wird durch die Stauung das normale physikalische Wechselspiel von äußeren und inneren Druck- und Spannungskräften und somit auch der Anreiz zur Knochenbildung vermindert, während die normale Aufsaugung (Resorption) durch die Riesenzellen (Osteoklasten) ungestört weitergeht. Außerdem kommt es neben diesen durch lokale Zirkulations- und Stoffwechselstörungen bedingten Umbauvorgängen noch zu einer Auflösung und vermehrten Ausschwemmung der Kalsalze im Knochen infolge lokaler Azidose, also durch Anstieg der Wasserstoffionenkonzentrationen des Blutes.

Um diese Ausschwemmung zu verhindern, müßte die Stauung genau dosiert und die strangulierende elastische Binde nur mit leichtem Druck angelegt werden. Der Pulsschlag der Arterie müßte so kräftig wie bisher zu fühlen und die Temperatur des abgeschnürten Gliedes etwas erhöht sein. Die Haut wird leicht gerötet; Schmerzen und entsprechende Empfindungen (Paraesthesien) wie zum Beispiel Kribbeln treten nicht auf. Selbstverständlich darf durch die Binde kein Schnürring entstehen und die Stauung selbst darf nur kurzfristig am Tag durchgeführt werden, um danach das Ödem vollständig zum Verschwinden zu bringen.
Dieser Mechanismus ist so kompliziert, daß er praktisch nur unter ärztlicher Anleitung eingehalten werden kann. Das aber bedeutet, daß immer dann ein Artefakt zu verneinen ist, wenn trotz eines wechselnden Ödems der Kalksalzgehalt des Knochens zunimmt.
Was aber die Schnürringe angeht, so ist zu bemerken, daß bereits ein eng anliegendes Hemd geeignet ist, bei einem Ödem entsprechende Strangulationsfurchen zu produzieren. Das gilt vor allem dann, wenn der ganze Arm infolge einer Gipsschiene ruhig gestellt wurde.

6. Bizepssehnenruptur

Der Bizeps (Musculus biceps bracchii) ist ein zweiköpfiger Armmuskel, der mit den Sehnen seiner beiden Köpfe in der Umgebung der Gelenkpfanne des Schulterblattes beginnt und dicht unterhalb des Ellenbogengelenks endet. Er überspringt somit Schulter- und Ellenbogengelenk.
Die Frage, wann eine Bizepssehne traumatisch zerreißt, wird in der Praxis danach beurteilt, ob

1. das Unfallgeschehen nach Art und Schwere imstande war, eine *gesunde* Bizepssehne zu zerreißen und
2. die feingewebliche (histologische) Untersuchung ergab, daß am Unfalltag bereits vorhandene Degenerationen so erheblich waren, daß bei jeder anderen alltäglichen Arbeit der Bizeps zur gleichen Zeit ruptiert worden wäre. Distale Bizepssehnenrupturen treten nur äußerst selten auf und dann im wesentlichen ohne besonderen Anlaß bei älteren muskelstarken Männern, die jahrelang schwere körperliche Arbeiten verrichtet haben.

Dazu ist folgendes zu sagen:
Zu 1: Daß *starke Gewalteinwirkungen* durchaus geeignet sind, einen Bizepssehnenriß zu verursachen, ist unbestritten. So vertreten *Günther/Hymmen* (Unfallbegutachtung S. 134) die Auffassung, daß bei besonders starken äußeren Gewalteinwirkungen insbesondere die kurze Bizepssehne zerreißt. Die lange Sehne sei hingegen dafür bekannt, daß sie auch bei geringfügigen Belastungen quer durchtrennt wird. Was ist nun eine starke Gewalteinwirkung? Gefordert wird, daß die körperliche Bela-

stung das gewohnte Maß überstiegen hat. Es ist also zu ermitteln, ob die Ruptur anläßlich einer gewohnten betrieblichen Arbeit entstand oder ob ein *plötzlich, unerwartetes Ereignis* vorlag. Der Sturz von einer fallenden Leiter und das Abfangen des Falles durch Festhalten an einer Eisenstange wurde vom LSG Bremen (Urteil vom 16. 11. 1971 – L 2 U 14/71 – nicht veröffentlicht) als ein Ereignis angesehen, das durchaus geeignet war, einen gesunden oder nur leicht degenerierten Bizeps zum Zerreißen zu bringen.

Zu 2: Die Verwaltungsübung, grundsätzlich jeden Bizepssehnenriß als anlagebedingt anzusehen, ist bereits vom Ansatz falsch. Wie *Rostock* (Unfallbegutachtung S. 101) plastisch schilderte, handelt es sich bei der degenerativ bedingten Bizepssehnenruptur um ein langsames Durchscheuern der Sehne über Randwulsten des arthrotisch veränderten Schultergelenks, durch das die Sehne ja zieht etwa wie ein Schnursenkel langsam in einer rauhen Schuhöse durchscheuert. Die Mikroverletzungen des täglichen Lebens sollen maßgebend sein, daß die Sehne reißt.

Von dem geschilderten Mechanismus her muß unterschieden werden, wie stark die Sehne durch Mikrotraumen am Unfalltag vorgeschädigt war. Bleiben wir bei dem von Rostock gewählten Beispiel, dann ist es logisch, daß bei einem Schnürsenkel, dessen äußere Fäden zerrissen sind, eine wesentlich größere Kraft aufgewendet werden muß, um ihn zu zerreißen. Etwas anderes gilt, wenn der Senkel nur noch von einem Faden zusammengehalten wird. Selbst wenn noch die Hälfte des Querschnitts vorhanden ist, bedarf es einer außergewöhnlichen Kraft, um ihn zu ruptieren. Erst wenn der letzte, der so berühmte „seidene Faden" zerreißt, kann von einer Gelegenheitsursache gesprochen werden. Es ist daher unwahr, daß nur die Ruptur einer gesunden Sehne Unfallfolge sein kann. Dieser Grundsatz ist noch nie von den Gerichten als richtig anerkannt worden.

Der Mechanismus der Mikroverletzungen verlangt aber den röntgenologischen Nachweis, daß arthrotische Veränderungen des Schultergelenks vorhanden sind. Ohne sie kann nämlich – vor allem bei jüngeren Versicherten – kein degenerativer Verschleiß entstehen.

Nach Ansicht des LSG Nordrhein-Westfalen (Urteil vom 21. 9. 1971 – L 15 BU 32/70, Meso B 240/55) beweist der bei der Operation ermittelte feingewebliche (histologische) Befund, ob eine traumatische Zerreißung oder ein degenerativer Verschleiß vorliegt. Diese Ansicht ist nur bedingt richtig. Karitzki hat bereits vor längerer Zeit nachgewiesen, daß bereits 2 bis 3 Tage nach der Ruptur degenerative Veränderungen in Form reparativ-entzündlicher Vorgänge mit Fragmation von Muskelfasern (Myofibrillen), Kernzerfall, Auffaserung, Verquellung, Zellinfiltrationen und Gewebstod posttraumatisch entstanden sind. Daraus folgt, daß drei Tage nach der Ruptur es unmöglich ist, aus dem histologischen Befund zu beweisen, daß eine traumatische oder degenerative Bizepssehnenzerreißung vorliegt.

Für die Frage der Kausalität muß somit dem Unfallhergang größte Bedeutung zuerkannt werden. Die nicht selten vorgetragene Ansicht, nur ein wenige Tage nach dem

Bizepssehnenriß auftretender Bluterguß (Haematom) beweise, daß ein frischer Riß vorliege, ist ebenfalls nur bedingt richtig. Eine übergroße Zugkraft, die auf den Arm wirkt, verursacht oft aber nicht immer einen Bluterguß.

7. Cerebralsklerose

Die Verkalkung des Großhirns (Cerebralsklerose) läßt sich trotz Einsatzes moderner Apparaturen während des Lebens nur schwer objektivieren. Die klinische Erfahrung lehrt, daß zu Beginn der Erkrankung es meist zu psychischen Ausfallerscheinungen in Form von zunehmender Merkschwäche, Schlafstörungen und dem Verlust von Spontaneität, allgemeiner Verlangsamung, Schwunglosigkeit und Initiativarmut kommt. Oft treten anfallsartige nicht epileptische (synkopale) Zustände im Sinne eines *cerebralen Sauerstoffmangels* (Hypoxämierekationen) auf. Ist das der Fall, muß zuerst untersucht werden, ob die Anfälle keine andere Entstehung (Genese) wie zum Beispiel eine echte entzündliche Erkrankung, Tumorbildung im Bereich des Zentralnervensystems oder echte Epilepsie haben.

Die Cerebralsklerose zeichnet sich – wie bereits gesagt – durch Verkalkung und Wandverdickungen der Hirnarterien aus. Die durch die beiden Halsschlagadern (A. carotis internae) und die in der Wirbelsäule aufsteigenden Schlagadern (A. vertebrales), die sich an der Hirnbasis zum Circulus arterius cerebri vereinigen, erreichte Blutversorgung des Gehirns, das in Ruhe bereits 15 bis 20 vom Hundert des gesamten Sauerstoffs verbraucht, wird durch diese arteriellen Veränderungen gestört. Die Folge ist, daß Nervenzellen absterben. Die dadurch entstehenden Ausfälle auf neurologischem und psychischem Gebiet richten sich nach Dauer, Lokalisation und Intensität der Hypoxaemie.

Die häufigste Hirnfunktionsstörung auf hypoxaemischer Grundlage ist die *Hirnerweichung* (Enzephalomalazie) als Folge einer Cerebralsklerose, die sich im Schlaganfall (Apoplexie = cerebraler Insult) darstellt. Starke körperliche Anstrengungen oder seelische Belastungen können dem Schlaganfall vorangehen. Wichtig für die Beurteilung der Leistungsfähigkeit ist, daß nach dem Insult nur in zehn von Hundert Fällen die volle Gebrauchsfähigkeit der Hand wieder erreicht wird, während Gangstörungen in der Regel völlig abklingen *(Arns/Jochheim/Remschmidt,* Neurologie und Psychiatrie S. 33).

In der gutachterlichen Praxis wird die Annahme, daß eine gefäßbedingte Erkrankung vorliegt, weiter gestützt durch die oft im EKG festgestellten Veränderungen der T-Wellen, die selbst nach 5 Minuten noch deutliche Abflachungen gegenüber dem Ruhe-EKG erkennen lassen. Sklerotischen Veränderungen am Augenhintergrund, deutliche Schlängelungen der Schläfenarterien, Schüttellähmung (Parkinsonismus) und immer ein erhöhter Blutdruck (Hypertonie) sind Beweis für eine Hirnverkalkung.

Gegen die Diagnose Cerebralsklerose wird oft eingewandt, daß deutliche Zeichen im Röntgenbild fehlten und daß bei der Untersuchung keine synkopalen Anfälle aufgetreten seien. Außerdem habe man keine allgemeine Gefäßverkalkung festgestellt.
Unabhängig von lokalisierbaren Ausfällen am Zentralnervensystem (Herdsymptome) ist die Diagnose Cerebralsklerose immer dann berechtigt, wenn

1. bei der körperlichen Untersuchung Zeichen einer allgemeinen Gefäßsklerose aufzudecken sind. Dabei muß allerdings berücksichtigt werden, daß es grundsätzlich unzulässig ist, aus arteriosklerotischen Veränderungen in einem bestimmten Gefäßbereich darauf zu schließen, daß auch in anderen Gefäßbezirken entsprechende Verkalkungen eingetreten sind. In manchen Fällen kommt es zu einer isolierten vorzeitigen Sklerose, die vorwiegend die Hirnarterien betrifft. Entsprechendes kann man von den Herzkranzgefäßen oder von bestimmten am Rand befindlichen (peripheren) Gefäßbezirken berichten. Das Gesamtbild des Patienten und vor allem sein Alter sind somit maßgebend, ob von einer allgemeinen Gefäßsklerose auf eine cerebrale geschlossen werden kann.
2. *psychische Ausfallserscheinungen* nachweisbar sind, die sich vorzeitig in einem allgemeinen Abbau der Persönlichkeit, einer Störung von Antrieb und Initiative, in Veränderungen der Gemütsbewegungen (Affekte) sowie der Reduzierung der Merk- und Konzentrationsfähigkeit zu erkennen geben. Es ist bekannt, daß cerebralsklerotisch bedingte Umbauvorgänge jahrelang Ausfälle allein auf psychischem Gebiet ohne jede neurologische Herdsymptomatik machen.
3. *zentral-nervöse Ausfälle* im Sinne einer Störung der Koordination nachzuweisen sind. Je nach Sitz und Ausmaß kann die Hirnverkalkung über eine lokalisierte und bleibende Durchblutungsstörung bestimmter Hirnregionen zu einer endgültigen Schädigung zentral-nervöser Strukturen führen, wie sie unter dem Bild eines Schlaganfalls (apoplektischer Insult) verläuft. Bei der Cerebralsklerose können Symptome einer auch neurologisch nachweisbaren zentral-nervlichen Schädigung zurückbleiben, die sich in Form krampfartiger unvollständiger Lähmungen (spastische Paresen), Reflexdifferenzen, krankhaften (pathologischen) Reflexen und Hirnnervenstörungen produzieren.

Die hier genannten drei Faktoren können allein, aber auch in Kombination die Diagnose Cerebralsklerose berechtigen, vor allem, wenn der Patient *das 50. Lebensjahr überschritten* hat. Die Diagnose wird gewichtiger, je mehr der oben genannten Faktoren (Befunde) nachweisbar sind.
Die Beurteilung der Grade und der Intensität des Leidens hinsichtlich der Erwerbsminderung ist nicht leicht. Die auffällige Einengung der Interessen, die Abnahme der geistigen Wendigkeit, die Reduzierung des geistigen Gesichtskreises sowie die Abneigung und Umstellungsunfähigkeit gegenüber allem Neuen (Altersstarrsinn) verbieten in der Regel den Einsatz auf einen anderen Arbeitsplatz, stets aber eine Umschulung (vgl. Anpassungsfähigkeit S. 52).
Unbestreitbar ist, daß die in der Entwicklung begriffene Cerebralsklerose von fast allen medizinischen Sachverständigen lange Zeit *unterbewertet* wird. Erst hinzutre-

tende Schlaganfälle oder organische Wesensänderungen geben den Sachverständigen Veranlassung, die Krankheit zu würdigen und ihr einen entsprechenden Stellenwert hinsichtlich ihrer Erwerbsminderung zu geben. Zu einer objektiven Beurteilung gehört aber, daß die Diskrepanz zwischen Befunden und Krankengeschichte (Anamnese) zu Gunsten des Patienten gewertet wird, die Glaubwürdigkeit seiner Angaben vorausgesetzt. Gerade bei dieser Krankheit muß jedem Sachverständigen bewußt sein, daß von seiner Beurteilung das Schicksal des Patienten, der in der Regel schon depressiv verstimmt ist, abhängt. Wie richtig ist die Ansicht von *March* (Fehlerquellen medizinischer Begutachtung S. 4), daß der Sachverständige, der die richtig verstandene Schicksalsverflechtung nicht beachtet, dem Gericht eine schlechthin lückenhafte Sachkenntnis vermittelt.
Eine objektive Beurteilung ist weiterhin unmöglich, wenn der gegenwärtige Gesundheitszustand isoliert betrachtet wird. Vielmehr ist auch die Prognose, also der voraussichtlich weitere Verlauf der Krankheit, zu berücksichtigen. Die Erfahrung lehrt, daß mit einer rapiden Verschlechterung – vor allem bei einem zusätzlichen hohen Blutdruck-(Hypertonie) – etwa durch Erweichung größerer Hirnbezirke zu rechnen ist, wenn die körperlichen Reserven übermäßig beansprucht werden und vor allem eine ständige seelische Belastung durch das Gefühl der Überforderung im Beruf gegeben ist. Der Patient fühlt sich durch die gefäßnervlichen(vasomotorischen), subjektiv als Schwindel empfundenen Störungen in keiner Lebenslage mehr sicher.

8. Cervicalsyndrom

Wohl kaum eine andere Krankheit besitzt in der medizinischen Begutachtung solch ein Janusgesicht wie das „Krankheitsbild des Halses", das Cervicalsyndrom genannt wird. Während im Rentenstreit es angeblich keinen oder nur einen geringfügigen Krankheitswert besitzt, wird es andererseits im Unfallrecht benutzt, um Unfallfolgen zu bagatellisieren und die geklagten Beschwerden anlagebedingt zu erklären. Selbst ein regelrechtes Röntgenbild und ein geringes Lebensalter scheinen dieser Diagnose nicht entgegenzustehen. Es stimmt tatsächlich, daß ein Halswirbelsäulensyndrom vorhanden sein kann, ohne daß im Röntgenbild faßbare Gefügestörungen nachgewiesen werden können.
Die Wirbelsäule als eine Gliederkette besitzt bestimmte Abschnitte, die für besondere Erkrankungen geeignet sind. Die Lende und auch die Halswirbelsäule sind solch ein Abschnitt. Durch mechanische Reizungen (Irritationen) der cervicalen Wurzeln entstehen schicksals- und altersbedingte Verschleißerscheinungen der Halswirbelkörper. Diese sind die häufige Ursache von Wurzelreiz- (radikulären) und Ausfallserscheinungen. Typisch sind die Schmerzen, die vom Kopf abwärts in den Hals und die Schulter ziehen. Oft sind die geklagten Empfindungsstörungen in den Armen auf bestimmte Körperabschnitte begrenzt, die sich nicht mit den Hautbezirken, in denen die Empfindlichkeit (Sensibilität) nach Verletzungen zum Beispiel der Hauptarmnerven ausfallen, decken.

Der Name Cervicalsyndrom ist ein *Oberbegriff*, der nichts anderes sagen will, als daß man die Halswirbelsäule als Ursache der Krankheit betrachtet. Als solche kennen wir:

1. *angeborene Fehler* wie das Fehlen eines Körpergliedes (Aplasia), Keilwirbelbildung oder verdoppelte Blockwirbel
2. durch eine Verletzung entstandene *(posttraumatische) Deformierung* sowie nachfolgender Verschleiß
3. *entzündliche spezifische Erkrankungen* wie Tuberkulose und Typhus und unspezifische Knochenerkrankungen im Sinne der Ostitis und Osteomyelitis
4. primäre und sekundäre *Geschwülste*
5. *Degenerationen* der Zwischenwirbelscheiben zuerst durch Verbreiterung, dann Verschmälerung (Osteochondrose) oder der Wirbelkörper und Bandscheiben in Form von Erhebungen, Zacken und Randwülste an den Wirbelkörpern (Spondylosis deformans).

Betrachtet man die anatomische Lokalisation aller cervicaler Veränderungen, muß man staunen, daß bis vor kurzer Zeit die deutsche Medizin den nervlichen und gefäßlichen Leistungsbahnen und Verbindungen vom Hals zum Kopf so wenig Beachtung schenkte. Heute ist trotz weiterer Ungewißheit über die primäre Schmerzursache unbestritten, daß viele Syndrome des Kopf-Halsabschnittes cervical verursacht werden, wie z. B. der über Gefäße und sympathische Verbindungen transformierte reflektorische Kopfschmerz.

Das LSG Baden-Württemberg hat im Urteil vom 26. 7. 1960 (L2 a Ua 1172/58, Meso B 240/18) es dahingestellt sein lassen, ob die Sehnenscheidenentzündung einer Säuglingsschwester Folge eines Cervicalsyndroms ist. Es sei immerhin nicht unwahrscheinlich, daß ein nervliches (neurales) Geschehen die eigentliche Ursache des schmerzhaften Reizzustandes der Gleitgewebe des unteren Vorderarmes bilde.

Osteochondrotische Veränderungen wie zum Beispiel der Hochstand des Dens epistorphei (Dreher des zweiten Halswirbels, um dessen Zahn (Dens) sich der erste Halswirbel dreht) sind durchaus fähig, Durchblutungsstörungen der Wirbelsäulen-(Vertebral-)Arterien und damit Durchblutungsstörungen des Gehirns im Sinne anfallsartiger Zustände (Drop attaks) zu verursachen, wenn zusätzliche Faktoren – wie Verspannung der Nackenmuskulatur oder heftige Bewegungen – einwirken. Nicht selten treten dann auch Passagestörungen der Gehirn-Rückenmarksflüssigkeit (Liquor) auf mit druckartigen Kopfbeschwerden und Schwindelanfällen, oft auch mit Zeichen einer Erhöhung des Schädelinnendrucks (inkranielle Drucksteigerung). Es werden Sehstörungen sowie Geh- und Stehunsicherheit geschildert. Diese lassen den Schluß zu, daß nicht nur der Gleichgewichtsapparat, sondern auch die Augenmuskeln und somit die Hirnregionen, die aus den Vertebralarterien über die Arteria basilaris versorgt werden, betroffen sind. Durch lang anhaltenden oder wiederholten Sauerstoffmangel kann ein Dauerschaden des sehr empfindlichen Gehirns entstehen.

Für die Unfallversicherung interessant ist die Entscheidung des BSG vom 23. 3. 1961 (11 RV 1484/59 = SGb 1961 S. 183 = Meso B 290/25), in der zum Kausalzusammenhang zwischen einem vegetativen Quanten- und einem durch einen Schulterdurchschuß verursachten cervicalen Syndrom gesagt wurde, daß auch dann, wenn für die ärztliche Beurteilung feststeht, daß durch die schädigenden Vorgänge eine Krankheit zum Ausbruch kommt, für deren Manifestation andere Ursachen gleich oder annähernd gleich wesentlich sind, der ursächliche Zusammenhang im versorgungs- und unfallrechtlichen Sinn nicht vorliegt. Hier gilt die Ledhre von der wesentlich rechtlichen Mitverursachung (vgl. Kausalität S. 57 ff.).

9. Commotio und Contusio cerebri

Besprochen wird hier das sogenannte gedeckte Schädel-Hirntrauma. Versicherungsrechtlich geht es um die Frage, ob eine Gehirnerschütterung (Commotio cerebri) oder Gehirnprellung (Contusio cerebri) Folge eines entschädigungspflichtigen Unfalls ist. In der gerichtlichen Praxis werden für eine Gehirnerschütterung folgende Kriterien genanntß

1. Eine *kurze Bewußtlosigkeit* zum Beispiel von einer halben Stunde beweist, daß nur eine leichte, höchstens aber eine mittelschwere Gehirnerschütterung vorlag, die keine wesentlichen Folgebeschwerden hinterlassen kann.
2. *Normaler neurologischer Befund* widerspricht einer Gehirnprellung, also einer Hirnbeteiligung.
3. Selbst bei einer Contusio cerebri muß davon ausgegangen werden, daß *spätestens zwei Jahre nach dem Unfall die Beschwerden völlig beseitigt sind.*
4. Psychische Störungen und vor allem eine traumatische *Wesensänderung* sind Zeichen einer entsprechenden Primärpersönlichkeit oder gar bewußter Simulation oder einer – nicht zu entschädigenden – Rentenneurose.

Zu 1: Nach *Schrappe* (in Marx, Gutachten-Fibel S. 331) ist Leitbild der Commotio cerebri die sofort nach dem Unfall auftretende Bewußtlosigkeit, gefolgt von vorübergehenden Puls- und Blutdruckanomalitäten, Übelkeit, Brechreiz und Erbrechen. Je nach der Dauer der Bewußtseinsstörung, die längstens wenige Stunden andauert, und Ausprägung der anfänglichen vegetativen Symptomatik soll man leichte bis schwere Hirnerschütterungen unterscheiden. Cerebrale Herdsymptome in der Bewußtlosigkeit, die jedoch rasch abklingen, sprechen hingegen für eine Hirnprellung.

Diese Auffassung ist zu pauschal, als daß sie richtig sein kann. Die *Dauer der Bewußtlosigkeit* gilt zwar allgemein als Kriterium für die Schwere des Schädelhirntraumas, also der Hirnerschütterung und Hirnbeteiligung, mag sie offen oder gedeckt sein. Sie ist aber kein absolutes. Zülch hält unter Berufung auf Tönnies es für einen müßigen Streit, ob man commotionelle oder contusionelle Hirnschädigungen als leicht, mittelschwer oder schwer bezeichnet oder gar unterscheidet. Man sollte richtiger immer von Hirnschädigungen der Schweregrade 1 bis 3 sprechen.

Merke: Die Gleichung: Leichte Gehirnerschütterung = geringes Schädigungssyndrom und frühzeitiges Verschwinden der Beschwerden oder schwere Hirnerschütte-

rung = lang andauerndes Syndrom und anhaltende Beschwerden oder gar Dauerschädigung ist längst überholt. Die neu gemachten Erfahrungen deuten darauf hin, daß allein die Rückbildungsfähigkeit der Traumafolgen eines der entscheidenden, wenn nicht das allein maßgebende Merkmal der commotionellen Hirnschädigung ist. Trotz lang dauernder Bewußtlosigkeit kann somit eine völlige Rückbildung eintreten. Andererseits entstehen auch nach verhältnismäßig kurzer Ohnmacht hirntraumatische Folgezustände unterschiedlichen Grades. In etwa zehn vom Hundert aller Fälle wird eine Bewußtlosigkeit trotz vorhandenen Schädelhirntraumas nicht festgestellt oder sie tritt tatsächlich nicht ein.

Zu 2: Ein normaler neurologischer Befund widerspricht keineswegs einer Hirnbeteiligung. Bisweilen läßt sich eine Hirnprellung bereits durch die Dauer und Intensität der Bewußtseinsstörung diagnostizieren. Wenn die Hirnprellungsherde sich an der Basis der Hirnlappen und womöglich symmetrisch entwickeln, können bereits kurz nach dem Unfall in der Norm liegende Hirnstrombilder entdeckt werden. Daher wird in der Literatur übereinstimmend die Auffassung vertreten, *daß oft eine Hirnbeteiligung weder klinisch, neurologisch, psychopathologisch oder mit Hilfe des Elektroenzophalographen nachzuweisen ist.* Nicht selten erweisen sich nachfolgende (posttraumatische) Hirnveränderungen für einen Dauerschaden wichtiger als die primären Hirnläsionen, wobei man nach *Marx* (Gutachten-Fibel S. 330) neuerdings auch an das ,,innere Hirntrauma" denken müsse, das zu schweren Dauerschäden führen kann. Es wird hier darauf hingewiesen, daß gerade eine rasch abklingende cerebrale Herdsymptomatik zum Bild einer komplizierten Läsion gehört. Es muß immer wieder daran erinnert werden, daß nur ein kleiner Teil der Hirnoberfläche bei einer Schädigung zu Ausfällen führt; *der Rest ist stumm.* (Vgl. *Störring,* Die gedeckte Hirnschädigung in *Reichard,* Einführung in die Unfall- und Rentenbegutachtung.) Wird eine stumme Zone verletzt, entstehen Allgemeinstörungen in Form rein subjektiver Störungen und Beschwerden, stellenweise ohne greifbare psychische Veränderungen oder intellektueller Beteiligung. Die dann sich herausbildende *traumatische Wesensänderung,* die ein größeres Gewicht als Reflexanomalien hat, macht sich durch einen Abfall des Antriebs, gesteigerte nervöse Erregbarkeit und eine nicht unerhebliche Reduzierung der Leistungsbreite bemerkbar. Es sind praktisch die gleichen Symptome, die uns bereits bei der Cerebralsklerose begegnet sind.

In diesem Zusammenhang muß auf das vom BSG am 28. 2. 1961 (2 RU 205/56, Meso B 290/34a = SGb 1961 S. 148) bestätigte Urteil des LSG Bremen vom 3. 5. 1956 (U 94/54, Meso B 290/34) hingewiesen werden, das den ursächlichen Zusammenhang zwischen einem Bagatellunfall (hier Prellung des Hinterkopfes durch Stoß gegen eine eiserne Schutzvorrichtung) und einem Bluterguß der harten Hirnhaut *(subdurales Haematom)* bei chronischer Entzündung der harten Hirnhaut (Pachymeningitis haemorrhagica interna) als gegeben ansah. Während die Pathologen die Pachymeningitis als ein fortschreitendes Leiden ansehen, das schließlich zu spontanen Blutungen bei Verrichtungen des täglichen Lebens (Husten, Pressen, beim Stuhlgang usw.) führen kann, vertreten die Kliniker die Auffassung, daß derartige Blutungen auch durch

verhältnismäßig leichte Traumen (z. B. Fall vom Fahrrad) verursacht werden können. Unter Berücksichtigung der Tatsache, daß sich in der ärztlichen Wissenschaft über die Bedeutung eines Traumas – auch eines leichten – bei der Entstehung subduraler Haematome im klinischen Sinne keine einheitliche Lehrmeinung gebildet hat, schloß sich das LSG der Ansicht der Kliniker an.
Die Front zwischen Pathologen und Klinikern scheint nun nicht mehr zu bestehen. Auf dem letzten internationalen Symposium über die Pathologie der cerebralen Mikrozirkulation 1974 in Berlin berichteten die Professoren Cervos-Navarro und Krauland über ihre neuen Forschungen. Danach entstehen Hirnverletzungen auch bei einem leichten Trauma ohne grobe äußere Verletzungen, ohne Schädelbruch und ohne Rindenprellung an typischen – überwiegend rechtsseitigen – Stellen. Es handelt sich hierbei um venöse (subdurale) Blutungen zwischen harter (Dura) und weicher Hirnhaut (Leptomeninx). Leichte Traumen sind bereits in der Lage, zwischen Gehirn und seine Gefäßverbindungen Schwerkräfte zur Innenseite des Schädels auftreten zu lassen, bei denen kleine Gefäße reißen. Diese Rupturen können auch dann entstehen, wenn es zu keiner Gehirnerschütterung, Ohnmacht oder Hirnbeteiligung gekommen ist. Die bisher im Mittelpunkt der Betrachtungen stehenden spontanen Blutungen haben sich somit als traumatische entlarvt. Erst nach verhältnismäßig langer Zeit – in der Praxis sind symptomlose Zeiten von mehren Jahren beobachtet worden, wie das LSG Niedersachsen im Urteil vom 10. 3. 1960 (L 6 Kn 31/57, Meso B 290/35) feststellte – kann die subdurale Blutung, die zu Beginn den Bruchteil eines Millimeters ausmacht, als Bluterguß (Haematom) zu der Größe eines Markstücks anschwellen und lebensbedrohlich werden.
Zu erwähnen ist auch das Urteil des LSG Niedersachsen vom 26. 10. 1956 (L 6 Kn 25/56, Meso B 290/43), das die beim Tragen einer 40 kg schweren Kiste auftretende *Massenblutung im Gehirn* infolge Platzens einer Schlagadererweiterung (Aneurysma) nicht als Arbeitsunfall ansah, während diese berufsbedingte Ursache vom LSG Hamburg im Urteil vom 18. 8. 1966 (VI UBf 66/65 = SGb 1967 S. 129 = Breith. 1966 S. 996 = Meso B 290/69) bei einem Rohrleger, der einen Schacht aushob und dabei körperlich überfordert wurde, anerkannt wurde.
Zu 3: Um es von vornherein zu sagen: Es ist ein Märchen, daß durch die Statistik bewiesen ist, daß selbst bei einer Hirnbeteiligung *ausnahmslos* spätestens zwei Jahre nach dem Trauma die Schädigung folgenlos abgeklungen ist. Daß es einen derartigen allgemeinen medizinischen Erfahrungssatz geben soll, ist beim BSG umstritten. Während der 2. Senat in seiner Entscheidung vom 31. 7. 1970 (2 RU 38/66, SozSich 1970 S. 305 = SGb 1970 S. 384) die Auffassung vertrat, bei einer Hirnprellung (Contusio cerebri) existiere dieser Grundsatz nicht, bejahen der 5. Senat (Urteil vom 29. 5. 1964 – 5 RKn 67/61) und der 8. Senat (Urteil vom 14. 2. 1973 – 8/7 RU 74/70, SozSich-Kartei Nr. 2750, V/D zu § 622 RVO = SGb 1973 S. 256) bei einer Gehirnerschütterung (Commotio cerebri) diesen. Dabei betont der 8. Senat ausdrücklich, daß bei schweren Allgemeinkrankheiten wie Bluthochdruck (Hypertonie), Blutzuckererkrankung (Diabetes mellitus) usw. eine Ausnahme von der Regel zulässig sei. Es

sei jedenfalls unzulässig, allein aus dem Zeitablauf zu schließen, daß die Beschwerden von Seiten des Schädelhirntraumas abgeklungen seien; der Nachweis einer konkreten Änderung (Besserung) ist auch hier zu erbringen.

Die Statistik der Versicherungsträger, die aus eigennützigen Gründen an diesem Grundsatz festhalten, beweisen eigentlich das Gegenteil. Daß ein großer Teil der medizinischen Wissenschaft seit Jahrzehnten diese Ansicht verworfen hat und die *Nichtrückbildungsfähigkeit* als Kriterium einer Hirnbeteiligung ansieht und durchaus bestätigt, daß ein Teil der Patienten mit subjektiven vegetativen Folgen oder gar Wesensänderungen nach einem gedeckten Schädelhirntrauma behaftet bleibt (vgl. *Arns/Jochheim/Remschmidt,* Neurologie und Psychiatrie S. 50) ist den Amts- und Verwaltungsgutachtern wohl entgangen. Bei ihnen wird immer die Bäuerin mit mehr als einem halben Dutzend Kinder und 14 Schweinen und der leitende Angestellte eines Ministeriums zitiert, die es sich nicht leisten konnten, mehr als einige Wochen mit der Arbeit auszusetzen und die danach beschwerdefrei waren und sind. So einfach ist folglich das Problem: Bei Anspannung des Willens, fehlender sozialer Sicherheit oder Besitz einer entsprechenden exponierten Stellung gibt es keine Folgeschäden. Ich bestreite nicht, daß es die Bäuerin oder den Angestellten gegeben hat. Warum wird aber bewußt verschwiegen, daß auch bei dem größten Teil der Versicherten trotz sozialer Sicherheit die Folgen eines gedeckten Schädelhirntraumas nach einer gewissen Zeit für immer verschwinden? Objektiv betrachtet, besagen beide Fälle somit überhaupt nichts außer, daß diese Ärzte die Auffassung vertreten, daß es durchweg Simulanten und Rentenjäger sind, die zwei Jahre nach dem Trauma noch Folgeerscheinungen behaupten. Selbstverständlich gibt es Simulanten, doch stellen sie nur die Ausnahme von der Regel – und zwar eine in promille zu messende – dar. So fand Professor Kolle in seinem ganzen Leben nur eine einzige Simulation. Wer – wie der Großteil der Amts- und Verwaltungsgutachter – in jedem Kranken einen Simulanten sieht, ist unfähig, objektiv zu urteilen. Es wird höchste Zeit, daß eine individuelle Beurteilung erfolgt.

Zu 4: Die Crux der ärztlichen Begutachtung von gedeckten Schädelhirntraumen sind die psychischen Störungen. Die Praxis geht davon aus, daß nur bei einer nachgewiesenen Hirnbeteiligung eine *posttraumatische Wesensänderung* eintreten kann. In allen anderen Fällen soll sie das Zeichen einer labilen Primärpersönlichkeit sein, mit dem Unfall also nichts zu tun haben.

Dazu muß grundsätzlich festgestellt werden, daß jeder Unfall und jede Krankheit sich auf die Psyche des Menschen auswirkt. Es gibt praktisch keine Krankheit, zu deren Entstehung nicht irgend eine Anlage Voraussetzung ist. Eine sensible Primärpersönlichkeit wird ohne einen Unfall in der Regel kaum psychosomatische Funktionsstörungen aufweisen noch wird sie zwangsweise zu einem Neurotiker. Anlagebedingt fehlt ihr zwar die Fähigkeit, bestimmte Krisen zu meistern. Ohne Eintritt einer Krise (in unserem Fall ist es der Unfall) bleibt diese Anlage wahrscheinlich zeitlebens stumm oder ohne medizinischen (pathologischen) Wert. Der Unfall ist somit die nicht wegzudenkende Tatsache, die die seelische Abnormität zum Durchbruch verhilft und ihr den entsprechenden Krankheitswert gibt.

Hier muß nun das Urteil des BSG vom 18. 10. 1960 (11 RV 52/60, BSGE 13 S. 89) genannt werden, in dem festgestellt wurde, daß die „Anlage" zu einem Leiden kein Umstand ist, der zu einer „Änderung der Verhältnisse" und damit zu einem Rentenentzug führen kann, weil die Anlage bereits bei Bescheiderteilung bestand, obwohl sie medizinisch nicht erkannt worden ist". *Wenn die Anlage ohne den Wehrdienst (Unfall) nicht zu einem Leiden geführt hätte, ist sie keine wesentliche Bedingung des Leidens. Wenn sie bereits Krankheitswert gehabt und der Wehrdienst (Unfall) ein Leiden nur zum Ausbruch gebracht oder den vorgezeichneten Ablauf des Leidens beeinflußt hat, handelt es sich um eine Verschlimmerung.* In diesem Fall ist es möglich, daß die Verschlimmerung infolge Wehrdienstes (Unfalls) abklingt und daß von einem späteren Zeitpunkt an das Leiden allein oder überwiegend auf die Anlage als die nunmehr allein wesentliche Bedingung zurückzuführen ist. Wenn hingegen das Leiden als durch den Wehrdienst (Unfall) hervorgerufen festgestellt worden ist, ist entweder diese Feststellung zutreffend gewesen, weil ohne den Wehrdienst (Unfall) die Anlage nicht zu einem Leiden geführt hätte, oder aber ist diese Feststellung von Anfang an unrichtig gewesen, weil in Wirklichkeit von Anfang an („objektiv") nur eine Verschlimmerung des bereits in der Anlage vorhandenen Leidens durch den Wehrdienst (Unfall) bestanden hat." *Daraus folgt nach ständiger Rechtsprechung, daß auch ein anlagebedingtes Leiden durch einen Unfall in Form einer Verschlimmerung unfallbedingt sein kann* (vgl. Kausalität S. 57 ff.).

Dieses *Psychosyndrom* muß, auch wenn eine organische Krankheit nicht nachzuweisen ist, wie eine Organkrankheit behandelt und bewertet werden. Der Einwand, das Unfallgeschehen sei so banal gewesen, daß es nicht geeignet sein kann, die geklagten massiven Psychosyndrome auszulösen, ist falsch, denn Bagatellunfälle sind durchaus in der Lage, massiv auf die Seele einzuwirken. Ich denke da an einen Mann, der die nach dem Zusammenstoß sich ausbreitende Totenstille niemals mehr vergessen konnte und der seit dieser Zeit chronisch depressiv verstimmt ist. Kein Arzt wird allen Ernstes einem neurotisch entstandenen Magengeschwür (Ulcus ventriculi oder duodeni) oder Asthma einen Krankheitswert absprechen, nur weil sie psychisch bedingt sind. Der noch heute von einer bestimmten Art von Ärzten gemachte Unterschied zwischen Organ- und psychischen Krankheiten ist antiquiert und zweckgebunden. Es muß diesen Ärzten vorgehalten werden, daß der Versicherte mit seiner anlagebedingten psychischen Labilität nach den oben genannten rechtlichen Grundsätzen *individuell* zu beurteilen ist. Die vor dem Unfall vorhandene Erwerbsfähigkeit ist immer mit hundert Prozent anzusetzen. Bei einer Vorschädigung – mag sie durch einen Unfall verursacht oder angeboren sein – muß die Erwerbsminderung sogar höher angesetzt werden, wenn sich die Unfallfolgen stärker als bei einem Gesunden auswirken. Es ist jedenfalls rechtlich unzulässig, bei der Beurteilung von einem „normalen" Menschen auszugehen, der Schädigungsfolgen ohne dauernde Gerichtsverfahren zwecks Entschädigung überwindet (BSG vom 11. 11. 1959 – 11 RV 290/57, SozSich 1960 S. 17 = SGb 1959 S. 393 = Meso B 310/8 = BSGE 11 S. 50). Zu betonen ist weiterhin, daß es gerade hinsichtlich der Höhe der Erwerbsminderung bei Schädel-

hirntraumen keine objektiven Kriterien gibt; jede Schätzung ist somit willkürlich.
Zum Schluß noch ein Wort auf die Auswirkungen eines Schädelhirntraumas auf das vegetative Nervensystem (vgl. auch vegetative Dystonie). Eine anlagebedingte (konstitutionelle) vegetative Übererregbarkeit kann durch ein gedecktes Schädelhirntrauma verstärkt werden, weil ein labiler Mensch die Folgen einer Schädigung erfahrungsgemäß nur schwer überwindet (BSG vom 18. 10. 1960 – 11 RV 52/60, Meso B 290/24 = BSGE 13 S. 89). Das gilt auch, wenn das Gehirn zum Beispiel durch eine Cerebralsklerose vorgeschädigt ist. In diesen Fällen ist die zu berentende Erwerbsminderung von vornherein höher anzusetzen und die Rente selbst länger zu gewähren. So hat das LSG Hessen (Urteil vom 14. 9. 1957 – U III 124/55, Meso B 310/1) eine depressive Verstimmung nach einer Commotio cerebri als Unfallfolge anerkannt, obwohl eine Hirnverkalkung nachgewiesen war. Das Urteil wurde auch damit begründet, daß rentenneurotische Tendenzen und Krankheitsvorstellungen beim Versicherten fehlten.

10. Coronarsklerose

Während die allgemeine Gefäßverkalkung (Arteriosklerose) pathologisch-anatomisch durch die Ablagerung fetthaltigen Materials (Lipoiden) in den Gefäßwänden charakterisiert ist und im Bereich großer muskelstarker Arterien zu einer Zerstörung elastischer und muskulärer Elemente in der Gefäßwand und damit zu einer Ausweitung des Gefäßes selbst führt, kommt es im Bereich kleinerer Arterien zu einer fortschreitenden (progressiven) Raum-(Lumen-)Erweiterung durch Verkalkung. *Eine Verkalkung der Herzkranzgefäße (Coronarsklerose) führt stets zu einer starken Einengung des Gefäßlumens, die sich funktionell in einer verringerten Blut- und Sauerstoffversorgung des Herzmuskels auswirkt.* Folgerichtig hat das LSG Nordrhein-Westfalen (Urteil vom 9. 11. 1965 L 15 KnU 103/64, Meso B 70/50) ausgeführt, daß zum Beispiel eine durch Silikose geschädigte Lunge für ein coronarsklerotisches Herz infolge des Sauerstoffmangels eine große zusätzliche Belastung und Einengung der Leistungsfähigkeit darstellt. Bekannt ist, daß gerade die Herzmuskulatur auf die stetige und gleich große Zufuhr von Sauerstoff und sonstigen Nährsubstanzen angewiesen ist.
Während oft in Ruhe die coronare Blutversorgung ausreicht, wird unter Belastung der erhöhte Sauerstoffbedarf des Herzmuskels infolge der Einengung der Herzstrombahn nicht mehr gedeckt. Die Folge ist eine auf den Sauerstoffmangel beruhende (hypoxaemische) Schädigung der Herzmuskulatur und zwar auf Dauer. Die vom Patienten geschilderten Herzbeschwerden (Stenocardien), Zeichen einer diffusen Schädigung der Arbeitsmuskulatur des Herzens im Elektrokardiogramm, die unter Belastung sich verstärken (Erregungsrückbildungsstörungen), müssen auf eine Hypoxaemie des Herzmuskels zurückgeführt werden und sind im Sinne einer funktionellen Schwäche der Herzkranzgefäße (Coronarinsuffizienz) zu verstehen.

Die *Beurteilung des Leistungsvermögens* richtet sich nach Röntgenbild und Elektrokardiogramm. Ein nicht verbreitertes oder fehlfiguriertes Herz, ein nicht verengter Hinterherzraum sowie ein EKG, das keinen Anhaltspunkt für eine Herzmuskelschädigung, coronare Mangeldurchblutung, Herzleistungs- oder orthostatische Kreislaufregulationsstörungen oder Arbeitsinsuffizienz bietet und vor allem das Fehlen feuchter cardialer Dekompensations-, Stauungs- oder Schwäche-(Insuffizienz-)Zeichen wird als Alibi für die Ansicht benutzt, daß außer schwerer körperlicher Arbeit noch jede andere Tätigkeit vollschichtig verrichtet werden könne.
Die klinische Praxis weist immer wieder darauf hin, daß das Elektrokardiogramm und die Herz-Lungen-Funktionsprüfung so grobe Untersuchungsmethoden sind, daß sie allein kein Urteil stützen können. Selbst erhebliche Strukturzerstörungen des Herzmuskels (Myocards) werden oft durch das EKG nicht angezeigt. *Großmann* und *Marx* (Gutachten Fibel S. 100) nennen 5 % nicht im EKG erkennbare Infarkte. Die Diagnostik einer Coronarsklerose verläuft nicht selten auf weite Strecken stumm. Trotz negativer Befunde in allen diagnostischen Verfahren und fehlender Zeichen einer Coronarsklerose ist es niemals auszuschließen, daß bereits einen Tag nach der Untersuchung ein Herzinfarkt eintritt. Daraus ist der Schluß zu ziehen, daß die Bewertung des Ruhe-EKG's sowie auch des nach unzureichender Belastung entstandenen EKG's immer unsicher ist. Dabei muß mit aller Deutlichkeit gesagt werden, daß die Manipulation der Ergebnisse durch den Untersucher in Form von stundenlangem Ruhigstellen (Wartenlassen) vor der Untersuchung und nur angedeuteten Kniebeugen zu unterbleiben hat ganz abgesehen von der Tatsache, daß selbst zwanzig Kniebeuge niemals die Belastung eines Arbeitsplatzes annähernd erreichen. Es wird jedenfalls höchste Zeit, daß klinische Faktoren zum Beispiel in Form einer verstärkten Urinansammlung in der Nacht (Nykturie) sowie des Risikos zumindest den gleichen Wert bei der Beurteilung der Leistungsfähigkeit wie die röntgenologischen und elektrokardiographischen Fakten erhalten. Das gilt insbesondere hinsichtlich psychosomatischer Störungen von kontaktfreudigen (extrovertierter) Personen. Nur so ist überhaupt eine objektive Beurteilung möglich.
Weiter sind die Auswirkungen psychosomatischer Faktoren auf die Coronarsklerose im Sinne einer gefäßbedingten Angina pectoris vasamotorica zu beachten. Eine Überforderung psychischer und physischer Art wird sich immer wesentlich auf die Leistungsfähigkeit des Herzens auswirken, auch wenn andererseits ein wohldosiertes Herztraining wünschenswert sein kann. Die berufsmäßige Arbeit ist aber nur ausnahmsweise ein entsprechendes Training. Wer diese Ansicht nicht vertritt, verkennt die Wirklichkeit und vor allem den Leistungsdruck, der sich in der freien Wirtschaft überall mehr oder minder stark bemerkbar macht. Das gilt weiter hinsichtlich der früher oder später eintretenden Herzmuskel-(Myocard)Infarkte und der nicht selten festzustellenden Erweiterung der Herzwand (Aneurysma). Auf die Ausführungen über die Arbeitsbelastung weise ich besonders hin.
Nach der Entscheidung des LSG Hamburg vom 8. 9. 1971 (VI JBf 75/68, Breith. 1972 S. 306) ist in den Fällen, in denen einerseits ein Arbeitstraining erwünscht und

andererseits dadurch eine Verschlimmerung des Leidens zu erwarten ist, die Gefährdung rechtlich wesentlicher als der erstrebte Trainingserfolg anzusehen. Eine Verweisung auf derartige Tätigkeiten ist rechtlich unzulässig.
Merke: Die Verbindung zwischen vegetativer Unausgeglichenheit (Dystonie) und Coronarsklerose wird mit Recht als klinisch bedeutsamer und schwerwiegender Grund einer eingeschränkten Leistungsfähigkeit erheblichen Grades angesehen.

11. Cor pulmonale

Die Weltgesundheitsorganisation definiert die Herz(Cor)-Lunge(Pulmo) als übermäßige Vergrößerung(Hypertrophie) des rechten Herzens, entstanden auf dem Boden funktioneller und struktureller Veränderungen der Lunge mit Ausnahme primärer Störungen des linken Herzens und verwandter (kongenialer) Herzfehler. Maßgebend ist dabei die Widerstandserhöhung im funktionellen Bezirk des Lungenbereichs, hauptsächlich durch ein Lungenemphysem, durch Tuberkulose, Erweiterung der Bronchien (Bronchiektasen), Silikose usw. (Rechtsherzbelastung). Das *akute* Cor pulmonale entsteht hingegen primär durch einen in die Lunge eingedrungenen Blutpfropfen/Lungenembolie). Nach *Marx* (Gutachten Fibel S. 109) soll das akute Cor pulmonale für die Begutachtung weitgehend ohne Belang sein.
Für die *Beurteilung der Leistungsfähigkeit* wird auf das Ergebnis der Kreislauf- und Lungenfunktionsprüfung und des Röntgenbildes abgestellt. Dabei wird in der Praxis die Grundkrankheit wie zum Beispiel des Lungenemphysem nur unzureichend berücksichtigt. Bei Nachweis einer chronischen alveolaren (durch Lungenbläschen verursachten) Minderbelüftung der Lunge sowie nach einem einmal sich dargestellten dekompensierten (unausgeglichenen) Cor pulmonale besteht nach *Marx* (Gutachten Fibel S. 110) Erwerbsunfähigkeit, da der Versicherte selbst Teilzeitarbeit nicht mehr verrichten kann.
Grundsätzlich ist bei der Beurteilung folgendes zu beachten:

1. Der unblutige *Nachweis* eines Cor pulmonale gelingt nur in der Hälfte aller Fälle. Durch Mikrokatheter kann bei der anderen Hälfte der Nachweis erbracht und die Stärke der Erkrankung festgestellt werden, da der Hochdruck (Hypertonie) im kleinen Kreislauf das ursächliche Bindeglied zwischen chronischer Lungenkrankheit und Cor pulmonale ist.
2. Das *Fehlen eindeutiger Zeichen* einer Belastung oder Schädigung des rechten Herzens im Elektrokardiogramm schließt kein Cor pulmonale aus, wenn das Röntgenbild entsprechende Veränderungen zeigt. Es darf nicht vergessen werden, daß die Grundkrankheit Emphysembronchitis in Perioden verläuft, so daß sich je nach dem Ausmaß der jeweiligen Verstopfung (Obstruktion) der Atemwege Ruhe- und Krisenzeiten ablösen. Kommen andere Faktoren hinzu, dekompensiert das Cor pulmonale sehr schnell. Herzrhythmusstörungen, vergrößernde (hypertrophi-

sche) oder durch Blutleere (Ischämie) verursachte Veränderungen an der linken Herzkammer (Ventrikel) verschlechtern die Gesamtsituation erheblich.

3. Die *Lungenfunktionsprüfung* kann allein die Beurteilung nicht stützen, da sie nur grobe Werte ergibt. Die Lungenfunktion ist bereits um mehr als ein Drittel reduziert, wenn die ersten Normabweichungen bei diesem Test sich objektivieren lassen. Der Schellong-Test sagt überhaupt nichts aus, er ist völlig wertlos. Die neuerdings geforderte *Bestimmung der Blutgase,* um eine Senkung des pH-Wertes des Blutes (Azidose) nachweisen zu können, ist ebenfalls allein nicht geeignet, die Leistungsfähigkeit der Lunge zu ermitteln, da die Lungenfunktion auch ohne Ventilationsbehinderungen ohne Wirkung auf die Blutgase gestört sein kann. Eindeutige Veränderungen der Blutgase zum Beispiel in Form einer übermäßigen Atemverringerung (Hypoventilation) oder einer Atmungsstörung (Global- oder Partialinsuffizienz) sind bei der überhöhten Leistungsreserve der Lunge klinische Spätzeichen. Um aussagekräftig zu sein, müßte die Blutgasanalyse bei einem Belastungsversuch durchgeführt werden.
4. Besondere Bedeutung haben die *klinischen Befunde.* Nicht selten setzt sich der Blutrückstau auf den Bauchraum (Lebervergrößerung) und die Körperperipherie fort und begünstigt so die Entstehung von Thrombosen und Gewebewassersucht (Ödeme) in den Beinen. Eine durch Sauerstoffmangel entstandene (hypoxämische) Herzmuskelschädigung kann oft diagnostiziert werden. Zulässig ist die Abgrenzung zwischen einem verborgenen (latenten) ausgeglichenen (kompensierten) und unausgeglichenen (dekompensierten) Cor pulmonale. Marx: ,,Lungenemphysem und Bronchitis" weist darauf hin, daß die Verkalkung der Lungengefäße (Pulmonalsklerose) ohne Ausnahme, eine verkrümmte Buckelbildung (Kyphoskoliose) in 60 von hundert Fällen und eine Staublunge (Pneumokoniose) in der Hälfte aller Fälle zum Cor pulmonale führt.

12. Depression

Die Niedergeschlagenheit oder Traurigkeit (Depression) als ein banales individuelles Erlebnis, das nach kurzer Zeit wieder vergeht, kann einen mehr oder minder großen Krankheitswert erhalten, wenn sie den Patienten formt oder beherrscht, so daß dieser aus eigener Kraft sie nicht überwinden kann. Das trifft vor allem zu, wenn die Persönlichkeit von Anfang an (Primärpersönlichkeit) pessimistisch geprägt, in sich gekehrt, gehemmt, kontaktscheu, also psychopathisch ist. Zeichnet sich die Person, die ihre Aggressionsgefühle unterdrückt, durch passive, gehemmte und verzichtbereite Züge aus, entstehen Minderwertigkeitskomplexe, die letztlich zu einer *neurotischen Depression* führen *(Arns/Jochheim/Remschmidt,* Neurologie und Psychiatrie, S. 188 und 213). Ist die Depression hingegen Begleitsyndrom organischer Krankheiten, wie zum Beispiel bei Störungen der Schilddrüsenfunktion (Myxödem), Blutzuckerer-

krankungen (Diabetes mellitus) usw., entzieht sie sich grundsätzlich der freien Willensbestimmung.
Von der Entstehung gesehen unterscheidet man zwei Arten von Depressionen, nämlich die durch *äußere Konflikte* entstandene (exogene) und die *von innen kommende* (endogene) Depression. In beiden Fällen sind die Patienten grüblerisch veranlagte schwerblütige Menschen. Sie schenken sich nichts, sondern leiden unter ihrer Unvollkommenheit. Obwohl sie sensibel und oft weich sind, behandeln sie sich selbst mit der größten Strenge. Leistungsfähigkeit und -bereitschaft ist ihnen nicht abzusprechen; nicht selten sind sie beruflich avanciert.
Die *exogene* depressive Verstimmung hat ihre Ursache in äußeren Konflikten, wie zum Beispiel dem Verlust einer nahestehenden Person, des Berufes oder im Liebeskummer usw.(vgl. LSG Hessen vom 31. 8. 1960 – L 11 V 825/56, Meso B 320/7). Bekannt ist auch der Pensionsschock als Auslösungsmechanismus einer Depression. Wir alle kennen auch die Examensangst als Zeichen einer von außen kommenden depressiven Verstimmung in Form von Schlaflosigkeit, Erschöpfung und Minderwertigkeitskomplexen (vgl. *Bräutigam,* Reaktionen, Neurosen. Psychopathien, S. 43). Nach *Baust* (Ermüdung, Schlaf und Traum, S. 278) sind wenig Gesamtschlaf und frühes morgendliches Erwachen Begleitsyndrom der Depression. Es ließe sich nicht ausschließen, daß entgegen der allgemeinen Ansicht Schlafstörungen auch ein primäres Symptom der Depression sein könne. Im Sozialrecht finden wir hingegen die Situation des Versicherten mit dem Hintergrund finanzieller Nöte (drohende Aussteuerung des Krankengeldes), die Sorge für die Familie und das Krankheitsgefühl selbst als Auslösungsmechanismus depressiver Bilder. *Abgeschlagenheit, Konzentrationsschwierigkeiten, Kopfdruck, Vergeßlichkeit und Schwindelgefühle,* also Symptome, die wir auch bei der vegetativen Dystonie finden, werden geklagt (vgl. *Luban/Plazza/Pöldinger,* Der psychosomatische Kranke in der Praxis S. 72.
Ist die Primärpersönlichkeit durch Entwicklungs- und Reifestörungen nervenleidend (neurotisch), wird sie auf die Konfliktsituation abnorm, also neurotisch reagieren. Durch dauernde Enttäuschungen (Frustration) über nicht erfüllte Ansprüche, deren Abnormität nicht erkannt, sondern hartnäckig verfolgt werden, entstehen verdrängte Komplexe, die Zwangsimpulse, Ängste und Zwangsgedanken auslösen. Hier ist nur die Einbildung von Krankheiten (Hysterie) beispielhaft zu nennen.
An dieser Stelle muß gesagt werden, daß es grundsätzlich falsch ist, alle seelischen Abnormitäten der *Primärpersönlichkeit* anzulasten. Nicht die Menschen haben sich in den letzten hundert Jahren geändert, sondern die Umwelt. Der Streß und die Reizüberflutungen unseres täglichen Lebens waren damals nicht existent; sie konnten daher auch nicht schädigend wirken. Nachdem es gelungen ist, im Experiment auch bei Tieren durch Schaffung von Umweltkonflikten Neurosen zu erzeugen, sollte es eigentlich selbstverständlich sein, der Umwelt mehr als der Primärpersönlichkeit, die selbstverständlich auch weiterhin nicht ohne Bedeutung ist, Gewicht zu verleihen.
Auch bei exogenen depressiven Verstimmungen, die ein gewichtiges Kaliber erreichen können, genügt oft eine kurze Psychotherapie, um den Schaden zu beheben oder

zu mindern. Das ist aber kaum zu erwarten, wenn zum Beispiel allgemeine vegetative Beschwerden oder gar Zeichen einer Cerebralsklerose mit Neigung zu schwermütiger oder eingebildeter (hypochondrischer) Klagsamkeit hinzutreten. Selbst wenn die Depression keine Begleiterscheinung einer echten organischen Krankheit ist, bewirkt sie in diesen Fällen eine Beeinträchtigung der allgemeinen Leistungs- und Arbeitsfähigkeit. Daran ändert auch die Tatsache nichts, daß bei klarem Bewußtsein örtliche und zeitliche Störungen oder intellektuelle Einbußen nicht festgestellt werden.

Die von innen kommende *(endogene) Depression* (Melancholie) demaskiert sich durch Tagesschwankungen, auf die wir noch zurückkommen werden. Zu diesem Formenkreis gehören vor allem die hormonellen (endokrinen) Umstellungen innerhalb der Wechseljahre (Klimakterium) bei Mann und – im verstärkten Maße – Frau. Ihre Auswirkungen werden in der Praxis durchweg unterbewertet. Das Versiegen der Follikel- und Gelbkörperhormone verursacht bei der Frau Hitzewallungen, Schweißausbrüche, Kopfschmerzen, Blutdruckstörungen sowie nervöse Unruhe, durch Angst vor Alter oder Tod schwere Depressionen. Bei der Beurteilung dieser Symptome muß immer bedacht werden, daß das Klimakterium – unbemerkt – bereits kurz nach dem 40. Lebensjahr beginnt und nach dem Ausbleiben der Monatsregel (Menopause) – das ist in der Regel das 49. Lebensjahr – die hormonelle Umstellung mit oder ohne Östrogenbehandlung innerhalb von zwei Jahren beendet ist. Daß es davon auch Ausnahmen geben kann, beweist das Urteil des BSG vom 28. 5. 1957 (3 RJ 219/56, Meso B 200/2 = SGb 1957 S. 206). Es bedarf keines Wortes, daß die durch endogene Faktoren entstandene Depression sich immer dem Willen des Patienten entzieht.

Der *Nachweis* einer endogenen depressiven Verstimmung ist nun auch chemisch möglich. Das Schilddrüsenhormon Thyrosin wird mehrmals am Tag im Blut bestimmt. Dadurch werden indirekt Schwankungen im Katecholaminhaushalt (das beim Streß entstehende Adrenalin gehört zu dieser Gruppe) registriert. *Bei einer endogenen Depression – und nur bei ihr – ergeben die gefundenen Werte eine gegen Abend ansteigende Kurve von spezifischem Verlauf.* So ist in einem von mir vertretenen Fall der Thyrosin-Tagesspiegel von morgens 1,3 mg% auf 1,82 mg% gegen 20 Uhr angestiegen. Mit dieser Untersuchungsmethode kann bewiesen werden, daß tiefgreifende Verschiebungen biologischer Rhythmen vorliegen. Bei Neurosen oder reinen reaktiven depressiven Verstimmungen werden diese chemischen Veränderungen nicht festgestellt.

Mit Urteil vom 24. 9. 1957 (U III 124/55, Meso B 310/1) hat das LSG Hessen die Auffassung vertreten, daß der nach einer Gehirnerschütterung (Commotio cerebri) entstandene hochgradige Depressionszustand trotz nachgewiesener Spondylosis und Arthrosis der Halswirbelsäule und einer altersbedingten Cerebralsklerose rechtlich wesentlich durch den Unfall mitverursacht worden ist. Nach dem Urteil des LSG Niedersachsen vom 21. 12. 1961 (L 10 V 1449/58, Meso B 320/12) können auch allgemein menschliche Erscheinungen wie zum Beispiel Heimweh, Eifersucht und Grübeln spezifisch wehrdiensteigentümliche Verhältnisse sein, die eine Depression auslösen.

Zu den endogenen Psychosen zählt auch der *Wechselmut* (Zyklothymie oder manisch-depressive Psychose). Wie schon der Name sagt, unterliegt der Patient sehr großen Stimmungsschwankungen. Krankhaft erhobene (manische) Stimmungen werden von pathologisch gedrückten Phasen abgelöst, wobei die depressiven Zustände überwiegen.

Ein *eingebildetes* (hypochondrisch) depressives Zustandsbild als Zeichen einer abnormen Primärpersönlichkeit hat nach dem Urteil des LSG Schleswig-Holstein vom 23. 8. 1963 (L 3 J 10/63, Meso B 310/20 – Breith. 1964 S. 487) nur dann einen erwerbsmindernden Effekt, wenn eine stationäre Behandlung zum Beispiel wegen Todesgedanken (Suicid) notwendig wird. Derartige massive Auswirkungen einer abnormen Entwicklung stehen nach Auffassung dieses Gerichtes einer endogenen Depression gleich. Zu nennen ist noch die Entscheidung des BSG vom 31. 10. 1968 (2 RU 165/67, Breith. 1969 S. 568 = SGb 1968 S. 479 = Meso B 310/32), wonach eine depressive *Psychoneurose* als Unfallfolge zu entschädigen ist. Die durch eine Hodenprellung verursachte Impotenz hatte bei dem Versicherten die Depression hervorgerufen.

Zwischen der exogenen und endogenen Depression kann es Übergänge geben. Auf dem Boden einer schweren körperlichen Erkrankung entwickelt sich zuerst ein reaktiv-depressives Zustandsbild, dem sich oft endogene Züge wie Schlaf-, Appetit- und Geschlechtstrieb-(Libido)Störungen, Zeugungsunfähigkeit (Impotenz) aufpfropfen (vgl. LSG Hessen vom 29. 11. 1961 – L 9/10/V 37/59, Meso B 310/9). Die umfangreiche Therapie und das Erleben der Vergeblichkeit aller Maßnahmen verstärkt die zunehmend depressive Grundhaltung der gesamten Umwelt gegenüber. Es kommt zu einer *Automatisierung des Krankheitsbildes* mit einer schwermütigen (hypochondrischen) Fixierung auf ehemals kranke oder gar gesunde Organe. Der Prozeß um die Rente wirkt ebenfalls stimulierend, so daß schließlich eine Generalisierung des Krankheitsprozesses eintritt, die sich nicht mehr beheben läßt. In diesem Fall ist Erwerbsunfähigkeit gegeben.

Merke: *Endogene Depressionen werden im wesentlichen durch Stoffwechselstörungen hervorgerufen, die chemisch nachzuweisen sind. Sie haben mit einer Neurose und auch mit der oft mißbräuchlich benutzten Willensfreiheit nichts zu tun. Das gilt auch für die generalisierte exogene Depression.*

13. Dystonie, vegetative

Unter diesem Namen wird die *Fehlregulation* den von dem Vagus- und Sympathicus-Nerven gebildeten vegetativen Nervensystem verstanden, die sich durch Schlaflosigkeit, Unruhe, Klopfen und Beklemmung des Herzens, Schwindelgefühl, Kopfschmerzen usw. bemerkbar macht.

Die vegetativen Mechanismen, die die unbewußten Lebensfunktionen wie Atmung, Verdauung, Kreislauf, Blutdruck, Schlaf usw. regeln, sind hier labil, dysharmonisch.

Wie selten eine andere Krankheit ist die vegetative Dystonie geprägt durch die Persönlichkeit des Kranken, bei dem oft eine Krankheit der Organe nicht nachzuweisen ist. Trotzdem ist nach übereinstimmender Ansicht die vegetative Unausgeglichenheit immer das Symptom einer Grundkrankheit und nicht eine eigene Krankheit. So vertrat das BSG in seinem Urteil vom 19. 4. 1966 (10 RV 525/65, Meso B 300/9 = SGb 1966 S. 178) die Auffassung, daß eine vegetative Dystonie und ein Bluthochdruck (Hypertonie) auch ohne internistischer Grundlage im Sinne einer zentralen Störung im Zusammenhang mit einer Grundkrankheit des Gehirns angesehen werden muß. Unter Berufung auf die herrschende Lehre vertritt unter anderem das LSG Rheinland-Pfalz (Urteil vom 24. 7. 1961 – L 1 V 273/58, Meso B 290/39) die Ansicht, daß die neurovegetative Dystonie eine *Zivilisationskrankheit* ist und somit nicht durch eine Malaria und ein wolhynisches Fieber verursacht wurde. War die vegetative Dystonie aber als Wehrdienst- oder Unfallfolge anerkannt worden, darf die Rente nach dem Urteil des BSG vom 18. 10. 1960 (11 RV 52/60, Meso B 290/24 = BSGE 13 S. 89) wegen „Änderung der Verhältnisse" nicht entzogen werden, weil die Krankheit nunmehr auf einer Anlage beruhe. Anders ist aber der Fall, wenn die durch eine Ernährungsstörung (Dystrophie) entstandene vegetative Dystonie weiterbesteht, obwohl die Dystrophie abgeklungen ist (BSG vom 27. 7. 1965 – 10/11 – RV 604/63, Meso B 290/66 = SGb 1965 S. 271).

Zu diesem Formenkreis gehören auch die durch *nervöse* Erschöpfung entstandene *Reizbarkeit* (Neurasthenie), das durch *psychische Schwäche* (Psychasthenie) entstandene Leistungsversagen. Infolge ihrer fließenden Übergänge ist in der Praxis eine differential-diagnostische Abgrenzung oft unmöglich. Auslösungsgrund ist aber immer eine einheitliche psychosomatische Unausgeglichenheit (Dysregulation). Während die Ursache ungleichartig (heterogen) ist, zeigt sich eine enorme Mannigfaltigkeit von Erlebnis- und Konfliktthemen oder abnormen Verhalten. Nicht selten sind die Primärsymptome einer *Nervenschwäche* (Neurasthenie), die sich in Gereiztheit, Unlust und Niedergeschlagenheit darstellen, vorhanden. Auch hier gilt, daß die Primärpersönlichkeit über- und die Umwelteinflüsse unterbewertet werden (vgl. Depression S. 90).

In der Praxis wird die Auffassung vertreten, die durch die vegetative Dystonie verursachten Störungen seien generell nur quantitativer, nicht aber qualitativer Art. Sie sei überhaupt keine Krankheit im biologischen Sinne, auch handele es sich nicht um eine Neurose. Vielmehr liege hier ein Versuch des Organismus vor, sich der heutigen schnellebigen Zeit mit ihren Reizüberflutungen auf bestmögliche Weise anzupassen. So finde man ein Zittern der Finger (Tremor) zusammen mit übermäßiger Schweißsekretion an Händen und Füßen, schwankenden Blutdruckwerten, Geräuschempfindlichkeit und rascher Erregbarkeit in großer Zahl selbst unter Jugendlichen. Die meisten nähmen das als etwas Unangenehmes hin, machten davon kein Aufhebens und kommen nicht auf den Gedanken, sich für krank zu halten.

Da haben wir wieder die alte Auffassung, nur fehlender Wille und letztlich Arbeitsunlust liege hier vor. *Tatsächlich ist aber die dauernde Anspannung des Willens gerade ein wesentlicher Faktor psychosomatischer Krankheiten.* Der Mensch kann sich willensmäßig anspannen; die Fähigkeit, sich anschließend zu entspannen, ist aber größtenteils verloren gegangen. Es ist gerade das Verdienst von Schultz: „Das autogene Training", daß erkannt wurde, daß Entspannung nicht willensmäßig erreicht werden kann. Die gedankenlose Überbewertung des Willens läuft darauf hinaus, durch Erhöhung der Krankheitsursache (Noxe) eine Krankheit heilen zu wollen. Wieder muß daran erinnert werden, daß nach der geltenden rechtlichen Definition unter Krankheit *jeder* regelwidrige Gesundheits- und Geisteszustand verstanden wird, der entweder behandlungsbedürftig ist oder Arbeitsunfähigkeit verursacht. Die beiden letztgenannten Voraussetzungen entfallen im Rentenrecht. Folgerichtig hat das LSG Baden-Württemberg im Urteil vom 21. 10. 1960 (L 4b Kr 1542/58, Meso B 290/52) für Recht erkannt, daß bei der Beurteilung der Arbeitsunfähigkeit nicht nur Unfallfolgen (hier Gehirnprellung), sondern auch die vor dem Unfall vorhandenen (praetraumatischen) körperlichen und geistig-seelischen Gegebenheiten zum Beispiel in Form einer abnormen Persönlichkeitsstruktur und eine vegetative Dystonie zu berücksichtigen sind. Es ist somit rechtlich nicht relevant, ob biologisch eine Krankheit vorliegt. Das die vegetative Dystonie selbst regelwidrig und behandlungsbedürftig ist, dürfte kaum von einem Arzt bestritten werden.

Der Hinweis, daß immer mehr Jugendliche vegetativ stigmatisiert sind, sagt tatsächlich nichts über die Krankheit aus außer, daß das Nervenkostüm auch Jugendlicher zu dünn für unsere Zeit ist. Wesentlich ist doch – wie übrigens bei jeder Krankheit – *die Intensität der Krankheit.* Außerdem muß auch hier wiederum daran erinnert werden, daß nach ständiger Rechtsprechung nicht von einem „Durchschnittsmenschen", den es nicht gibt, sondern vom individuellen Fall auszugehen ist. Und da macht es schon einen wesentlichen Unterschied aus, ob ein Jugendlicher oder ein chronisch Kranker, der vielleicht das 60. Lebensjahr überschritten hat, vegetativ labil ist. Wenn es aber stimmt, daß die vegetative Dystonie immer nur die Begleiterscheinung einer organischen Krankheit ist, dann muß dieses Symptom, auch wenn die Grundkrankheit sich der Diagnose entzieht, anerkannt und bewertet werden. Das gilt auch im Hinblick auf die grundsätzliche Wertigkeit psychosomatischer (seelisch-körperlicher) Erkrankungen, die sich von den Neurosen dadurch unterscheiden, daß sie den Organismus direkt angreifen und selbst den Tod verursachen können *(Luban/Plozza/Böldinger,* Der psychosomatisch Kranke in der Praxis S. 158).

Schauen wir uns nun zwei der wesentlichen Symptome der vegetativen Dystonie, den Schwindel und die Schlafstörungen an, um die verkannte und ignorierte Wertigkeit dieses Krankheitsbildes zu erkennen. Der *Schwindel* wird allgemein als körperliche Empfindung (Sensation) oder seelisches Erleben beschrieben, wodurch Störungen des Gleichgewichts oder der Position im Raum bewußt werden. Die engen Wechselbeziehungen zwischen Gleichgewichts-(Vestibular-)Organ und vegetativen Nervensystem macht eine exakte Klassifizierung unmöglich. Praktisch können alle Krankheiten Schwindelattacken auslösen (vgl. *Minnigerode,* Der vestibuläre Schwindel, seine Ursache und seine Bedeutung, Medizinische Klinik 1971 S. 131). Gefäßbedingte (vasculäre oder gefäßnervliche (neurovasculäre) Faktoren sind die häufigsten Ursachen. Aber auch hormonelle und vegetative Dysregulationen wie auch ein vasomotorischer Hirnschwindel etwa durch flüchtige Durchblutungsstörungen und emotionelle Faktoren sind entsprechende Auslösungsfaktoren. *Nun ist es unlogisch, einem zum Beispiel durch eine Gehirnverkalkung (Cerebralsklerose) verursachten Schwindel einen Krankheitswert und damit einen negativen Einfluß auf die Erwerbsfähigkeit zuzusprechen, weil er auf einer Organkrankheit beruht, ihn aber bei der vegetativen Dystonie zu verleugnen.* Beim Einsatz an einer Maschine macht es hinsichtlich der zu beobachtenden Unfallgefährdung keinen Unterschied, ob der Bedienungsmann durch einen auf einer Organkrankheit beruhenden oder funktionellen Schwindelanfall gefährdet ist. In jedem Fall genügt, wie auch alle Unfallverhütungsvorschriften in ihrem Allgemeinen Teil fordern, die Gefährdung an sich. Diese einzig richtige Auffassung vertrat auch das BSG in seinem Urteil vom 28. 5. 1957 (3 RJ 219/56, Meso B 200/2 = SGb 1957 S. 206). Hier wurde der Streitfall an das LSG zurückverwiesen, weil das Berufungsgericht den Einfluß von durch die Wechseljahre verursachten (klimakterischen) Schwindelanfällen und ständigen Blutungen auf die Erwerbsfähigkeit nicht geprüft hatte.

Das hier gesagte gilt auch hinsichtlich der Auswirkungen eines Händezitterns (Tremor), von Herzattacken und vegetativer Epilepsie. Deshalb vertreten immer mehr Ärzte die Auffassung, daß *mit einer ausgeprägten vegetativen Dystonie gleichzeitig eine psychische Unausgeglichenheit sowie geringe körperliche und psychische Belastbarkeit infolge rascher Ermüdung und Erschöpfung verbunden ist, auch wenn Organschäden nicht nachzuweisen sind.*

Die Auswirkungen einer *chronischen Schlafstörung* sind bereits seit langer Zeit – wenn auch in groben Umrissen – bekannt. Es soll hier nur daran erinnert werden, daß Schlafentzug zu den Foltermethoden gehört, die noch heute in vielen Ländern angewandt werden, um einen Gefangenen zu zermürben oder gar zu töten. Die von *Nauta* durchgeführten Experimente mit Ratten (vgl. Neurophysiogie 1946 S. 285 ff.) haben gezeigt, daß eine Schädigung des Zwischenhirns (Hypothalamus) als zentrale Schaltstelle auch des Schlafes bereits nach einigen Tagen zum Tode führen kann. Wie *Otter* in *Baust* (Ermüdung, Schlaf und Traum, S. 284) berichtet, konnte der Amerikaner Kleitmann in Tierversuchen Gewebszerstörungen im Gehirn nach Schlafentzug nachweisen, während *Labey* und andere (Sleep deprivation, Psychosomatische Medizin 1960 S. 182) nach vier Tagen Schlafentzug eine *Erschöpfung der energiereichen Phosphate der Zellen, aus denen die Energie für den Stoffwechsel genommen wird, feststellen konnte.* Ein chronisches *Schlafdefizit* muß somit ohne jede Ausnahme als pathologischer Faktor bei der Beurteilung der Leistungsfähigkeit beachtet werden. Um die hier aufgezeigte Wirkung zu verstehen, müssen wir uns ins Gedächtnis zurückrufen, daß das Grundprinzip der Aktivität, ja des gesamten Wachseins, dem *Sympathicusnerven* zugerechnet wird, während die Erholung und der Schlaf zum *Vagusnerven,* der auch Parasympathicus genannt wird, zählt. Für das Speichern von Kräften ist somit der Vagusnerv zuständig, der Sympathicusnerv stellt sie bereit. Im

Normalfall wird soviel Energie verbraucht, wie in der Erholungszeit angesammelt wurde: *zwischen beiden Nervensystemen besteht ein Gleichgewicht.* Bei der vegetativen Dystonie mit ihren Schlafstörungen ist nun die Erholungsphase wesentlich verkürzt: es wird mehr Energie verbraucht, als gespeichert wird. Das dann in Erscheinung tretende Symptom besteht aus frühzeitiger Erschöpfung, Unlust, ständiger Müdigkeit und einem allgemeinen Abbau von Aktivität, das sich nach einer gewissen Zeit in einem Organleiden manifestiert. Hochrhein sagt daher zu Recht, daß die Einwirkung von nervösen Einflüssen und seelischen Spannungen z. B. auf die Entstehung von Herzmuskel (Myocard)-Infarkten unbestreitbar ist. Der Sachverständige, der dies ignoriert, verlangt unzulässig vom Patienten, daß dieser auf Kosten seiner Gesundheit arbeitet.

Vor mehr als zwanzig Jahren ist durch das Max-Planck-Institut für Arbeitsphysiologie in Dortmund nachgewiesen worden, *daß die Arbeitsleistung eines Menschen nicht nur von seiner körperlichen Leistungsfähigkeit und seinem Leistungswillen abhängt. Auch die körperlichen Organe haben nach diesen Untersuchungen (vgl. Graf, Die physiologischen Möglichkeiten der Leistungssteigerung, in Unser Verhältnis zur Arbeit S. 65 ff) einen eigenen „Willen", jeweils mehr oder weniger von ihrer Funktionsfähigkeit bereitzustellen. Diese „organische Leistungsbereitschaft" ist nur in einem geringen Maße dem Willen unterworfen; sie wird vegetativ geregelt.* Das vegetative Nervensystem ist dafür verantwortlich, daß wir leistungsfähig bleiben, daß der Wechseltakt zwischen Leistungsabgabe und Regeneration ausgeglichen ist. Ist er es nicht, macht es sich auch im Hinblick auf die Leistungsfähigkeit bemerkbar. Nur bei leichten Symptomen wird man verlangen können, daß der Versicherte sie ignoriert. Bei der Kombination mit anderen Krankheiten oder bei fortgeschrittenem Alter muß man davon ausgehen, daß die vegetative Dystonie auch unter Anspannung aller Energie vom Patienten allein nicht überwunden wird. Es ist einfach Unsinn, von einer Krankheit, die sich ihrer Natur nach dem Willen entzieht, zu verlangen, daß sie durch Anspannung des Willens, also gerade durch den die Krankheit auslösenden Faktor, verschwinden soll. Die Frage muß erlaubt sein, warum man mit der gleichen Argumentation vom Patienten mit einer unheilbaren Krebskrankheit verlangt, daß er durch Mobilisierung seines Lebenswillens die Krankheit selbst überwindet.

14. Embolie

Unter einer Embolie (griechisch: emballein = hinwerfen) wird das Verschleppen eines Gegenstandes innerhalb einer Blut- oder Schlagader in Richtung des Blutstromes (ausgenommen ist die rückläufige [retrograde] Embolie) verstanden. Gegenstand des Embolus ist in der Regel ein aus Blutbestandteilen zusammengesetzter Blutpfropf (Thrombus), eine Schwemme von Fetttröpfchen aus dem Knochenmark nach Schlag oder Bruch (Fraktur) eines Knochens, gelegentlich ein Gas wie zum Beispiel Luft, nur

ausnahmsweise ein Fremdkörper *(Graff,* Der Laie im Getriebe der ärztlichen Wissenschaft, SGb-Beilage Der Sozialrichter Heft 8/1965 S. 29).
Die plötzliche Verstopfung eines Extremitäten-Blutgefäßes wird durch ein aus dem linken Herzen stammendes Gerinnsel verursacht und macht sich durch einen leichten Schlag oder Ruck in den betroffenen Gliedmaßen bemerkbar. Diese schwellen an, verfärben sich bläulich-marmorisiert, werden kalt und schmerzhaft. Hinter der Verstopfung entsteht eine Blutleere (Ischämie) und als Folge davon ein Brand (Gangrän). Herzklappen-(Mitral-)fehler, Herzinfarkt und Herzinnenhautentzündungen werden als weitere Ursachen genannt.
Dagegen verlaufen die Embolien des Herzens, der Lunge und des Gehirns dramatisch. Sie gehen mit extremer Atemnot, Brustschmerzen und Erstickungsangst einher. Verschlüsse der Kopfschlagader (Arteria caritis interna oder Arteria cerebralis media) bewirken den bekannten Schlaganfall (apoplektischen Insult). Der auslösende Pfropf entstammt einer Arterienthrombose (Thrombophlebitis) oder einer Entzündung der Blutgefäße. Die Unterbrechung der Lungen- und Herzkranzarterien verursacht durch Lungen- oder Herzschlag den sofortigen Tod.
Häufig finden wir zuerst Unterschenkelgeschwüre, die unter zunehmender Schwellneigung zu Venenentzündungen führen. Diese lösen wiederum ausgedehnte Thrombosen mit erheblicher Verstärkung der Rückflußstörungen aus. Man muß erkennen, daß die Thrombose nicht das erste Glied einer Kettenreaktion ist, die durch Verlangsamung des Blutstromes, Veränderungen der Gefäßwand und des Blutes hinsichtlich der Gerinnungsfähigkeit und der Zahl und Funktionsfähigkeit der Blutplättchen ausgelöst wird. Oft schuldigt man direkte Gefäßwandverletzungen als ursächlichen Mechanismus an.
Die rentenrechtliche *Beurteilung der Leistungsfähigkeit* richtet sich nach *Marx* (Gutachten-Fibel S. 113) nach dem Grundleiden. Eine Verweisung auf Tätigkeiten, die überwiegend im Stehen, Gehen oder Sitzen zu verrichten sind, scheidet grundsätzlich aus. Vorteilhaft ist eine wechselnde Körperhaltung, bei der der Versicherte den Rhythmus selbst bestimmen kann und die Zurücklegung von kleinen, aber häufigen Wegstrecken. Wichtig ist, daß durch die berufliche Tätigkeit der venöse Rückfluß angeregt wird. Die Schwere des Grundleidens wird aber oft eine zusätzliche zeitliche Einschränkung der Arbeit oder Wegstrecke erzwingen, wobei die Prognose nicht unberücksichtigt bleiben darf. Übertragen auf die freie Wirtschaft kommt somit in der Regel nur ein atypischer, wenn nicht vergönnungsweiser Arbeitseinsatz in Frage.
Der Nachweis des doppelten Kausalzusammenhangs (vgl. Seite 59) ist für die Entschädigung einer Embolie als Wehrdienst- oder *Unfallfolge* Voraussetzung. Bei einer unmittelbaren Schädigung in Form von Stoßwirkungen, Weichteilquetschungen, Knochenzerstörungen mit Verletzungen der Venenwände ist dieser Ursachenzusammenhang verhältnismäßig leicht zu beweisen.
Schwieriger zu beurteilen ist die Embolie als *indirekte* Verletzungsfolge. Traumatische Embolien können Folge einer durch eitrige Wunden bedingten Venenentzündung (Thrombophlebitis) sein. Eine größere Bedeutung hat aber die sogenannte *Fern-*

thrombose. Vom Verletzungsort mehr oder minder weit entfernt entsteht durch Verschiebung der Blutzusammensetzung infolge Entzündungs- und Zerfallserscheinungen von Gewebe sowie Aufsaugung (Resorption) von Eiweißkörpern der Pfropf. In der Streitsache S7 U 169/72 des Sozialgerichts Oldenburg wurde zum Beispiel der Kausalzusammenhang zwischen einer Handquetschung und einer Fernthrombose im rechten Bein anerkannt. Bekannt ist ferner, daß unmittelbar nach den Unfalleinwirkungen Thrombosen nach Blutungen, Operationen, Entbindungen, Fehlgeburten, aber auch durch absolute Bettruhe entstehen. Nicht vergessen werden darf, daß auffallend viele übergewichtige (adipöse) Patienten Embolien erleiden. Wichtig ist, daß die Embolie in der Regel 3 bis 28 Tage nach dem Unfallereignis eintritt.

Die Embolie muß Wehrdienst- oder Unfallfolge sein, wenn sie als solche anerkannt werden soll. Da eine Leistenbruchoperation nicht durch Wehrdienstbeschädigungen verursacht worden ist, lehnte das BSG mit Urteil vom 30. 5. 1961 (10 RV 1059/58, Meso B 10/26) den Kausalzusammenhang zwischen Wehrdienst und postoperativer Embolie ab. In seinem Urteil vom 2. 6. 1959 (2 RU 158/56, Meso B 30/5) vertrat das BSG die Auffassung, daß eine Fußverletzung (Eintritt eines Kistennagels) keine Embolie mit der geforderten Sicherheit verursacht haben kann. Hier war der Versicherte drei Tage nach dem Unfall durch eine Embolie der Zentralarterie auf dem rechten Auge erblindet. *Die bloße Möglichkeit genüge für den Nachweis der Ursächlichkeit auch dann nicht, wenn neben dem Unfallgeschehen nur noch Fakten in Betracht kommen, die es nach der Lebenserfahrung gibt, die aber medizinisch nicht ausreichend erforscht sind. Nicht alles, was nicht unwahrscheinlich ist, besitzt nicht notwendigerweise den geforderten Grad der Wahrscheinlichkeit,* erklärte der Senat.
Das LSG Baden-Württemberg erkannte in seiner Entscheidung vom 29. 4. 1964 (L 2 Ua 606/61, Meso B 70/49) für Recht, daß eine Lungenembolie nicht Folge einer Silikose, sondern eines hinter dem Brustfell gelegenen Abzesses und der durch die Operation erzwungenen Ruhigstellung war; die Embolie als Operationsfolge war dem anlagebedingten Abzeß zuzurechnen. Anders aber das BSG in seiner Entscheidung vom 17. 5. 1962 (11 RV 398/61, Meso B 90/27). Hier wurde bestätigt, daß die nach einer Untersuchung der Venen (Phlebographie) aufgetretene Embolie zu entschädigen ist, wenn die Untersuchung der Überprüfung von Wehrdienstfolgen diente. Entsteht aber bei einer körperlichen Anstrengung (hier Anschieben eines Personenwagens bei Eis und Schnee) eine Lungenembolie, so liegt nach dem Urteil des BSG vom 29. 2. 1968 (2 RU 35/60, Meso B 240/48) kein Arbeitsunfall vor, da der Tod durch eine sogenannte Gelegenheitsursache eintrat.

Interessant ist die Entscheidung des LSG Nordrhein-Westfalen vom 15. 11. 1966 (L 15 KnU 17/65, Meso B 90/43, wonach der Tod eines Verletzten als Unfallfolge zu entschädigen ist, wenn durch einen Arbeitsunfall ein anlagebedingtes Krampfaderleiden so geschädigt wird, daß ein Geschwür entsteht, das operativ entfernt werden muß und wenn postoperativ eine Embolie auftritt.

15. Emphysem

Die *Lungenblähung oder -erweiterung* (Emphysem) ist eine nicht rückbildungsfähige Erweiterung der Lungenbläschen (Alveolen). Das Altersemphysem macht sich erst nach dem 60. Lebensjahr und nur durch geringe Allgemeinbeschwerden bemerkbar, so daß wir es ignorieren können. Hingegen ist das verstopfende, also das *obstruktive* Emphysem bereits fünf Jahre früher stark ausgeprägt. Als organ-pathologische Ursache sind dabei die elastischen Fasern und mit ihnen Teile der Alveolarwand geschwunden. Bis zu zehn Lungenbläschen fließen zu einer Riesenalveole zusammen. Da zugleich auch Gefäße und Lymphbahnen schwinden, entsteht ein erheblicher funktioneller Schaden für die Lunge, der sowohl die Atemfunktion wie auch die Blutströmung der Lunge beeinflußt.

Das Lungenemphysem hat die *Verschiebung der sogenannten Atemmittellage* zur Folge. Dabei wird das Ruhe-Luftvolumen, der sogenannte Totraum der Lunge (Lumen pulmonum auctum) vermehrt. Nicht nur die Luftbewegungen werden dadurch verschlechtert, sondern auch die Atemfläche verringert. Da die Luft zum Teil nur noch in der Lunge hin und her bewegt wird und mit dem Schwinden der kleinen Blutgefäße (Kapillaren) auch die Kontaktfläche Blut ./. Gas erheblich geringer geworden ist, kommt es zu einer Erhöhung von Kohlendioxyd (CO^2) und zu einem gewissen Sauerstoffmangel des Blutes (Hypoxämie). Dadurch wird die Atmung angeregt. Die vermehrte Atemarbeit leistet aber zugleich der Emphysembildung Vorschub. Auch die rechte Herzhälfte wird dadurch belastet. Als Folge der sogenannten Lungendruckerhöhung (pulmonale Hypertension) in der Lungenschlagader (Arteria pulmonalis) kommt es zu einer im Elektrokardiogramm erkennbaren Vorhofüberlastung des Herzens und schließlich zu einer Vergrößerung (Hypertrophie) des rechten Herzens.

Klinisch und röntgenologisch bietet sich das Bild eines sehr lauten und schachtelartigen (hypersonoren) Klopfschalls über den Lungenfeldern, von tiefstehenden, kaum atemverschieblichen Lungengrenzen, einer mehr oder minder starken Brustkorbstarre, eingeschränkter Vitalkapazität, einer (grauen) Atemstörung (Dyspnoe) und des Einsatzes der Atemhilfsmuskulatur (Zwerchfells). Auch findet man mehr oder minder starke Zeichen einer vegetativen Dysregulation.

Für die Beurteilung des Lungenemphysems ist der *Funktionsausfall* maßgebend. Dabei muß gesagt werden, daß die Lungenfunktionsprüfungen in der Regel so grob sind, daß sie erst dann Ausfälle anzeigen, wenn tatsächlich schon mehr als ein Drittel der Funktionstüchtigkeit ausgefallen ist. Unzulässig ist, die Erwerbsminderung allein nach dem klinischen Befund, dem Röntgenbild und der Elektrokardiographie zu beurteilen. Nach *Marx* (Gutachten Fibel S. 66) sind Messungen des Blutdrucks und der Herzschlagfolge nach einigen Kniebeugen ungenügend; sie dürfen nicht als Herzfunktionsprüfungen bezeichnet werden. Das gilt auch für die – ohne gasanalytische Kontrolle vorgenommene Prüfung eines ,,spirographischen Sauerstoffdefizits". Der

Schellong-Test, also die Ermittlung des Blutdrucks und des Pulses (Orthostaseversuch) im Liegen und Stehen sowie nach einigen Kniebeugen, ist ebenfalls für die quantitative Belastungsfähigkeit nicht aussagefähig. Das Blutdruckverhalten während des Testes, der nur eine minimale, nicht mit der beruflichen Belastung identischen Anspannung der körperlichen Kräfte vom Patienten verlangt und daher bereits vom Ansatz her unrealistische Werte ergibt, ist wenig aussagefähig, weil nur ausgeprägte, vor allem durch einen Bluthochdruck (hypertone) entstandene Regulationsstörungen sich in etwa realistisch darstellten. Der Umfang und die Dauer der Pulsschlagsteigerung und der Atemfrequenz nach der Belastung sind wichtigere Beurteilungskriterien.
Nach dem Urteil des LSG Rheinland-Pflaz vom 26. 9. 1966 (L 1 V 153/66, Meso B 70/64 = SGb 1967 S. 181) ist nach herrschender Lehre eine Lungenblähung eine anlagebedingte Krankheit, die zum Beispiel durch eine Erkältung weder ausgelöst noch verschlimmert worden ist. Auch Lungenstecksplitter sind nach dem Urteil des gleichen Senats vom 7. 5. 1962 (L 1 V 532/60, Meso B 70/34) nicht geeignet, ein Lungenemphysem zu verursachen.
Tritt eine Bronchitis hinzu, entsteht eine *Emphysembronchitis,* die die Leistungsfähigkeit weiter einschränkt. Durch die Verengung des Bronchialsystems erhöht sich der Strömungswiderstand der Luft. Da die Atemmuskulatur eine ausreichende Reservekraft besitzt, kann bei der Einatmung der Strömungswiderstand leichter überwunden werden. Dagegen ist das Ausatmen bekanntlich eine Funktion des elastischen Stützgewebes der Lunge, das eine wesentlich kleinere Leistung als die Atemmuskulatur aufbringen kann. Folgerichtig entsteht bei einer Emphysembronchitis ein *Mißverhältnis zwischen Ein- und Ausatmung.* In der Lunge bleibt ein größeres Restvolumen, das sich wiederum negativ auf die Durchmischung der Atemgase auswirkt.
Ein normaler Sauerstoff-Nutzwert und das Fehlen eines Sauerstoffdefizits in Ruhe sind nicht allein ausschlaggebende Einzelresultate der Lungenfunktionsprüfung. Gerade bei der chronischen Emphysembronchitis sind nicht selten die Befunde wechselnd. An klimatisch günstigen Tagen oder ohne erkennbare äußere Einflüsse vermindern sich Luftnot und bronchitischer Befund wie dauerndes Husten, Giemen und Rasseln über der Lunge und fieberhafte Schübe. Übereinstimmung herrscht daher, daß vom augenblicklichen Zustand des Patienten keine Beurteilung erfolgen darf. Auch die Gerichte vertreten die Auffassung, daß hier von einem Mittelwert auszugehen ist.
Hinsichtlich der durch das Lungenemphysem bedingten Erwerbsminderung ist auf das Urteil des LSG Niedersachsen vom 22. 12. 1965 (L 10 J 304/62, Meso B 70/66 = Breith. 1966 S. 408) hinzuweisen, wonach eine asthmoide Emphysembronchitis den beruflichen Kontakt mit penetranten Gerüchen, Dämpfen von Lösungen und Abbeizmitteln, Spritzfarben und Lacken verbietet.
Die bei einer Belastung von 50 Watt am Kurbelergometer auftretenden Einschränkungen der Leistungsbreite bedingen grundsätzlich Erwerbsunfähigkeit. Es muß einfach aufhören, daß die unsicheren Untersuchungsmethoden weiterhin zu Lasten des Patienten gehen und so in der Praxis immer noch dem Versicherten zugemutet wird,

auf Kosten seiner Gesundheit zu arbeiten. Das gilt auch unter Berücksichtigung der Tatsache, daß die Ermittlung der statischen und dynamischen Atemgröße immer von der Mithilfe des Patienten, seinen geistigen und körperlichen Fähigkeiten sowie seinem Trainingszustand erheblich abhängt.
Zu erläutern ist noch das herdförmige *perifokale Emphysem*, das durch Staubeinlagerungen (Silikose) entsteht. Nur durch Schichtaufnahmen der Lunge läßt sich ein für die Silikose charakteristisches Emphysem nachweisen. Auch hier gilt es grundsätzlich zu berücksichtigen, daß selbst sie nur ein grobes Bild vermitteln. Es bestätigt sich auch heute noch die alte Tatsache, daß bei vielen Obduktionen festgestellt wird, daß die silikotischen Einschlüsse in der Lunge weit massiver waren, als sie im Röntgenbild in Erscheinung traten. Die entsprechenden Konsequenzen werden aber nicht gezogen.
Eine *Abgrenzung* zwischen anlagebedingtem Emphysem und beruflich entstandenem ist ausschließlich durch Lokalisierung möglich. Nur wenn die silikotischen Einschlüsse örtlich mit einer herdförmigen Emphysembildung zusammentreffen, wenn sich also nur um das Staubkorn herum eine Lungenblähung gebildet hat, ist der Beweis erbracht, daß die Silikose zur Emphysembildung beigetragen hat. In diesem Fall ist das Vorliegen eines beruflich entstandenen Emphysems von der Berufsgenossenschaft als Berufskrankheit im Sinne der Nr. 34 der 7. Berufskrankheitenverordnung anzuerkennen. Dabei darf ich sicherlich daran erinnern, daß bereits am 6. 12. 1949 auf einer Tagung von Silikosefachärzten im Silikose-Forschungsinstitut der Bergbau-Berufsgenossenschaft Einigkeit darüber erzielt wurde, „*daß bei Silikose 2. Grades Emphysem oder chronische Bronchitis als Folge der Silikose anzusehen ist, falls eine andere Ursache nicht einwandfrei nachzuweisen ist.*" Dies sollte nur die Ausnahme von der Regel sein.
Wir wollen noch auf das interessante Urteil des LSG Rheinland-Pfalz vom 24. 9. 1969 (L 3 U 122/68, Meso B 70/76 = SozSich 1970 S. 281 = SGb 1970 S. 106) hinweisen, in dem zuerst festgestellt wird, daß eine chronische Emphysembronchitis keine funktionelle Störung, sondern ein Organschaden ist. Die durch langjährige Salzsäure- und aromatische Halogenkohlenwasserstoffeinwirkung verursachte chronische Bronchitis beeinflußt die schicksalhaft entstandene Emphysembronchitis und ist somit als Berufskrankheit zu entschädigen.

16. Encephalomyelitis disseminata

Im Namen dieser Krankheit, die zu den häufigsten Nervenkrankheiten gehört, finden wir die griechischen Wörter Encephalon (Hirn) und Myelon (Rückenmark). Der Begriff will zum Ausdruck bringen, daß Hirn und Rückenmark von dieser Krankheit betroffen werden. Disseminiert heißt verstreuen. Bekannter ist die Krankheit unter dem Namen *Multiple* (vielfältige) *Sklerose* (Verhärtung) oder Polysklerose. Alle diese Bezeichnungen weisen darauf hin, daß über Gehirn und Rückenmark ein regellos verteilter Zerfallprozeß in Form von verhärteten Degenerationsherden, absterbenden

Markscheiden und Zunahme des um die Nervensubstanz gelegenen Binde-(Glia-)-Gewebes abläuft.
Die Ursache der Krankheit, die meistens zwischen dem 20. und 40. Lebensjahr auftritt, ist unbekannt. Sie läßt grundsätzlich keine Gesetzmäßigkeiten in ihren klinischen Symptomen erkennen außer dem *schubweisen Verlauf.* Gerade dieser ist somit das Charakteristikum der Krankheit, bei der man fast alle Zeichen neurologischer Krankheiten feststellen kann. Man muß daher an diese Krankheit denken, wenn die geklagten Beschwerden nicht auf eine bestimmte Nervenbahn oder sonstigen Ort lokalisiert werden kann.
Zuerst findet man als Primärsymptome nach *Arns/Jochheim/Remschmidt* (Neurologie und Psychiatrie S. 83) Mißempfindungen, Kribbeln an den Extremitätenenden und bei Beteiligung des Gehirns Koordinationsstörungen, zu denen auch das Anspannungszittern (Intensionstremor) gehört. Sehr häufig findet man Sehstörungen, Doppelbilder, zeitweilige Erblindungen, Augenzittern (Nystagmus) und Abschwächung der Bauchdeckenreflexe als Zeichen einer Störung der Pyramidenbahn. Die Mitbeteiligung des Kleinhirns löst Bewegungsstörungen (Dysdiadochokinese) aus, die immer eine erhebliche Behinderung darstellen. Weiterhin verursacht sie eine holprige, abgehackte (skandierende) und stammelnde (dysarthrische) Sprache. Blasenstörungen werden als unangenehm empfunden.
Die Beteiligung des Gehirns verursacht oft eine *Wesensänderung,* die als hirnorganisches Psychosyndrom bezeichnet wird. Sie besteht meist in einer ungebrachten chronisch heiteren und sorglosen Stimmungslage (Euphorie). Sie wäre ärztlich zu begrüßen, wenn sie nicht zugleich als Uneinsichtigkeit die geforderte Bereitschaft, die Leistungseinbußen durch bestimmtes Training zu kompensieren, eliminieren würde. Als entsprechende Symptome finden wir eine allgemeine Langsamkeit und Schwerfälligkeit besonders im Denken und Handeln; das Gedächtnis ist manchmal plötzlich fort.
Die heute noch unbekannte Ursache (Genese) der Krankheit erschwert die Beurteilung der Frage, ob eine Verletzung *(Trauma)* die Krankheit verursacht oder verschlimmert hat. Eine Verursachung kann nicht anerkannt werden, da die Medizin diesen Nachweis nicht erbringen kann, wie das BSG in seinem Urteil vom 26. 6. 1958 (2 RU 61/55, Meso B 290/3 = SozSich 1958 S. 240 = SGb 1958 S. 255) feststellte. Der Hinweis auf die höhere Belastung durch den Wehrdienst allein genügt nicht. Ein Ursachenzusammenhang im Sinne einer Verschlimmerung eines anlagebedingten Leidens wird anerkannt, wenn einmal ein enger zeitlicher Zusammenhang zwischen äußerer Schädigung (Noxe) und erstem Auftreten oder Verschlimmerung der Multiplen Sklerose besteht (LSG Baden-Württemberg vom 28. 9. 1967 – L7 a 185/66 – 2, Meso B 290/77 = Breith. 1968 S. 140), ein von innen kommender (endogener) Einfluß als unbedeutend erkannt wird und wenn der von außen kommende (exogene) Faktor geeignet war, als Auslösungs- oder Verschlimmerungsfaktor zu wirken (LSG Hessen vom 6. 11. 1958 – VIII 8647/54, Meso B 290/19. Das kann nur anerkannt werden, *wenn das Zentralnervensystem durch die Noxe mitbetroffen wurde,* stellte das LSG Rheinland-Pfalz in seinem Urteil vom 3. 12. 1962 (L 1 V 81/62, Meso

B 290/47) fest. Abgelehnt wurde die Verschlimmerung einer Multiplen Sklerose durch Wehrdiensteinflüsse und Ruhr vom LSG Hessen (Urteil vom 6. 11. 1958 wie oben) sowie durch einen Starkstromunfall (LSG Niedersachsen vom 11. 1. 1957 – L 11 U 1022/54, Meso B 290/48.

Unterstellt man, daß die Encephalomyelitis disseminata durch Infektionen entstehen kann, werden nach der Entscheidung des LSG Rheinland-Pfalz vom 18. 11. 1955 (KV 603/54, Meso B 290/13) für den Kausalzusammenhang schwerste äußere Schädigungen wie Fleckfieber, Typhus, Malaria, Fäulnis erregende (septische) Prozesse mit lang andauernden Eiterungen, schwere Erfrierungsschäden und jahrelange Unterernährung gefordert.

Hinsichtlich der Beurteilung der Leistungsfähigkeit sei folgendes gesagt:

1. Nur zur Unterstützung der Diagnose darf die entnommene Hirn-Rückenmarksflüssigkeit (Liquor cerebrospinalis) benutzt werden. Gerade bei Personen, die das 50. Lebensjahr überschritten haben, kann der Liquor auch hinsichtlich der Eiweißzusammensetzung in der Norm liegen. Nach entsprechenden Feststellungen kommt es in 15 von Hundert Fällen nicht zu einer pathologischen Veränderung des Nervenwassers, das sonst eine leichte Erhöhung der Zellzahl bis etwa 100/3 Zellen sowie einer Änderung und leichten Erhöhung der Zusammensetzung des Eiweißanteils aufweist.
2. *Marx* (Gutachten Fibel S. 318) vertritt die Auffassung, daß ausgeprägte Krämpfe (Paraspastik) den Versicherten in allen Berufen, in denen überwiegend im Stehen, unter Hitzeeinwirkung und an Maschinen gearbeitet wird so stark behindern, daß ein Arbeitseinsatz nicht in Frage kommt. In Abhängigkeit von der ermittelten Funktionseinbuße verursacht die Multiple Sklerose wie Rückenmarksentzündungen (Myelitis), Rückenmarkzerfall (Syringomyelitis), gewebestrangförmige (fanikuläre) Rückenmark (Spinal)Erkrankungen, Rückenmarkschwindsucht (Tabes dorsalis), Degeneration der Pyramidenbahnen (amyotrophische Lateralsklerose) und durch Verletzungen und Rückenmarkserweichungen (Myelomalazien) Erwerbsunfähigkeit, weil nur ein normwidriger Einsatz in der freien Wirtschaft in Frage kommt.
3. Bei der Encephalomyelitis disseminata ist man vor Überraschungen selbst dann nicht sicher, wenn sie zum Stillstand gekommen zu sein scheint. Erst recht muß man bei der Beurteilung der verbliebenen Leistungsfähigkeit Vorsicht walten lassen, wenn sich Anhaltspunkte dafür finden, daß der Prozeß akut ist. Körperliche und bei einerWesensänderung auch geistige Schonung ist prophylaktisch geboten, obwohl in 15 von Hundert Fällen selbst nach mehreren Schüben die Gesamtsituation günstig ist, da sich die klinischen Symptome im Laufe mehrerer Monate zurückbilden. Eine ausgeprägte Wesensänderung wird jeden Arbeitseinsatz unmöglich machen.

17. Epilepsie

Krampfanfälle, die im Gehirn (Cerebrum) entstehen, werden Fallsucht (Epilepsie) genannt. Um Vorurteile der Umwelt zu begegnen, verwendet man oft in der medizinischen Praxis den Begriff epileptiforme (also epilepsieähnliche) Anfälle. Diese stellen nach herrschender Lehre die Reaktion des Gehirns auf verschiedene Reize dar. Als Auslösungsreize werden Musik, Licht, Schlafentzug, Elektro- und Insulinschock, Schädelverletzungen, Tumore, Stoffwechselstörungen und cerebrale Durchblutungsstörungen und andere genannt.

Da es *verschiedene Anfallsarten* gibt, die eine unterschiedliche Verursachung haben, muß auch eine differenzierte Beurteilung und Beschreibung der wichtigsten Typen erfolgen.

Beginnen wir mit dem am häufigsten beobachteten *generalisierten hirnorganischen Krampfanfall*, der mit dem französischen Wort Grand mal (großes Übel) belegt wird. Eingeleitet wird jeder Anfall von einem merkwürdigen Gefühl in Form einer Halluzination. Es ist, als würde der Patient angehaucht. Dieser Hauch (Aura) kann – wie zum Beispiel bei Napoleon – schon eine halbe Stunde vor dem Anfall festgestellt werden. Das ist aber die Ausnahme; in der Regel ist die Aura so kurz, daß der Kranke sich nicht in Sicherheit bringen kann. In dem nun einsetzenden *Spannungszustand* (tonisches Stadium) werden die Muskeln angespannt; der Kranke stürzt zu Boden wie vom Blitz getroffen. Die Pupillen sind weit, starr, das Gesicht verzerrt, Kopf und Augen oft nach der Seite gedreht. Der Atem setzt aus; das Aussperren der Luft bei verschlossener Stimmritze verursacht oft einen spitzen Schrei. *Arns/Jochheim/Remschmidt* (Neurologie und Psychiatrie S. 260) weisen darauf hin, daß die Verkrampfung der Atemmuskulatur über einen Sauerstoffmangel zu allmählicher bläulicher Hautverfärbung (Zyanose) führt.

Bereits wenige Sekunden später folgt das nur wenige Minuten dauernde (klonische) *Krampfstadium.* Der Körper bewegt sich in rhythmischen Zuckungen, wobei nicht selten der Kopf mit großer Gewalt auf den Boden geschlagen wird und Schaum aus dem Mund austritt. Zungenbiß, Samenerguß und Abgang kleiner Stuhl- und Harnmengen treten auf. Sie sind für den Patienten oft das einzige Zeichen, daß er einen neuen Anfall durchgemacht hat. Mit dem Nachlassen der grobstoßenden Zuckungen setzt eine schnelle und keuchende Atmung ein. Der Anfall klingt aus in einem *Erschöpfungszustand:* der Kranke fällt nicht selten in einen mehrstündigen End- oder Terminalschlaf, aus dem er beklommen mit Kopfschmerzen und Erinnerungsverlust (Amnesie) erwacht. Die aus der Aura, dem tonischen und klonischen Stadium bestehenden drei ersten Phasen des Anfalls dauern nicht länger als drei Minuten, obwohl sie dem Beobachter länger erscheinen.

Im Gegensatz zu dem Grand mal sind die *kleinen Anfälle,* die man französisch petit mal nennt, unauffälliger, dafür aber vielseitiger, so daß sie oft übersehen oder verkannt werden. Sekundenlange *Blitzkrämpfe* (Impulsiv-petit-mal), bei denen der Körper zusammenzuckt und nicht selten auf den Boden geschleudert wird, *Nickkrämpfe* von gleicher Dauer und solche, bei denen der Patient sich verbeugt (Propulsion-petit-mal) und die man in Anlehnung an den arabischen Gruß Salaamkrämpfe nennt, sind zu schildern. Treten sie bei Jugendlichen auf, müssen sie unbedingt behandelt werden, um Schwachsinn und späteren Tod zu vermeiden.

Eine andere Art sind kurze *Bewußtseinslücken* (Absencen), die man vor allem bei schulpflichtigen Kindern entdecken kann. Oft sind sie von automatischen, nach rückwärts gerichteten Bewegungen begleitet; man nennt sie daher Repropulsiv-Petit-mal. Der Kranke unterbricht schlagartig das Gespräch, sein Blick wird starr und leer. Bei Wiedereinsetzen des Bewußtseins wird das Gespräch weitergeführt, als sei nichts geschehen. Die Absencen gehen mit Erinnerungverlust einher. Treten sie gehäuft am Tage auf (50 oder 100mal und mehr) spricht man von einer starken (Pyknolepsie) Epilepsie.

Weiter kennen wir die *Dämmerattacken,* die psychomotorische Anfälle genannt werden. Sie sind an kein bestimmtes Alter gebunden. Wie bereits der Name sagt, befindet sich der Patient während des Anfalls in einem Dämmerzustand, in dem er schmatzt und schluckt, an seinen Kleidern spielt und im Zimmer umhergeht. Es wurde sogar beobachtet, daß in einem solchen Anfall ein ganzes Zimmer ausgeräumt wurde. Erst die Wiederholung der sinnlosen Bewegungen (motorische Schablonen) läßt den Außenstehenden erkennen, daß hier ein Anfall abläuft. Die Aura ist oft durch Mißempfindungen im Bauchraum, vegetative Zeichen (Schwitzen, Pulsanstieg, verstärktes Atmen usw.) und psychische Faktoren wie in Form traumartiger Zustände (dreamy states) geprägt. In drei von vier Fällen ist der Anfall mit einem generalisierenden Anfall verbunden.

Als letzten Typus müssen wir noch den *organisch faßbaren* (fokalen) Anfall nennen, der auch Jackson-Anfall genannt wird. Er wird durch einen im Gehirn vorhandenen Krankheitsherd verursacht. Je nach Lokalisation des Herdes (Fokus) entstehen motorische oder sensible Symptome wie Gefühllosigkeit oder Zucken der Hand, Kau- und Schluckbewegungen, bei denen aber im Gegensatz zu den Dämmerattacken das Bewußtsein nicht ausgeschaltet ist. Die Anfälle können sich zu generalisierenden ausdehnen und schließlich zum Grand mal (Jackson Marsch) mit den oben beschriebenen Stadien führen. *Halbseitenkrämpfe* zählen zum gleichen Kreis. Sie werden durch ausgedehnte einseitige Hirnsubstanzschäden verursacht. Entzündliche (encephalitische) Herde im Gehirnstamm verursachen muskelspannende (tonische) Bewegungen wie Verdrehen der Augen und des Kopfes, vegetative Symptome und Bewußtlosigkeit sowie Streckkrämpfe.

Bei der *Beurteilung der Leistungsfähigkeit* von Epileptikern muß die Anfallsart, -häufigkeit, Wesensänderung und vor allem der verschlossene Arbeitsmarkt beachtet werden. Trotz entsprechender Aufklärung werden nur ausnahmsweise Arbeitnehmer mit einem Anfallsleiden beschäftigt, viel weniger noch neu eingestellt, obwohl sie zumindest im Anfang noch fleißig, zuverlässig und tüchtig sind, bevor die Wesensänderung sich bemerkbar macht. Der Einsatz an gefährlichen Arbeitsplätzen wie laufenden Maschinen, Leitern und Gerüsten oder an Bord von Schiffen, im Bergbau oder Hitzebetrieben ist ausgeschlossen. Wechselschicht und Nachtdienst (Schlafentzug löst immer Anfälle aus) ist zu untersagen. Hingegen ist selbst von schwerster körperlicher Arbeit nicht bekannt, daß sie Anfälle provoziert. Das psychische Erleben zum Beispiel einer körperlichen Überlastung oder eines psychischen Zwangs in Form einer zeitgebundenen Arbeit stimuliert Anfälle. Auch die Gefährdung anderer durch den Kranken ist zu beachten. Bei einer entsprechend großen Anfallshäufigkeit wird man auch hinsichtlich des Arbeitsweges fordern müssen, daß eine Person ihn begleitet. Nach dem Urteil des BSG vom 2. 7. 1965 (5 RKn 34/61, Meso B 290/58 = SozSich 1965 S. 243 = SGb 1965 S. 270 = Breith. 1965 S. 1002) ist ein Epileptiker mit nur selten auftretenden Anfällen (alle 2 bis 3 Monate einmal) wegen eines nicht verschlossenen Arbeitsmarktes weder berufs- noch erwerbsunfähig, wenn er als ungelernter Arbeiter auf alle Tätigkeiten des allgemeinen Arbeitsmarktes zu verweisen ist.

Die Beurteilung ist eine andere, wenn die Anfälle zunehmen oder eine *Wesensänderung* sich herausbildet. Durch Grand-mal-Anfälle entsteht eine sekundäre Schädigung der Schläfen (Temporal-)Region des Gehirns in Form von Hirnödemen, die psychomotorische Anfälle verursachen. Die Folge ist eine Veränderung der Gesamtpersönlichkeit. Der Patient wird umständlich, schwerfällig, seine Gedankenabläufe verlangsamen sich. Zugleich bildet sich nicht selten eine Eigensinnigkeit oder Verbohrtheit heraus, verbunden mit einer Unberechenbarkeit und Beharren auf gleichen Reaktionen und Gedanken (Persevationen). Diese außerhalb des Willens ablaufenden Veränderungen der Psyche machen den Versicherten für jeden Betrieb untragbar, so daß stets Erwerbsunfähigkeit begründet ist.

Das trifft auch für den *Status epilepticus* zu. Dieser ist gegeben, wenn der Kranke innerhalb kurzer Zeit mehrere cerebrale Anfälle erleidet und dabei durchgehend bewußtlos bleibt. Es besteht Lebensgefahr. Bereits das einmalige Auftreten des Grand-mal-status, der sich immer wiederholen kann, begründet Erwerbsunfähigkeit.

Die Frage, ob eine *unfallbedingte Epilepsie* vorhanden ist, kann grundsätzlich nur bejaht werden, wenn der doppelte Kausalzusammenhang (vgl. S. 59) nachgewiesen ist. Das ist nach dem Urteil des LSG Rheinland-Pfalz vom 27. 2. 1961 (L 1 V 683/58), Meso B 300/6) nur dann gegeben, wenn eine massive Einwirkung auf den Kopf stattgefunden hat. Kann dies ausgeschlossen werden, braucht die tatsächliche Krankheitsursache nicht ermittelt zu werden. Die Explosion eines Geschosses auf dem Stahlhelm und die dadurch entstandene Prellung des Hinterkopfes ist nach der Entscheidung des gleichen Gerichts vom 5. 11. 1962 (L 1 V 265/60, SozSich-Kartei Nr. 1609, IX/A zu § 1 BVG = Meso B 290/51) durchaus geeignet, eine traumatische Epilepsie, auch wenn sie erst Jahre später erstmalig auftritt, zu verursachen. Eine bei einseitiger Anlage zurücktretende (rezessive) *vererbliche* (genuine) Epilepsie ist nach dem Urteil des LSG Hessen vom 2. 7. 1969 (L 5 V 1316/68, Meso B 290/85 = SozSich 1970 S. 84) weder Wehrdienst- noch Unfallfolge, da die für die Kausalität geforderten von außen auf den Körper einwirkenden (exogenen) Schädigungsfaktoren fehlen.

Die Schädigung muß außerdem *geeignet* gewesen sein, die Epilepsie zu verursachen. Das ist nach dem Urteil des LSG Niedersachsen vom 9. 7. 1959 (L 11 U 551/54, Meso B 290/40) bei einer Epilepsie vom Typ Jackson nicht anzunehmen, wenn der Versicherte beruflich mit Blei-, Benzol- und Quecksilberverbindungen in Berührung kam. Hingegen ist eine drei Jahre vor dem ersten Auftreten der Epilepsie nachgewiesene Kohlenoxydgasvergiftung durchaus fähig gewesen, eine Epilepsie zu verursachen, wie das LSG Rheinland-Pflaz am 18. 11. 1957 (1 KV 4068/54, Meso B 300/1) erkannte.

Sehr interessant ist das Urteil des LSG für das Saarland vom 26. 1. 1962 (6 LV 91/60, Meso B 90/31), in dem der Ursachenzusammenhang zwischen einer durch den Wehrdienst entstandenen Epilepsie und einem Herzinfarkt bejaht wurde. Jeder epileptische Anfall löse einen Sturm im vegetativen Nervensystem aus, stellte das Gericht fest. Die Ansicht gehe heute allgemein dahin, daß das plötzliche Umkippen in die akute vom Sympathikus beherrschte Mobilisierung der Energie (sympathikoton-dissimilatorisch-ergotrope Geschehen; vgl. vegetative Dystonie S. 93) den epileptischen Anfall ausmache. Daß dies nicht ohne Bedeutung für die Gefäße ist, werde man kaum annehmen können. Vielleicht hänge das mit der teilweisen *Voralterung* der Epileptiker zusammen, wenn auch die charakteristischen Persönlichkeitsveränderungen bei der symptomatischen im Gegensatz zur vererbten (genuinen) Epilepsie weniger ausgeprägt seien. Nach den ärztlichen Feststellungen sei der Senat zu der Überzeugung gekommen, daß die Epilepsie in Form eines „Summationstraumas" rechtlich wesentlich den Herzinfarkt mitverursacht habe und deshalb zu entschädigen sei.

Nicht selten geht es um die Frage, ob die Epilepsie *Hilfsbedürftigkeit* bedingt. Hilflos ist, wer bei Verrichtungen des täglichen Lebens wie Aufstehen, Waschen, An- und Auskleiden, Essen, Trinken, Lesen und Gehen *dauernd* fremder Hilfe bedarf. Eine Hausfrau, die nach einem 20 bis 60 Minuten dauernden Anfall, an dem sich eine Bettruhe von zwei oder drei Tagen anschließt, ist nach der Entscheidung des BSG vom 19. 2. 1964 (10 RV 1233/61, BSGE 20 S. 205 = SozSich 1964 S. 124 = SGb 1964 S. 108 = Meso B 290/33a) nicht hilflos, wenn sie zwischen den Anfällen ihren Haushalt führen kann. Das gilt auch für den Versicherten, der täglich 3 bis 6 Schlafanfälle (Absencen) erleidet (BSG vom 28. 10. 1965 (8 RV 865/63, SGb 1965 S. 367 = Meso B 290/67), die etwa 30 Minuten dauern.

Nur innerhalb der Anfälle besteht Erwerbsunfähigkeit und Hilflosigkeit. Aus diesem Grund stellte das BSG in seiner Entscheidung vom 27. 2. 1963 (8 RV 301/60, Meso B 290/3 a) fest, habe der Kranke auch keinen Anspruch, daß ständig eine Hilfskraft ihm zur Verfügung stehe. Nach dem Urteil des LSG Niedersachsen vom 11. 9. 1958 (L 11 U 186/57, Meso B 290/36) liegt Hilfslosigkeit vor, wenn der hirnverletzte Epileptiker durch Angstzustände mit depressivem Einschlag und hochgradigem Antriebsmangel, der bis zur Abgestumpftheit geht, ständiger Aufsicht bedarf.

Für wehrdienstbeschädigte Epileptiker ist das Urteil des LSG Rheinland-Pfalz vom 24. 7. 1961 (L 1 V 964/59, Meso B 290/63) von Bedeutung. Danach ist nur der Beschädigte wegen einer Hirnverletzung erwerbsunfähig im Sinne des § 35 Abs. 1 BVG, dessen Erwerbsfähigkeit ausschließlich wegen der Hirnbeschädigung aufgehoben ist. Diese Voraussetzung liegt nicht vor, wenn dem Beschädigten wegen einer wehrdienstentstandenen Epilepsie eine Erwerbsminderung von 60 % und wegen einer Schulterverletzung, die innerhalb eines Anfalls geschah, eine weitere von 40 vom Hundert anerkannt wurde.

18. Hepatitis

Als Erkrankungen der Leber (Hepar) kennen wir zuerst die *Gelbsucht* (Ikterus) als vieldeutiges Zeichen mehrer Krankheiten, die die Abweichung stuhlpflichtiger Gallenfarbstoffe im Blut gemeamtaben. Sie kann somit Symptom einer Leberentzündung, einer Zersetzung des Blutes (Hämolyse) oder eines Verschlusses der Gallengänge sein.

Uns interessiert hier hauptsächlich die *Leberentzündung* (Hepatitis) und davon besonders die akute. Sie entsteht durch Viren und gehört zu den häufigsten Infektionskrankheiten. Bei Ärzten und dem Krankenpflegepersonal ist die Infektion eine anerkannte Berufskrankheit, bei anderen Personen nur ausnahmsweise. Die Ansteckung mit dem Hepatitisvirus vom Typ A macht sich 6 bis 50 Tage danach bemerkbar (Inkubationszeit); und wird *epidemische* Hepatitis genannt. Die meistens durch unreine Spritzen oder Bluttransfusionen verursachte *Serumhepatitis* besitzt eine Inkubationszeit von 6 bis 160 Tagen (*Geisler,* Innere Medizin S. 31).

In den letzten Jahren hat sich in der Medizin die Klassifikation der Hepatitis als ,,chronisch persistierende (Persistenz = Erhaltenbleiben eines früheren Zustandes) und im Gegensatz dazu als ,,chronisch-aggressive Hepatitis" durchgesetzt. Die Diagnose einer chronisch aggressiven Hepatitis ist grundsätzlich ungünstig, da sie oft in eine Umwandlung der Leber (Leberzirrhose = vgl. S. 129) einmündet, während die chronisch persistierende Leberentzündung durchaus ausheilen kann.

Als weitere Lebererkrankung ist noch die *Fettleber* zu nennen, die durch Alkohol, Fettsucht (Adipositas) usw. verursacht wird und die ebenfalls in eine Leberzirrhose übergehen kann. Zu der Diagnose einer chronisch fortschreitenden (aggressiven) Hepatitis ist zu sagen, daß sie auch dann nicht mit letzter Gewißheit ausgeschlossen werden kann, wenn charakteristische Merkmale wie zum Beispiel Störung in der Zusammensetzung der Bluteiweiß-Fraktionen und höhere Aktivitäten einiger Enzyme fehlen. Im Zweifelsfall sollte daher auf die Durchführung einer Bauchspiegelung (Laparoskopie) nicht verzichtet werden.

Infektionskrankheiten sind nach Ziffer 36 der 7. Berufskrankheiten-Verordnung Berufskrankheiten, wenn die Erkrankten in Krankenhäusern, Heil- und Pflegeanstalten, Entbindungsheimen und sonstigen Anstalten beschäftigt sind. Zu dem geschützten Personenkreis gehören weiter die Personen, die in der Wohlfahrtspflege, im Gesundheitsdienst sowie in wissenschaftlichen oder medizinischen Laboratorien beschäftigt werden. Nach dem Urteil des BSG vom 11. 12. 1957 (2 RU 80/54, BSGE 6

S. 186) beschränkt sich der Versicherungsschutz nicht auf die unmittelbar im Gesundheitsdienst Tätigen, sondern auf das gesamte Krankenhauspersonal. Für die Begrenzung des geschützten Personenkreises ist somit allein wesentlich, daß sie beruflich den Infektionskrankheiten über das Risiko des täglichen Lebens hinaus wesentlich stärker ausgesetzt sind. Unter Berufung auf dieses Urteil, das den Versicherungsschutz des Wirtschaftsleiters eines Krankenhauses bejahte, hat das LSG Baden-Württemberg in seiner Entscheidung vom 26. 5. 1965 (L 2 Ua 1376/64, Meso B 150/6 = Breith. 1965 S. 906) den Grundsatz aufgestellt, daß nicht in jedem Fall die Infektionsquelle, also die Person, die den Versicherten angesteckt hat, ermittelt werden muß. Das über das übliche Maß hinausgehende Risiko einer Infektion reiche aus. Das gilt auch nach dem Urteil des gleichen Senats vom 17. 5. 1966 (L 2 Ua 1141/62, SGb 1967 S. 36 = Breith. 1967 S. 27 = Meso B 150/9) für eine Hilfsschwester, die auftragsgemäß Spritzen und Bettwäsche reinigen und Ausscheidungen der Kranken wegbringen muß.

Nicht viel anders ist die Rechtslage, wenn außerhalb der in der Berufskrankheiten-Verordnung genannten Betriebe eine berufliche Infektion eintritt. Kann nachgewiesen werden, daß die berufliche Infektion *sich über mehrere Tagen hinaus erstreckte*, ist die Infektionskrankheit gemäß § 551 RVO als Berufskrankheit anzuerkennen. Scheidet diese Möglichkeit aus, muß geprüft werden, ob die Infektion keinen *Arbeitsunfall* darstellt. Das ist nach dem Urteil des BSG vom 25. 8. 1961 (2 RU 106/59, BSGE 15 S. 41 = SozSich 1961 S. 281 = SGb 1961 S. 307 = WzS 1961 S. 314) zu bejahen, wenn die Infektion *innerhalb einer Arbeitsschicht an einem bestimmten, wenn auch nicht kalendermäßig genau bestimmbaren Tag eingetreten ist.* Der auch hier geforderte Nachweis des doppelten Kausalzusammenhangs ist dann erbracht, wenn die dafür sprechenden Umstände überwiegen. Das ist nach dem Urteil des LSG Rheinland-Pfalz vom 12. 8. 1970 (L 3 U 89/69, Meso B 150/10 = Breith. 1971 S. 370) zu bejahen, wenn die berufliche Beschäftigung eine übernormale Infektionsgefährdung besitzt. Die epidemische Hepatitis einer Sportlehrerin, die an Leberentzündung erkrankte Kinder unterrichtet hatte, wurde hier als Arbeitsunfall anerkannt, da die Möglichkeit einer außerdienstlichen Ansteckung so in den Hintergrund gedrängt war, daß sie unwahrscheinlich erschien.

Bei der *Beurteilung* von Lebererkrankungen wird der psychische Teilaspekt fast immer ignoriert und der Patient als wehleidig, schlaff und schwunglos wenn nicht gar als übertreibend (aggravierend) geschildert. Dabei wird die klinische Erfahrung, daß diese Symptome Folgeerscheinungen des Leberleidens mit den damit verbundenen diffusen Beschwerden sind, übersehen. Da *körperliche Belastung* den Heilungsablauf immer ungünstig beeinflußt, der Versicherte erfahrungsgemäß in vorgerücktem Alter kaum mit einer Ausheilung rechnen kann und die Prognose einer chronisch aggressiven Hepatitis ungünstig ist (Salvesen und Leodoen haben ermittelt, daß Patienten mit aggressiver Hepatitis nur selten fünf Jahre nach der Ersterkrankung überleben), ist ein vollschichtiger Arbeitseinsatz nur ausnahmsweise zumutbar (vgl. auch Leberzirrhose; S. 129)

19. Herzkrankheiten

Das Herz (Cor) als Pumpe wird vom vegetativen Nervensystem gesteuert, wobei die sympathischen Reize anregend und die Impulse des Vagusnerven hemmend wirken. Technisch gesehen ist die Aufgabe des Hin- und Rücktransportes des Blutes dadurch gelöst, daß das Herz durch eine Scheidewand (Septum), wie es die Abbildung zeigt, in zwei Hälften geteilt worden ist. Das rechte Herz hat dabei die Aufgabe übernommen, das verbrauchte Blut in die Lunge zu transportieren, während das linke Herz das sauerstoffhaltige (arterisierte) Blut in das Gefäßsystem pumpt. Indem das Herz noch in der Horizontalen geteilt ist, entsteht auf jeder Herzseite ein Vorhof und eine Kammer. Beide sind nicht wie das Septum starr miteinander verbunden, sondern ventilartig. Füllen sich die Vorhöfe mit Blut, öffnet der steigende Druck die Kammerventile, so daß das Blut durch das Volumen der Vorhöfe dosiert in die Kammer einfließen kann. Nachdem die Klappen sich geschlossen haben, wird der Druck durch Zusammenziehen des Herzmuskels (Kontraktion) wesentlich erhöht; die Ventile der großen Ausflußgefäße, die in die Lunge (Pulmonalklappe) oder in das arterielle Körpersystem über die Aortenklappe führen, werden gesprengt. Zugleich füllen sich die beiden Vorhöfe erneut mit Blut, der rechte mit verbrauchtem (venösem) und der linke mit arteriellem Blut, das mit Sauerstoff angereichert soeben die Lunge verlassen hat. Damit ist unser Herz die einzige Pumpe, die bei jedem Schlag in zwei verschiedenen Richtung arbeitet.

Wir haben bereits gesagt, daß das Herz vegetativ gesteuert wird und damit vom allgemeinen Körpergeschehen abhängig ist. Bei einem schnellen Lauf aber auch bei psychischen Einwirkungen wie Schrecken, Freude oder Trauer reagiert das Herz durch verstärkte Schlagfolge. Daneben besitzt aber das Herz die autonome Eigenschaft, durch nervliche Reize sich selbst zu regulieren. Ausgangspunkt ist der in einer Ausbuchtung des rechten Vorhofes in der Vorderwand des rechten Herzrohres liegende Sinusknoten. Mit dem im Vorhofgebiet des Septums gelegenen Atrioventrikularknoten und dem sich darunter verästelnden Hisschen Bündel ist das *nervale Reizleitungssystem* genannt.

Bekannt sind die Störungen in diesem Reizsystem, die man *Arrhythmie* nennt. So weist zum Beispiel das Vorhofflattern bis zu 250, das Vorhofflimmern über 250 Zusammenziehungen (Kontraktionen) pro Minute auf. Der die Vorhöfe bedienende Teil der Reizleitungsmuskulatur forciert in beiden Fällen das Tempo auf höchste Touren, während die Kammern zugleich bei einer Schlagfolge von 40 bis 50 in der Minute bleiben. Ist die Reizleitung im Hisschen Bündel gar unterbrochen, sprechen wir von einem Herzblock. Das Kammerflimmern bedeutet hinsichtlich des Blutdrucks, also in hämodynamischem Sinn, Herzstillstand mit den Zeichen von Bewußtlosigkeit, Ausfall der Herztöne und des Pulses sowie Schnappatmung.

An *Herzfehlern* finden wir oft eine Schwäche (Insuffizienz) durch nicht schließende Herzklappen (Vitien) oder Durchgangsverengungen (Stenosen). Während bei der Insuffizienz ein Teil des Blutes zurückfließt, verursacht eine Verengung Rhythmusstörungen des Herzens mit der Folge, daß trotz Nachdrückens die geförderte Blutmenge das Soll nicht erreichen kann. Am bekanntesten sind die der zwischen linkem Vorhof und linker Kammer liegenden Mitralis und der Aortenklappe.
Die an der Herzaußenwand liegenden venösen Herzkranz-(Coronar-)Gefäße dienen der Ernährung des Herzens. Ihre Verkalkung (Coronarsklerose) ist Ursache lebensbedrohender Beschwerden in Form einer Coronarschwäche oder Angina pectoris. Nur bei jugendlichen Patienten können diese Symptome ohne organische Grundlage allein durch nervöse Krampfzustände entstehen.
Die *Herzform* ist von großer Bedeutung. Während das gesunde Herz in der Regel die Größe einer Faust hat, findet man bei Sportlern oft ein beträchtlich erweitertes (hypertrophes) Herz, das aber völlig gesund ist. Anders aber ist das durch mechanische Ausdehnung der Muskelwände veränderte (dilatierte) Herz, das immer das Zeichen eines Verschleißes und einer Überlastung ist. Nach *Schmidt* (Das große Herz, Hippokrates 1969 S. 457 ff.) treffen wir das große Herz am häufigsten als natürliche Entwicklung eines Herzfehlers oder einer vermehrten Druck- oder Volumenbelastung des Herzens aus anderen Gründen an. Hier ist vor allem der Bluthochdruck (Hypertonie) zu nennen. In allen diesen Fällen bedeutet das Größerwerden des Herzens, daß die Erkrankung in ein kritisches Stadium tritt.
Als *Frequenz* wird die Häufigkeit des Herzschlags bezeichnet. Der Puls stellt die Welle des Blutes dar, die aufgrund einer Kammerzusammenziehung (Kontraktur) entstanden ist. Ein kräftiger Puls ist somit der Beweis für eine vitale Herztätigkeit. Die Frequenz beträgt bei dem Erwachsenen etwa 72 in der Minute; bei Kindern bis zu 100. Sinkt sie unter 60 in der Minute, spricht man von einer Bradykardie; überschreitet sie 100, nennt man sie Tachykardie. Bei Muskelarbeit erhöht sich die Frequenz, um danach in 40 bis 75 Sekunden zum Normalwert zurückzukehren. Ist diese Erregungsrückbildung verzögert, muß man ein leistungsgemindertes Herz annehmen. Reiner Raubbau ist aber die durch Adrenalin und Sympathikus hervorgerufene vegetative Frequenzerhöhung (vgl. vegetative Dystonie), da hier die Reserven angegriffen werden.
Hinsichtlich der *Verursachung* von Herzkrankheiten herrscht Einigkeit darüber, daß zum Beispiel Aortenisthmusstenose, valvuläre Pulmonalstenose, Kammer- und Vorhofscheidewanddefekte sowie offen gebliebene Verbindungen zwischen Aorta und Pulmonalarterie (Ductus arteriosus Botalli) angeborene Herzfehler sind. Hingegen zählen Mitralverengung(Stenose) und -schwäche(Mitralinsuffizienz), kombinierte Mitralklappenfehler, Verengungen der Aorta und Schwäche derselben, Pulmonalklappenfehler und die Entzündungen des Herzbeutels (Perikarditis constriktiva) zu den uns besonders interessierenden erworbenen Herzfehlern. Die Dekompensation einer Aortenstenose, die in jungen Jahren sogar die Ausübung von Leistungssport erlaubte, hat das LSG Rheinland-Pfalz in seiner Entscheidung vom 20. 2. 1967 (L 1

V 132/66, Meso B 90/46 = SozSich 1967 S. 279 = SGb 1967 S. 368 = Breith. 1967 S. 677) durch wehrdienstbedingte Durchnässung und Erkältung verursacht angesehen.

Ein durch Verschüttung entstandenes Brustkorbtrauma (Verletzung) kann nach dem Urteil des LSG Nordrhein-Westfalen vom 9. 3. 1971 (L 15 BU 57/69, Meso B 90/55) eine absolute Arrhythmie auslösen. Daß das sehr selten geschieht, widerspricht nicht dem Kausalzusammenhang, stellte das Gericht fest. Das LSG Hamburg

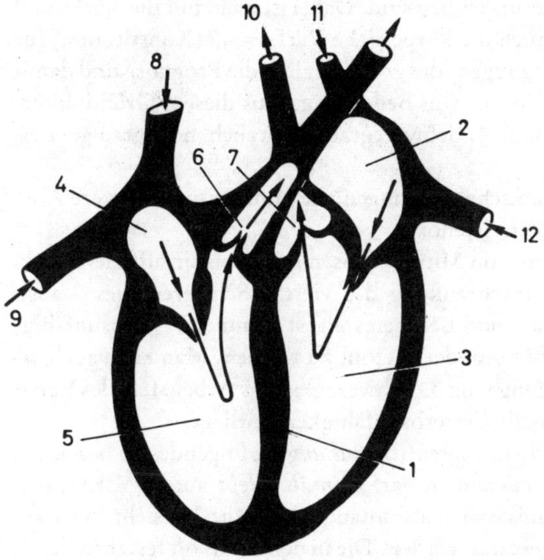

1 Septum
2 linker Vorhof
3 linke Kammer
4 rechter Vorhof
5 rechte Kammer
6 Pulmonalklappe
7 Aortenklappe
8 obere Hohlvene
9 untere Hohlvene
10 Aorta
11 rechte Lungenarterie
12 linke Lungenarterie

entschied am 26. 7. 1955 (UBf 305/54, Meso B 90/19) daß ständiges Einatmen von Kohlenoxyd die Herzmuskulatur und das Reizleitungssystem schädigen kann. Ein vor dem Herzen liegender Granatsplitter, der eingewachsen ist, hat nach Meinung des BSG (Urteil vom 29. 10. 1958 – 8/11/ RV 280/57, Meso B 80/1 = BSGE 8 S. 209 = SozSich 1959 S. 18 = SGb 1958 S. 385 keinen Einfluß auf die Leistungsfähigkeit des Herzens und des Versicherten. Interessant ist die BSG-Entscheidung vom 13. 5. 1958 (10 RV 678/56, Meso B 90/1,SozSich 1958 S. 219 = SGb 1958 S. 191 = MRKn 1958 S. 232), in der der *Kausalzusammenhang* zwischen einem Herzschlag und dem bei einem Bombenangriff erlittenen Schock bestätigt wurde. Wäre aber die Schädigung auch bei jeder anderen Gelegenheit zur gleichen Zeit entstanden, wäre der Schock nur eine sogenannte Gelegenheitsursache und der ursächliche Zusammenhang zu verneinen, wie es das BSG in seiner Entscheidung vom 13. 12. 1960 (2 RU 240/59, Meso B 90/11a) bei einem durch berufliche Aufregung verursachten Herzinfarkt tat.

Die *Beurteilung des Leistungsvermögens* Herzkranker geht nach *Schettler* (Innere Medizin Band 1 S. 20) von folgendem Schema aus:

1. Herzfehler ohne Leistungseinschränkung
2. Erreichen der Leistungsgrenze bei stärkerer Belastung wie Treppensteigen
3. Leistungsgrenze bei leichten Belastungen wie Gehen zu ebener Erde
4. Hochgradige Leistungseinschränkung mit Ruhebeschwerden. Der Patient ist an Bett und Stuhl gefesselt.

Können Blutdruckstörungen nachgewiesen werden, soll nach diesem Autor weiter unterschieden werden, ob eine veränderte Blutstörmung oder ob sekundäre Herz- oder Kreislaufveränderungen dafür ursächlich sind. Dabei ist nicht nur die Stärke und Dauer des Herzfehlers, sondern auch die körperliche Verfassung (Konstitution) für das Entstehen von Sekundärschädigungen, die grundsätzlich die Prognose und damit auch die Leistungsbreite verschlechtern, von Bedeutung. Aus diesem Grund unterscheidet man beim oben genannten 4. Schweregrad zusätzlich hochgradige Leistungseinschränkungen durch

a. primäre Blutdruck-(hämodynamische) Störungen wie zum Beispiel schwere Aorteninsuffizienz oder extreme Mitralstenose
b. Sekundärveränderungen in Form von Mitralstenosen mit Rechtsinsuffizienz usw.

Daß bei hochgradiger Leistungseinschränkung des vierten Schweregrades – auch wenn der Versicherte nicht am Stuhl und Bett gefesselt ist – immer Erwerbsunfähigkeit anzunehmen ist, braucht nicht besonders betont zu werden. Man kann auch sagen, daß eine Leistungseinschränkung vom 3. Schweregrad das Arbeitsfeld des Versicherten so einschränkt, daß ebenfalls Erwerbsunfähigkeit vorliegt.

Bei der Ermittlung der *Stärke der Leistungseinschränkung* ist folgendes zu beachten:

1. Die Leistungsfähigkeit des Herzkranken darf *niemals allein* auf das EKG, den Schellong-Test, den Marx grundsätzlich als untaugliches Mittel ansieht, oder auf das „objektive" Röntgenbild gestützt werden. Die in der Praxis oft festzustellende Überbewertung des EKG ist unzulässig, da die elektrische Herzstromkurve nicht spezifisch hinsichtlich der Dynamik und Funktionstüchtigkeit des Herzens ist. Wie es *Petersohn* (Die Bedeutung der Fehlerbeurteilung und falschen Befundverwertung des EKG's in der sozialgerichtlichen Beurteilung, MedSach 1956 S. 129 ff.) nannte, ist die „Ausdrucksarmut" dafür anzuschuldigen, daß oft großkalibrige Degenerationen des Herzens im EKG nicht in Erscheinung treten.
2. Da es Fehler und Erkrankungen des Herzens gibt, die zu keiner oder nur zu einer minimalen Verformung des Herzens im Röntgenbild führen, die aber im EKG eindeutig zur Darstellung kommen und wiederum trotz unauffälliger EKG-Befunde deutliche Umformungen (Dilationen) der Herzfigur im Röntgenbild entdeckt werden, müssen Röntgenbild und EKG *gemeinsam* ausgewertet werden.
3. *Schmidt* (Synoptische Röntgen- und EKG-Diagnostik bei der Beurteilung des Herzens, Hippokrates 1969 S. 295) weist darauf hin, daß die unter Nr. 2 geforderte synoptische Beurteilung von Röntgenbild und EKG erhebliche Gefahren besitzt. Röntgenologe und Kardiologe als Experten seien heute so einseitig spezialisiert, daß sie die Zusammenfassung (Synopse) nicht vornehmen könnten. Dies bleibt dem Arzt der Praxis vorbehalten, der weder von der einen noch von der an-

deren Methode genügend verstehen kann, um ihre Aussagekraft vollauf zu ermessen. So ergebe sich die Tatsache, daß einerseits immer mehr röntgenologische und elektrokardiographische Details bekannt werden, andererseits der Praktiker der Verknüpfung dieser Daten immer hilfloser gegenübersteht.

4. Tatsache ist, daß am häufigsten die Schwäche der Aortenklappe übersehen wird. Im Röntgenbild erscheint ein gering gezeichnetes großes und breites Herz und eine deutlich vorgewölbte aufsteigende Aorta (vgl. *Schmidt,* Was darf der Arzt von der Röntgendiagnostik des Herzens erwarten?, Hippokrates 1969 S. 216). Für Erkrankungen der Herzkranzgefäße ist nach dem gleichen Autor die übliche Röntgenuntersuchung absolut ungeeignet.
5. Ein nachgewiesenes Vorhofflimmern zwingt grundsätzlich zu äußerster Vorsicht, da sich in den mehr oder minder stillstehenden Vorhöfen oft Thrombosen bilden, die in der überwiegenden Zahl Hirnembolien erzeugen. Bei älteren Menschen haben Vorhofflattern und -flimmern in der Regel eine organische Ursache wie zum Beispiel Schilddrüsenerkrankung (Hyperthyreose), Coronarverkalkung(-sklerose) oder Mitralklappenfehler. Dadurch wird generell eine ungenügende Herzleistung verursacht, die eine Leistungseinschränkung darstellt. In Kombination mit einer Schwäche der Herzmuskulatur (Myocardinsuffizienz) multipliziert sich die Leistungseinschränkung.
6. Die Prognose der Herzklappenfehler bedingt eine vorsichtige Beurteilung, während sie bei der Mitralinsuffizienz verhältnismäßig günstig ist. Eine Mitralverengung(-stenose) hingegen ist als Auslösungsfaktor von Vorhofflimmern und Embolien ungünstig. Zu beachten ist, daß der Atrioventrikularknoten besonders empfindlich auf Sauerstoffmangel reagiert.
7. Unberücksichtigt bleiben darf bei allen Herzkrankheiten nicht der Aspekt psychischer Mechanismen, wie das Effort-Syndrom, also der Herzneurose. Freud nannte als Symptome Störungen der Herztätigkeit mit Tachykardie, Herzklopfen, Herzkrampf, kurze Arrhythmien. Die mit diesen Sensationen verbundene Angst, die schließlich frei florieren kann, gewinnt als Herzphobie vor allem in Verbindung mit einer Organkrankheit besondere Bedeutung bei älteren Menschen. Da nach *Labhardt* (Psychische Faktoren bei koronaren Herzkrankheiten, Münchener medizinische Wochenschrift 1966 S. 22) der Einfluß direkter emotionaler Einflüsse weitgehend unbekannt ist, muß bei der Beurteilung der Leistungsfähigkeit auf den beruflichen Streß besonders geachtet werden.
8. Nach dem Gutachten des Gemeinsamen Beirates für Verkehrsmedizin bei den Bundesministerien für Verkehr und für Jugend, Familie und Gesundheit von Juni 1973 S. 52 ergibt sich die besondere Gefahrenlage bei allen schweren Herzkrankheiten durch das stets vorhandene Risiko eines plötzlichen körperlichen Zusammenbruchs infolge vorübergehender Mangeldurchblutung des Gehirns. Eine ausreichende und ständig stabile Gehirndurchblutung ist aber für das komplette Wachbewußtsein, die Konzentration und Aufmerksamkeit, die bei jeder beruflichen Tätigkeit mehr oder minder stark gefordert wird, unumgänglich. Die nach-

lassende Herzkraft verursacht nach diesem Gutachten eine generelle Leistungsminderung im körperlich-geistigen Bereich, die es ebenfalls zu berücksichtigen gilt. Ohne arbeitspsychologische Begutachtung kann die verbliebene Arbeitsfähigkeit nicht ermittelt werden.

20. Herzinfarkt

„Infarkt" ist vom Lateinischen „infarcire"(verstopfen) abgeleitet worden. Dabei ist nicht ein Thrombus ausschließlich, sondern die Folge des Verschlusses, wie sie sich als Gewebsuntergang darstellt, gemeint. Ein Infarkt entsteht überwiegend im Herzmuskel, er kann aber auch im Gehirn, in der Milz, den Nieren und sogar in den Knochen entstehen. Wie aus heiterem Himmel überfällt der schwere Herzschmerz (Status anginusus) – oft mit Kollaps und Schock verbunden – selbst in Ruhe den Menschen. Es sind aber auch Fälle bekannt, in denen der Infarkt sich ohne Schmerzen aber mit Bewußtlosigkeit und Erbrechen darstellte. Gerade dieser heimtückische Infarkt, der in der Regel nicht erkannt wird und oft zum Tode führt, kommt meistens bei allen Arten der Herzinsuffizienz und zwar in der Häufigkeit von 10 % vor. Der Herzinfarkt macht sich meistens in der Form von Angina pectoris-Anfällen oder Hals- bzw. Kieferbeschwerden bereits Monate vorher bemerkbar, vor allem bei körperlichen und seelischen Belastungen. Ursachen des Herzinfarktes sind die Verstopfung oder hochgradige Verengung (Stenosen) der Coronararterien, die das Herz mit Sauerstoff versorgen und somit ernähren. Weiteres Moment kann aber das Versagen des Herzens mit der Verminderung der Triebkraft des Blutes (vis a tergo) sein, das nicht mehr in der Lage ist, Hindernisse in den Arterien zu überwinden. In jedem Fall handelt es sich aber um die Folgen einer Coronarschwäche und damit einer Diskrepanz zwischen Sauerstoffbedarf und -anlieferung, bedingt durch Verengung (Stenosen) der Arterien, der Größe des Herzens (große Herzen werden bei geringeren Stenosen eher als kleine Herzen geschädigt) und der geforderten Herzleistung. Jede Überforderung des coronargeschädigten Herzens – auch durch Arbeit – löst den Infarkt aus.
Wir unterscheiden drei Arten von Herzinfarkten,

1. den durch die Herzmuskelwand hindurchgehenden (transmuralen) Infarkt, der eine Größe von 7 x 4 x 1 cm erreicht,
2. den banalen Infarkt, der meistens die linke Herzkammer trifft und der die Größe von 3 x 2 x 0,4 cm besitzt und
3. den Mikroinfarkt von der Größe eines Reiskorns.

Oft wird der Innenschichtschaden des Herzens, der aus einzelnen Untergängen von Fasern der Herzkammerinnenwand besteht, als vierte Infarktart genannt. Unzutreffend ist, daß ein derartiger Schaden einen Infarkt verhindert.
Uns interessieren nicht die medizinischen Infarkttheorien, sondern nur die Tatsache, daß allein bei langsamer Ausbildung einer Verengung oder nach dem Infarkt ein Neben-(Kollateral-)Kreislauf entstehen kann, der die Blutversorgung mehr oder minder gut sicherstellt.

Arteriosklerose, also die Verkalkung der Blutgefäße, als Grundkrankheit des Herzinfarktes entsteht durch mehrere Risikofaktoren. Nach der Wertigkeit sind zu nennen: Fettstoffwechselstörungen (Hypercholesterin- und Hypertriglyzeridämie), Zigarettenrauchen und Bluthochdruck (Hypertonie). Zweitrangige Auslösungsfaktoren sind Blutzucker (Diabetes mellitus), Übergewichtigkeit, mangelhafte Bewegungen und Gicht. Die ärztliche Auffassung ist nicht unbegründet, daß das Rauchen von mehr als 25 Zigaretten täglich bei Männern nach Vollendung des 50. Lebensjahres den ersten Herzinfarkt garantiert. Aber auch individuelle Faktoren spielen eine nicht unbedeutende Rolle.

Hinsichtlich des durch einen Unfall oder den Wehrdienst entstandenen Herzinfarkt erklärte das LSG Rheinland-Pfalz am 17. 4. 1970 (L 6 V 380/68, Meso B 90/51 – Breith. 1971 S. 233), daß unter Berücksichtigung des geringen Lebensalters von 44 Jahren äußere Einflüsse in Betracht zu ziehen seien wie Stoffwechselstörungen, Genußgifte wie Nikotin, Kohlenoxydeinwirkungen, vegetative Störungen oder neurozirkulatorische Dystonie, ,,verhockte" Lebensweise und schließlich seelische Faktoren. Eine körperliche Überlastung in Kombination mit seelischem Streß als Lehrgangsfeldwebel der Bundeswehr scheide als Ursache aus.

Eine Ernährungsstörung (Dystrophie), die durch langdauernde Kriegsgefangenschaft entstanden ist, hinterläßt nach dem Urteil des LSG Rheinland-Pflaz vom 29. 5. 1967 (L 1 V 93/66, Meso B 90/45 = SGb 1967 S. 522) keine Dauerfolgen. Ein Bluthochdruck und Infarkt bei einem Maurer, der das 50. Lebensjahr vollendet hat, ist somit anlagebedingt und nicht Folge der Kriegsgefangenschaft. Das gilt nach der Entscheidung des LSG Hessen vom 4. 8. 1971 (L 5 V 528/70, Meso B 90/56 = Breith. 1972 S. 328) auch, wenn ein Herzmuskelschaden als Wehrdienstfolge anerkannt wurde und der Tod durch Kreislaufversagen infolge Herzinfarkt entstand. Auch eine Lungen-Tbc, führte das Gericht weiter aus, kann den Infarkt mit Linksherzversagen nicht verursacht haben, da die Lungenkrankheit nur zu einer Rechtsherzschädigung führen kann.

Wurde eine ,,mäßige Erweiterung des Herzens mit Herzmuskelschaden" als durch den Wehrdienst verschlimmert anerkannt, bedeutet das nach der Entscheidung des LSG Rheinland-Pfalz vom 29. 7. 1963 (L 1 V 306/62, Meso B 90/34 = SozSich 1964 S. 122 = Breith. 1964 S. 220), daß die weitere Verschlimmerung des Gesundheitszustandes durch Zunahme der Verkalkung (Sklerose), Herzinfarkte, Zuckerkrankheit (Diabetes mellitus) und Fettleibigkeit (Adipositas) ebenfalls Schädigungsfolgen sind. Nach dem Urteil des BSG vom 13. 12. 1960 (2 RU 240/59, Meso B 90/11 a) ist kein Unfalltod gegeben, wenn bei einem stark vorgeschädigten Herzen durch berufliche Aufregung ein Herzinfarkt eintritt. Es handele sich hier um eine sogenannte *Gelegenheitsursache;* der Infarkt wäre auch ohne die berufliche Aufregung oder körperliche Belastung etwa zur gleichen Zeit bei einer anderen alltäglichen Gelegenheit entstanden. Das LSG Nordrhein-Westfalen bejahte aber den geforderten doppelten Kausalzusammenhang in seinem Urteil vom 23. 10. 1962 (L 15 [2] KnU 1028/58, Meso B 90/33). Ein durch Silikose entstandener Sauerstoffmangel (Hypoxämie) ist nach dieser Entscheidung durchaus geeignet, eine anlagebedingte Coronarsklerose so maßgebend zu verschlimmern, daß die Lebenserwartung durch Herzinfarkte um ein Jahr verkürzt wird.

Wichtig ist die Frage, über welch eine *Leistungsfähigkeit* der an einem Herzinfarkt Erkrankte noch verfügt. Nach der Entscheidung des LSG Niedersachsen vom 21. 5. 1958 (L 7 Ar 288/56, Meso B 90/7) besteht kein medizinischer Erfahrungssatz, daß jeder Herzinfarkt eine Arbeitsunfähigkeit von zwölf Monate verursacht. Etwa 50 % der den ersten Anfall Überlebenden werden wieder voll arbeitsfähig. Die Dauer der Arbeitsunfähigkeit hängt von verschiedenen Fakten wie Gesamtpersönlichkeit, Alter, Stellung, Einstellung gegenüber Umwelteinflüssen, Größe und Lokalisation des Infarktes und Zustand des Herzmuskels vor und nach dem Infarkt ab. In günstigen Fällen kann bereits nach 6 Monaten die volle Erwerbsfähigkeit wieder erlangt werden. Die hier genannten Kriterien sind auch heute noch bei der Beurteilung der Leistungsfähigkeit wie folgt zu beachten:

1. Da eine absolut exakte Beurteilung der Herzleistungsbreite unmöglich, die Prognose vor allem eines Vorderwandinfarktes immer unsicher ist, darf ein Arbeitseinsatz nur gefordert werden, wenn der Infarkt narbig ausgeheilt ist und keine glaubhaften subjektiven Herzbeklemmungen (Stenocardien) und sonstigen Komplikationen oder erschwerende Momente bestehen. Nach dem Gutachten des Gemeinsamen Beirates für Verkehrsmedizin von Juni 1973 wird der Nachweis eines Ruhestadiums bei mehreren Kontrollen verlangt. Der Hinweis auf die Ausbildung einer Ausbuchtung (Aneurysma) des Herzens und der Nachweis schwerwiegender Erregungsbildungs-, -ausbreitungs- und -rückbildungsstörungen schließt jede Erwerbstätigkeit aus. Nach einem zweiten Infarkt ist das ohne Ausnahme der Fall.
2. Weil *persönlichkeitsbezogene Faktoren* – Infarktpatienten sind einmal kontaktarm, verkrampft, zugleich aber sozial überangepaßt – eine wesentliche Rolle bei der Entstehung, Heilung und Wiederentstehung (Rezidivierung) des Infarktes spielen, müssen diese Momente bei der Beurteilung unbedingt berücksichtigt werden. *Streßbelastung* (vgl. S. 163) mit dem durch Hormonausschüttung (Katecholamin) produzierten Daueralarm, der die letzten Reserven angreift, darf nicht verlangt werden. Auch Nachtarbeiten scheiden grundsätzlich aus. Die in der betrieblichen Praxis vorhandenen Belastungsfaktoren, die zugleich Risikofaktoren des Herzinfarktes sind wie soziale Beziehungen zu Arbeitskollegen, den Vorgesetzten, ehrgeiziges Leistungsverhalten und Hetzarbeit müssen ausgeschaltet werden. Da die Arbeitswelt sich nicht ändert, kommt in fast allen Fällen nur noch der Arbeitseinsatz auf untergeordnete Arbeitsplätze, auf denen kein Leistungsdruck liegt, in Frage. Zu bezweifeln ist, daß es diese Arbeitsplätze überhaupt auf dem freien Arbeitsmarkt gibt. Ein Gutachten, daß die psychosomatischen Belastungen des Arbeitseinsatzes nicht beachtet, ist irreal und daher zu verwerfen. In diesem Zusammenhang sei nochmals auf das Urteil des LSG für das Saarland vom 26. 1. 1962 (vgl. S. 108) hingewiesen, in dem der den Infarkt auslösende hormonelle Mechanismus geschildert wird.

21. Hypertonie

Der Druck des strömenden Blutes auf die Gefäßwände bezeichnet man als Blutdruck. Gemessen wird in der Regel der Druck der Pulswelle der Arteria brachialis über der Ellenbeuge. Dabei wird der Druck auf dem Höhepunkt *(Systole)* wie auch auf dem Tiefpunkt *(Diastole)* der Welle gemessen; auch das Verhältnis zwischen beiden Werten, also die *Amplitude* ist von diagnostischem Wert. Es leuchtet ein, daß die Beschaffenheit der Gefäßwände sowie psychische Faktoren wie zum Beispiel Nervosität den Blutdruck beeinflussen.

Abgesehen von den individuellen Tagesschwankungen – eine einmalige Blutdruckmessung sagt daher nichts aus – empfiehlt die Weltgesundheitsorganisation, bei einem ständigen systolischen Druck von 160 und/oder 95 mm Hg diastolisch einen Bluthochdruck (Hypertonie) anzunehmen. Nicht wenige Ärzte sehen hingegen einen Wert von bis 90 mm Hg und 140 bis 160 mm Hg noch als normalen Blutdruckwert an. Dabei steht der Begriff Systole für Zusammenziehung (Kontraktion) und Diastole für die Erschlaffungsperiode des Herzens. Wird bei hohen systolischen Werten eine auskultatorische Lücke festgestellt, besteht die Gefahr, daß zu niedrige Werte gemessen werden.

Der „*rote*" Blutdruck wird als anlagebedingte Krankheit bei fettsüchtigen Personen, die das 35. Lebensjahr vollendet haben, oft in Verbindung mit einer Verkalkung des Gefäßsystems (Arteriosklerose) gefunden (vgl. LSG Rheinland-Pflaz vom 29. 5. 1967 L 1 V 93/66, SGb 1967 S. 522 = Meso B 90/45). Das schließt aber nicht aus, daß der Patient manchmal eine blasse Hautfarbe und schwächliche Konstitution besitzt. Die „weiße" Hypertonie als Zeichen einer Nierenerkrankung wird schon bei jungen Menschen gefunden; es handelt sich hier um eine den Blutdruck erhöhende Reinproduktion, also um einen spannungserhöhenden Faktor, wie er bei Bleivergiftungen (vgl. LSG Niedersachsen vom 31. 10. 1957 – L 11 U 260/54, Meso B 180/4) oder einer Schilddrüsenüberfunktion (Thyreotoxikose) entdeckt wird.

Es hat sich bewährt, die Hypertonie nach den Entstehungsursachen zu unterscheiden. Da ist zuerst die primäre *essentielle* Hypertonie zu nennen, bei der man keine Ursache im organischen Bereich entdeckt. Kopfschmerzen, Schwindel, bei Belastung auftretende Atemstörungen (Dyspnoe), nächtliche Atemnot, die eine halbsitzende Schlafstellung erzwingt und stärkere nächtliche Harnabsonderungen (Nykturie) aber auch Nervosität und leichte Erregbarkeit sind Symptome dieser Krankheit. Nach *Schettler* (Innere Medizin Band 1 S. 178) hält sich anfangs die Blutdruckerhöhung über Jahre hinaus konstant, bevor sie zu anatomischen Folgen im Sinne bedeutsamer Organkomplikationen der Nieren, des Gehirns und des Herzens, das durch die vermehrte Druckarbeit am linken Ventrikel geschädigt wird, führt. Herzinfarkt und Coronarsklerose werden durch die Hypertonie beeinflußt; früher oder später kommt es zur Herzschwäche (Insuffizienz), absoluter Arrhythmie, Vorhofflimmern und nicht selten zum Schlaganfall (Apoplexie).

Zu oft findet man bei Menschen, die an essentieller Hypertonie leiden, einen permanenten psychischen Spannungszustand, der durch die Unterdrückung aggressiver Impulse gekennzeichnet ist (vgl. Streß S. 163) Nach *Luban/Plazza/Pöldinger* (Der psychosomatische Kranke in der Praxis S. 48) werden als Risikofaktoren der Blutdruckerhöhung übertriebenes Leistungs- und Erfolgsdenken, Machtstreben, überdurchschnittliche Bewährung usw., also Tatsachen, die man eigentlich zu den positiven menschlichen Eigenschaften zählt, genannt. Deshalb ist es grundsätzlich abzulehnen, daß diese Personen als mehr oder minder arbeitsscheu und übertreibend (aggravierend) von Sachverständigen charakterisiert werden. Solche Beurteilungen beweisen nur, daß der Sachverständige keinen Kontakt zum Patienten fand und die psychosomatischen Mechanismen nicht begriffen hat. Tatsächlich liegt hier eine Situation vor, die dadurch gekennzeichnet ist, daß der Organismus sich ständig auf einen Kampf vorbereitet, der niemals stattfindet. Eine Lösung des Problems kann nur erfolgen, wenn der Patient den gegen sich selbst gerichteten Kampf aufgibt, die Zweifel über den Eigenwert überwindet und seinen Drang zur Perfektion und seinen Ehrgeiz ablegt. Nach Alexander, dem Begründer der Lehre vom Streß ist das nur möglich, wenn die psychosomatische Therapie bereits frühzeitig beginnt. In den zur Begutachtung anstehenden Fällen hat sich der pathologische Faktor bereits so eingeschliffen, daß kaum mit einer Besserung zu rechnen ist. Der Appell an den Willen allein genügt nicht; er verrät nicht selten, daß der Sachverständige die altbekannte Ansicht der Oberstabsärzte vertritt, daß ein Tritt in den Hintern des Soldaten das beste Mittel gegen Angst, Willensschwäche und Feigheit vor dem Feind ist.
Davon abzugrenzen sind die vier Formen der *sekundären* Hypertonie, die ihre Ursachen in einer Nierenerkrankung (renal), Kreislaufstörung (kardiovaskular), der Drüsen (endokrin) oder Nerven (neurogen) haben. Zu diesem Kreis zählt man auch die Schwangerschaftshypertonie hinzu. Kann eine dieser hier genannten organischen Erkrankungen ausgeschlossen werden, liegt eine essentielle Blutdruckerhöhung vor. Eine sekundäre Hypertonie darf nur gemeinsam mit der Grundkrankheit beurteilt werden. Dabei ist es grundsätzlich untersagt, diesen Aspekt der Organkrankheit zu übersehen.
Es hat sich bewährt, beide Arten des Bluthochdrucks nach dem *Schweregrad* zu unterscheiden. Es braucht nicht besonders betont zu werden, daß diese Einteilung auch bei der Beurteilung der Leistungsfähigkeit eine gewisse Rolle spielt.

1. *Leichte,* in der Regel labile Hypertonie ohne Organkomplikationen und Augenhintergrundveränderungen. Die Blutdruckwerte zeigen Grenzwerte; sie liegen kurz unter oder über der Norm.

2. *Mittelgradige* Hypertonie ohne wesentliche Organveränderungen mit diastolischen Werten von 110–125 mm Hg, leichten oder fortgeschrittenen Augenhintergrundveränderungen, deutlichen Herz- und Atembeschwerden, Kopfschmerzen, Schwindel und allgemeiner Abgeschlagenheit.

3. *Schwere* Hypertonie mit diastolischen Blutdruckwerten von über 125 mm Hg, nachweisbaren Organschäden und Augenhintergrundveränderungen in Form von Netzhautblutungen und Flüssigkeitsaustritt (Exsudate).
4. *Bösartige(maligne)* Hypertonie mit diastolischen Werten von über 125 mm Hg, nachgewiesener Niereninsuffizienz und -ödem sowie die unter 3 genannten Augenhintergrundveränderungen.

Jede Hypertonie bedeutet eine *Verringerung der Lebenserwartung;* je schwerer die Erkrankung, desto geringer die Lebenschance. Allgemein werden für jeden Hypertoniker ausreichende Nachtruhe und Arbeitspausen, Vermeidung von körperlichen und seelischen Überforderungen bei ausreichendem Bewegungstraining und Einhaltung einer Diät mit dem Ziel einer Gewichtsreduzierung gefordert. Nach dem Urteil des BSG vom 30. 11. 1972 (12 RJ 408/71, Meso B 10/222 a = SozSich 1973 S. 57 = SGb 1973 S. 55) ist der Rentenversicherungsträger berechtigt, dem fettsüchtigen Versicherten eine Kur so lange zu verweigern, bis dieser sein Körpergewicht reduziert hat. *Marx* (Gutachten Fibel S. 102) will neben den Blutdruckwerten die Leistungsfähigkeit von der Größe der Herzerweiterung (Hypertrophie), den Kreislaufdekompensationen oder -komplikationen, dem Lebensalter und Störungen der Nierenfunktionen abhängig machen, also von Organschäden.

In seiner Entscheidung vom 18. 11. 1960 (L2 a J 158/60, Meso B 90/20) vertrat das LSG Niedersachsen die Auffassung, daß die Stärke der Hypertonie daran zu messen sei, daß auf die geringe (!) Belastung durch Besteigen von 43 Treppenstufen in zweieinhalb Minuten mit einem Blutdruck von 190/95 auf 245/115 mm Hg reagiert wurde. Das habe zur Folge, daß die Versicherte auch als Putzfrau nicht mehr einsetzbar sei. Nach dem Urteil des gleichen Gerichts vom 20. 2. 1964 (L 10 J 466/62, Meso B 90/39) ist ein Schlosser berufsunfähig, wenn er vorgealtert ist, einen labilen Bluthochdruck und umbauende Veränderungen der Halswirbelsäule mit geringen Wurzelreizerscheinungen besitzt, zur Nierensteinbildung neigt und nach ärztlicher Meinung noch leichte Arbeiten in geschlossenen Räumen überwiegend im Sitzen verrichten kann. Ein 69jähriger Arbeiter, bei dem nur geringfügige Zeichen eines Lungenemphysems, eines linkshypertrophischen Herzens, einer Aortenverkalkung und Hypertonie festgestellt wurden, ist nach der Entscheidung des LSG Bayern vom 17. 8. 1960 (L 4 Ar 17/58, Meso B 10/23) vermittlungsfähig; er steht somit unter den üblichen Bedingungen dem allgemeinen Arbeitsmarkt zur Verfügung, wenn er arbeitswillig ist.

Eine Versicherte, die wegen beginnenden Lungenemphysems und Hypertonie häufig arbeitsunfähig krank ist, ist nach der Entscheidung des BSG vom 5. 3. 1959 (4 RJ 27/58, Meso B 10/4 = SGb 1959 S. 127 = BSGE 9 S. 192 = SozSich 1959 S. 208) nicht berufsunfähig, da nicht ausgeschlossen werden kann, daß sie leichte Arbeiten noch verrichten kann. Etwas anderes könne nur dann gelten, wenn sie so häufig fehlen müsse, daß die von ihr während eines Arbeitsjahres erbrachten Arbeitsleistungen nicht mehr die *Mindestanforderungen,* die ein vernünftig und billig denkender Arbeitgeber zu stellen berechtigt ist, erfüllt, so daß eine Einstellung oder Weiterbeschäf-

tigung praktisch ausgeschlossen sei. Das ist aber nach der Praxis der Arbeitsgerichtsbarkeit bereits dann der Fall, wenn der hinreichende Verdacht besteht, daß die Krankheit erneute Arbeitsunfähigkeiten bedingt (vgl. BAG vom 6. 10. 1959 – 3 AZR 313/56, BB 1960 S. 95 = DB 1960 S. 31). Das BSG stellt also höhere Ansprüche an die Beschäftigungspflicht des Arbeitgebers als die für das Bestehen eines Arbeitsverhältnisses maßgebende Gesetzgebung und arbeitsgerichtliche Rechtsprechung. Das hat zur Folge, daß der Versicherte zwischen den Stühlen der Rechtsprechung sitzt.
Die Frage, ob eine essentielle Hypertonie *posttraumatisch*, also durch Unfall oder Wehrdienstbeschädigungen entstanden ist, ist grundsätzlich zu verneinen. Anerkannt wird nur, daß eine Hypertonie als Folge einer Organschädigung entstanden oder verschlimmert worden ist. So hat das LSG Rheinland-Pfalz am 12. 12. 1960 (L 1 V 92/58, Meso B 90/26 = SozSich 1962 S. 94) für Recht erkannt, daß eine essentielle Hypertonie mit hochgradigem Herzmuskelschaden, die zu einem Versagen des gesamten Herzens bei gleichzeitiger Hirnblutung geführt hat, weder durch den Kriegsdienst entstanden noch verschlimmert worden ist. Als Todesursache seien vielmehr anlagebedingte Fettsucht (Adipositas), Gefäßverkalkung (Arteriosklerose) und eine Herzdekompensation zu nennen. Die 17 Jahre nach einem Schädelbruch erstmals auftretende Hypertonie ist nach dem Urteil des LSG Nordrhein-Westfalen vom 19. 1. 1965 (L 15 KnU 22/61, Meso B 90/37) keine Unfallfolge.
Das LSG Niedersachsen erklärte am 18. 12. 1958 (L 11 U 346/56, Meso B 90/21), daß eine gewohnte schwere körperliche Arbeit nicht ursächlich für ein absolutes Herzversagen mit anschließendem Tod sei. Die Arbeit sei in diesem Fall nur Gelegenheitsursache gewesen. Ein variables EKG kann nach der Entscheidung des BSG vom 6. 8. 1968 (10 RV 774/67, Meso B 90/49) Ausdruck einer wehrdienstbedingten toxischen Herzmuskelschädigung durch längerdauernde Wundeiterung mit der Folge eines Bluthochdrucks und einer notwendigen Digitalismedikation sein, auch wenn in den ersten Jahren nach Kriegsende weder klinisch noch im EKG Veränderungen nachzuweisen waren.
Nach dem Urteil des BSG vom 29. 3. 1963 (2 RU 75/61, Meso B 330/14 = BSGE 19 S. 52 = AP Nr. 12 zu § 542 RVO a. F. = SozSich 1963 S. 144) besteht keine Rechtsvermutung, daß ein Steward, der in seiner Kammer tot aufgefunden wird, einem Arbeitsunfall durch Sturz infolge starken Schlingern des Schiffes im Sturm erlegen ist. Es muß immer untersucht werden, ob ein Bluthochdruck anlagebedingt oder ein Unfall zum Tode geführt hat. Bei Beweislosigkeit ist diese Frage zu verneinen und die Leistung abzulehnen. Der hier geforderte Nachweis des doppelten Kausalzusammenhangs (vgl. S. 59) ist nach der Entscheidung des LSG Hamburg vom 8. 10. 1970 (VI UBf 15/69, Meso B 90/54) bei einem Landwirt erbracht, der an Aorteninsuffizienz und Hypertonie litt und der durch die körperlichen und psychischen Anstrengungen bei der Geburt eines Kalbes starb.
Wie einseitig vor allem die essentielle Hypertonie beurteilt wird, beweist das Urteil des LSG Rheinland-Pfalz vom 14. 3. 1966 (L 1 J 222/63, Meso B 90/44 = SGb 1966 S. 326 = Breith. 1966 S. 764), das hier beispielhaft genannt werden soll. Nach über-

einstimmender Auffassung der im Verfahren gehörten Ärzte konnte der Kläger trotz der festgestellten mittleren Blutdruckerhöhung und geringen Herzmuskelschädigung noch mittelschwere Arbeiten ohne schweres Heben und Tragen von Lasten ohne häufiges Bücken vollschichtig verrichten. Das Übergewicht betrug 17,6 kg; Aggravationstendenzen wurden von jedem Sachverständigen genannt. Als der Versicherte unmittelbar nach der letzten Untersuchung starb, stellte das Gericht rückschauend fest, daß ein Rentenanspruch nicht bestanden habe. Der Senat ging zwar davon aus, daß Hochdruckkranke häufiger als andere Menschen einen tödlichen Gehirnschlag oder Herztod erleiden; ein solches Geschehen sei jedoch nicht voraussehbar und auch nicht zwingend. Die bloße Gefahr allein genüge nicht, um Berufsunfähigkeit anzunehmen. Andernfalls müßte man die meisten Versicherten schon recht früh als berufsunfähig ansehen. Denn jeder lebe in der Gefahr eines plötzlichen Todes. Dazu ist folgendes zu vermerken:

1. Selbstverständlich ist immer die *Schwere der Erkrankung* maßgebend für die Beurteilung der Leistungsfähigkeit. Während unbehandelte Hypertoniker des Schweregrades 3 und 4 eine fünfjährige Überlebenschance von nur 5 vom Hundert haben, beträgt sie bei einer energisch durchgeführten Therapie aber immerhin nur 50 bis 60 %. Das bedeutet, daß jeder zweite Hochdruckkranke dieses Schweregrades innerhalb des Zeitraumes von 5 Jahren stirbt. Es ist daher völlig unverständlich, wie diese konkrete Gefährdung ignoriert werden kann. Unseriös ist es, die florierende Gefährdung, zum Beispiel durch einen Autounfall getötet zu werden, mit der eines Hypertonikers, an dieser Krankheit zu sterben, zu vergleichen. Das Gemeinsame Gutachten des Beirates für Verkehrsmedizin aus Juni 1973 nennt auf S. 16 die Kriterien, die eine Gefährdung medizinisch und rechtlich relevant macht. Das ist der Fall, wenn
   a) nach dem Grad der festgestellten körperlichen und geistigen Beeinträchtigung zu erwarten ist, daß die Arbeitsbelastung nicht mehr erfüllt wird
   b) in *absehbarer Zeit* die Gefahr des plötzlichen Versagens der psychischen und somatischen Leistungsfähigkeit zu erwarten ist.

   Diese Kriterien müssen auch bei der Beurteilung von Hochdruckkranken gelten.

2. Eine konkrete Gefährdung ist rechtlich immer relevant, da eine gesundheitliche und könnensmäßige Überforderung niemals verlangt werden darf, wie das BSG unter anderem am 16. 4. 1959 (5 RKn 28/58, SozSich 1959 S. 212 = SGb 1959 S. 161, 437) feststellte. Da es unzulässig ist, von einem nicht existierenden „Normalmenschen" (vgl. BSG vom 11. 11. 1959 – 11 RV 290/57, BSGE 11 S. 50) die Beurteilung vorzunehmen, muß somit festgestellt werden, ob gerade dieser Versicherte in der Lage ist, die behaupteten Tätigkeiten zu verrichten. Dabei ist zu beachten, daß eine schematische Beurteilung im Sinne der einseitig ausgerichteten Schulmedizin, die zwar die persönlichkeitsbedingten Krankheitsursachen anerkennt, sie aber bei der Beurteilung der Arbeitsfähigkeit ignoriert, nicht zulässig ist, weil sie nur den körperlichen (somatischen) Aspekt der Krankheit berücksichtigt.

3. Die bereits genannten psychosomatischen Faktoren (vgl. Streß S. 163) zwingen dazu, jede psychische Überlastung zu verbieten. Es dürfte eigentlich selbstverständlich sein, daß eine Krankheit nur dann stationär oder heilbar werden kann, wenn die Gefährdung (Noxe) aufgehoben wird. Darum ist zu folgern, das bei Hypertonikern psychischer Streß ausscheidet, daß somit grundsätzlich nur gering qualifizierte oder einfach strukturierte Arbeit in Betracht kommen, so daß immer ein Arbeitsplatzwechsel oder Berufsunfähigkeit bei einem Facharbeiter wegen des unzumutbaren sozialen Abstiegs anzuerkennen ist. Es muß aufhören, daß die Rechtsprechung den zwangsläufig eintretenden Herztod eines Hypertonikers als letzten Ausdruck einer Übertreibung (Aggravation) ansieht. Eine objektive Beurteilung ist auch im Hinblick auf die oft vorzufindenden depressiven Momente (vgl. S. 90 ff.) angezeigt. Dazu gehört aber, daß der Unterbewertung dieser Krankheit von Amts wegen entgegengetreten wird.

22. Hypotonie

Von einem *Unterdruck des Blutes* (Hypotonie) spricht man, wenn das Blut auf dem Höhepunkt der Welle (systolisch) beim Mann dauernd den Wert von 110 und bei der Frau von 100 mm Hg nicht erreicht und wenn der diastolische Druck, der bekanntlich den Tiefpunkt der Pulswelle mißt, unter 60 mm Hg liegt. Ist die Hypotonie Ausdruck einer Organkrankheit wie Verengung (Stenose) der Aorta, Nebennierenschwäche oder eines Blutverlustes spricht man von einer *symptomatischen,* sonst von einer *konstitutionellen* Hypotonie.

In jedem Fall finden wir eine schnelle Ermüdbarkeit (Adynamie), Schwindelanfälle mit Ohnmachtsneigungen besonders bei längerem Stehen, Herzbeklemmungen (stenokardische Beschwerden); im ergometrischen Belastungstest beweist sich eine verminderte Arbeitsökonomie des Herzens und eine Leistungseinschränkung des Kreislaufs, so daß nicht selten der Belastungsversuch abgebrochen werden muß. Bei Abfall der zirkulierenden Blutmenge kann es zu einem orthostatischen (in stehender Lage) Kollaps („faint" oder Synkope) kommen. Starke Krampfadern (Varizen) an den Unterschenkeln verstärken die Fehlregulation bei aufrechter Körperhaltung (orthostatische Dysregulation).

Anhand dieser Befunde mutet es nun eigenartig an, daß von der Schulmedizin zwar zugegeben wird, daß die Hypotonie erhebliche Beschwerden verursacht und zu einer nicht unbedeutenden Leistungseinschränkung führt, daß aber zugleich in der gerichtlichen Praxis behauptet wird, diese Befunde und Symptome müßten unberücksichtigt bleiben. Nur dann wird diesen Symptomen eine Bedeutung zuerkannt, wenn sie auf eine Organkrankheit zurückgeführt werden können. Bei der konstitutionellen Hypotonie soll die Arbeit einen höheren Effekt als die medikamentöse Behandlung haben. Begründet wird diese Auffassung mit der nicht zu bestreitenden Tatsache, daß jugendliche Hypotoniker auch unter starken Belastungen keine Beschwerden haben. Zu bezweifeln ist, ob das auch auf ältere Menschen zutrifft. Es ist jedenfalls festzustellen:

1. Im Arbeitsleben ist eine Unterscheidung zwischen funktionellen und organisch bedingten Krankheiten unzulässig; jeder Schwindel hat eine leistungsmindernde Komponente wie auch die schnelle Ermüdbarkeit. Wie es *Rutenfranz* (Streß und Hetzarbeit als medizinisches Problem) geschildert hat, gibt es keine Arbeit, die nicht leistungsgebunden ist, deshalb ist die schnelle Ermüdbarkeit arbeitswissenschaftlich und ökonomisch relevant. Das gilt auch für jedes Anfallsleiden. Da ein Einsatz an laufenden Maschinen und an gefährlichen Arbeitsplätzen nach § 17 des Allgemeinen Teils der Unfallverhütungsvorschriften der Nordwestdeutschen Eisen- und Stahl-Berufsgenossenschaft (diese Bestimmung findet sich auch in den anderen Unfallverhütungsvorschriften) für Arbeitnehmer mit Schwindelanfällen verboten ist, darf ein Hypotoniker auf diese Tätigkeiten nicht verwiesen werden.
2. Daß *körperliches Training* einen wesentlichen therapeutischen Wert für den Blutdruckkranken allgemein und den Hypotoniker besonders hat, wird nicht bestritten. Allerdings ist nur in Ausnahmefällen die in der betrieblichen Praxis sich darbietende Arbeit mit Training gleichzusetzen, wie die gesamte Arbeitsmedizin es seit Jahrzehnten durch empirische Untersuchungen bewiesen hat. Da es heute auch außerhalb der Fließbandarbeit keine selbstbestimmbare Arbeit mehr gibt (*Rutenfranz* weist daher mit Recht darauf hin, daß auch Manager unter einem gleichen Leistungsdruck und Entscheidungstempo wie Fließbandarbeiter stehen) muß in jedem Fall geprüft werden, ob die durch die Persönlichkeit des Versicherten geprägte und beeinflußte Hypotonie eine Arbeitsbelastung an den in Aussicht genommenen Arbeitsplatz ohne Gefährdung des Versicherten zuläßt. Hier ist noch anzumerken, daß erst jetzt das Bundesministerium für Arbeit in Verbindung mit dem Bundeswissenschaftsministerium die Ermittlung der Belastungen an einzelnen Arbeitsplätzen in Auftrag gegeben hat. Falls ein Sachverständiger sich über die konkreten Belastungen auslassen sollte, muß er nach der Quelle seines Wissens gefragt und Beweisantritt gefordert werden.
3. Der gerade bei dieser Krankheit immer wieder erhobene Vorwurf der *Übertreibung* (Aggravation) beweist die einseitige Einstellung der Sachverständigen. Noch nie wurde überlegt, daß es hier um Arbeitnehmer geht, die bisher ihre Arbeitspflicht erfüllten, die oft mehr als ihnen gesundheitlich zuträglich erwerbstätig waren, die durch ihre Arbeit den Lebensunterhalt ihrer Familie sicherten und einen entsprechend großen privaten Wohlstand schufen. Ihr Krankheitserlebnis in Verbindung mit dem Bewußtsein, von den Ärzten als Simulant hingestellt zu werden, der Existenzangst (die Aussteuerung aus dem Krankengeldbezug steht meist kurz bevor und der Gang zum Sozialamt kommt immer näher) und den vergeblichen Therapieversuchen der behandelnden Ärzte treiben den Versicherten immer mehr in eine depressive Stimmungslage. Der Arzt, der diese Mechanismen als Charaktermängel, Psychopathien und Aggravationen abtut, ist als Sachverständiger unge-

eignet. Diese tendenziöse Betrachtungsweise widerspricht allen modernen Erkenntnissen der Psychiatrie und psychosomatischen Medizin.

23. Karzinom

Noch heute ist weitgehend unbekannt, was *Krebs* (Karzinom) seinem Wesen nach ist. Für den Praktiker ist er eine bösartige (maligne) Wucherung, die zu der Gruppe der Geschwülste (Tumoren) zählt. Das Charakteristikum des Krebses ist sein ständiges Wachstum und das Diabolische die Bildung von Ablegern und Tochtergeschwülsten (Metastasen) an anderen Organen. Das Karzinomgeschehen ist autonom, dem Regelmechanismus des Körpers entzogen. Es geht offensichtlich von einer Zelle aus, die plötzlich ohne erkennbaren Grund entartet. Seit *Pott* 1775 den Berufskrebs der Schornsteinfeger erkannte, sind bis heute fast sechshundert Krebsursachen, darunter das Sonnenlicht bei Seeleuten und Bauern, bekannt.
Ob die Ansicht Bauers, die er auf dem Deutschen Chirurgen Kongreß 1960 darlegte, richtig ist, wonach Krebs keine schwere Allgemeinkrankheit mit dem Organkrebs gewissermaßen als einem örtlichen Symptom, sondern primär ein örtliches Krankheitsgeschehen, das nur sekundär zur Allgemeinkrankheit wird, wenn die örtliche Geschwulst durch den Einbruch der Krebszellen in die Blutbahn zu einer Krebszellenaussaat in andere Organe geführt hat, mag dahingestellt bleiben (vgl. *Müller/Melchinger,* Virus und Krebs S. 8 ff.). Uns interessiert hier nur die Frage, über welch eine Leistungsfähigkeit Krebskranke vor und nach der Behandlung verfügen und ob der Krebs selbst beruflich oder durch den Wehrdienst entstanden ist.
Ob vor Erkennung der Krankheit Berufs- oder Erwerbsunfähigkeit vorliegt, ist nur von Fall zu Fall zu entscheiden. Die Art der Krebserkrankung und die Zeit seiner Verborgenheit (Latenzzeit) sind maßgebend. Bei Bronchialkrebs reicht die Krankheitsvorgeschichte 5 bis 6 Monate, einem Luftröhrenkarzinom 6 bis 8 Monate zurück; bei einer bösartigen Geschwulst (Melanom) eines Muttermales (Naevus) wird als Latenzzeit der Zeitraum von durchschschnittlich zehn bis fünfzehn Jahren angegeben. Nach dem Urteil des BSG vom 28. 11. 1957 (4 RJ 166/56, Meso B 200/1 = BSGE 6 S. 135 = SozSich 1958 S. 29 = SGb 1959 S. 369) gibt es keinen medizinischen Erfahrungssatz, daß an Brustkrebs (Mammacarzinom) erkrankte Frauen bereits im Frühstadium der Krankheit rentenberechtigt sind, da in dieser Zeit weder Schmerzen noch Einschränkungen der Leistungsfähigkeit vorhanden sind.
Verbindliche Richtlinien für die Beurteilung der Minderung der Erwerbsfähigkeit etwa nach durchgeführter Mammaamputation können von der Medizin nicht aufgestellt werden. Im Individualfall hat sich die Beurteilung nach dem Stadium des operierten Krebses, der Operationsausdehnung, nach den Folgen der Behandlung (Operation, radiologische oder hormonelle Therapie), dem Allgemeinzustand des Patien-

ten, seinem Lebensalter und der nach Arbeitsaufnahme zu erwartenden körperlichen und seelischen Belastung zu richten. Der Ansicht von *Glatzel* (Arbeitsbelastung und Krebswachstum, Ärztliche Wochenschrift 1958 S. 791), daß Arbeit die Gefahr eines Rückfalls (Rezidiv) nicht erhöht, stehen die klinischen Erfahrungen entgegen, daß bei allen therapeutischen Verfahren die Patienten die beste Überlebenschance und therapeutische Aussicht haben, die *mit möglichst gutem Allgemeinzustand* in Behandlung genommen werden. Deshalb fordert der Deutsche Zentralausschuß für Krebsbekämpfung und Krebsforschung (MedSach 1966 S. 91) im ersten Jahr nach der Operation die Anerkennung von Erwerbsunfähigkeit. Im zweiten Jahr sei die Erwerbsfähigkeit nur noch gering eingeschränkt, so daß – vorwiegend zur Schonung – allenfalls Berufsunfähigkeit anzunehmen sei. Es komme primär darauf an, den Gesundungswillen des Kranken zu stärken. Bei bösartigen Krebsen mit relativ ungünstiger Prognose könne Erwerbsunfähigkeit auf unbestimmte Zeit angenommen werden. Dabei empfiehlt es sich nach dem Urteil des LSG Berlin vom 12. 10. 1967 (L 6/10 J 177/66, Mitteilungen der Landesversicherungsanstalt Berlin 1968 S. 135), den weiteren Verlauf der Krankheit nach 2 bis 3 Jahren zu überprüfen. Da nach den Entscheidungen des Großen Senats des BSG vom 11. 12. 1969 (GS 2/68 und 1/69, BSGE 30 S. 167, 192 = Breith. 1970 S. 393, 404 = SozSich-Kartei Nr. 2359, VII/A § 1247 RVO), Teilzeitarbeitsmöglichkeiten mit dem verschlossenen Arbeitsmarkt bei Männern gleichzusetzen sind, ist der Unterschied zwischen Berufs- und Erwerbsunfähigkeitsrenten insofern entfallen, als die Berufs- in die Erwerbsunfähigkeit durchschlägt. Aus diesem Grund gewähren nicht wenige Rentenversicherungsträger bei Männern immer Erwerbsunfähigkeitsrenten auf Zeit für zwei bis drei Jahre. Nach dem Urteil des BSG vom 27. 6. 1968 (4 RJ 377/67, SozSich-Kartei Nr. 2207, VII/A § 1246 RVO = BSGE 28 S. 137 = Meso B 10/169) ist es unzulässig, auf Grund einer *Verdachtsdiagnose* eine Rente zu zahlen. Geschah das doch und war dieses dem Versicherten nicht bekannt, darf die Rente nicht entzogen werden, wenn anschließend der Krebsverdacht entfällt, erklärte das BSG am 6. 9. 1962 (4 RJ 329/60, Meso B 200/3 = BSGE 17 S. 295 = SozSich 1962 S. 311) und am 28. 11. 1969 (1 RA 181/68, Breith. 1970 S. 501 = Meso B 10/178 = BSGE 30 S. 154). Wird drei Jahre nach erfolgreicher Brustamputation die Rente entzogen, kann nach der Entscheidung des BSG vom 15. 3. 1968 (4 RJ 455/65, Meso B 200/4) eine medizinische Sachaufklärung entbehrlich sein, wenn die Klägerin vorträgt, der vom Krebs unabhängige Gesundheitszustand habe sich in der Zwischenzeit nicht gebessert, aber auch nicht verschlimmert. Für die sonst regelmäßige Prüfung, ob eine wesentliche Änderung der Verhältnisse, die einen Rentenentzug begründen, vorliegt, kommt es auf die objektiv bei Erlaß des Rentenbescheides vorliegende Situation an (BSG vom 7. 7. 1966 – 1 RA 231/63, Meso B 34 340/9 = SozSich-Kartei Nr. 1951, VII/A zu § 1286 RVO = SGb 1966 S. 309). War zu dieser Zeit das Krebsleiden bereits ausgeheilt und somit der Grund der Rente entfallen, darf zu einem späteren Zeitpunkt die Rente nicht entzogen werden, da die vom Gesetz geforderte wesentliche Änderung in den Verhältnissen nicht gegeben ist. Im Normalfall endet eine *Zeitrente* mit Ablauf der Zeit, ohne daß es

eines Entziehungsbescheids bedarf. Eine unbefristete Rente kann entzogen werden, wenn über mehrere Jahre eine Wiedererkrankung nicht eintrat.
Nach dem Urteil des LSG Rheinland-Pfalz vom 26. 9. 1966 (L 1 V 73/66, Meso B 140/19 = SozSich 1967 S. 53 = SGb 1967 S. 181 = Breith. 1967 S. 229), wird ein Krebsleiden grundsätzlich nicht als *Schädigungsfolge* anerkannt. Nur wenn der doppelte Kausalzusammenhang nachgewiesen wird, kann eine Anerkennung erfolgen. Das LSG Hessen sah diese Voraussetzung am 7. 2. 1956 (U III 99/55, Meso B 70/38) bei einem durch Chromatstaubinhalation und im Urteil vom 22. 3. 1960 (L 3 U 93/59, SozSich 1960, S. 376 = Breith. 1960 S. 780 = Meso B 70/13) bei einem durch Anilin entstandenen Lungenkrebs als erfüllt an. Nach dem Urteil des LSG Rheinland-Pfalz vom 24. 11. 1958 (KV 1050/56, Meso B 140/2) wird ein Magenkrebs durch mehrere im Wehrdienst durchgemachte Magenschleimhautentzündungen und eine Eiweißmangelschädigung so wesentlich beeinflußt, daß dadurch der Tod um ein Jahr beschleunigt wurde. Wie das gleiche Gericht am 14. 11. 1969 (L 6 V 96,68, SozSich 1970 S. 186 = SGb 1971, S. 31 = Breith. 1970 S. 328 = Meso B 140/24) entschied, kann eine wehrdienstbedingte Gelbsucht keinen Magenkrebs auslösen. Es sei absurd, im Hinblick auf die Verwachsungen des Karzinoms mit der Leber anzunehmen, eine Leberkrankheit habe den Krebs provoziert.
Direkte Verletzungen können nach dem Urteil des LSG Rheinland-Pfalz vom 7. 12. 1959 (L 1 V 1387/56, Meso B 140/5) einen Krebs verursachen, wenn

1. eine schwere Gewalteinwirkung Gewebs- und Stoffwechselstörungen verursacht hat
2. der Ort der Gewalteinwirkung mit dem Sitz der Geschwulst übereinstimmt
3. das Karzinom nicht vor 5 Monaten und nicht nach einigen Jahren nach der Gewalteinwirkung entsteht und
4. ein gewisses Maß an innerer Wahrscheinlichkeit dafür besteht, daß die Gewalteinwirkung aus der Geschwulstentwicklung nicht wegzudenken ist.

Im Hinblick auf den Härteausgleich des § 1 Abs. 3 BVG, nach dem Versorgung gewährt werden kann, wenn der Kausalzusammenhang zwar möglich, wegen Unklarheit der Entstehung des Leidens in der medizinischen Wissenschaft aber nicht wahrscheinlich gemacht werden kann, stellte das LSG Rheinland Pfalz mit Urteil vom 24. 4. 1967 (L 1 V 252/66, Meso B 240/45 = SozSich 1967 S. 280 = SGb 1967 S. 521) fest, daß bei nachgewiesenen wiederkehrenden (rezidivierenden) Eitergeschwüren (Furunkulosen) und Zellgewebsentzündungen diese Voraussetzungen erfüllt seien. Wurde allerdings ein Warzengewebe am rechten Kleinfinger durch zahlreiche Verletzungen (Mikrotraumen) innerhalb mehrerer Arbeitsschichten im Sinne eines *Summationseffektes* in ein Krebsgeschwulst umgewandelt, liegt nach dem Urteil des BSG vom 31. 10. 1969 (2 RU 15/69, SozSich-Kartei Nr. 2351, V/D zu § 548 RVO = SGb 1969 S. 495 = Meso B 340/8b) kein Arbeitsunfall vor, wenn das die Wucherung auslösende Ereignis sich nicht von den vorherigen Schädigungen in der Schwere hervorhebt und deshalb unbekannt bleibt.

Die Frage, ob eine Silikose Lungenkrebs verursacht oder verschlimmert, nimmt einen großen Raum in der Rechtsprechung ein. Dabei gilt nach § 589 Abs. 2 RVO grundsätzlich die Vermutung, daß der Tod durch eine Silikose verursacht wurde, wenn auf Grund dieser Berufskrankheit die Erwerbsfähigkeit um mindestens 50 vom Hundert gemindert war. Das gilt nicht, wenn das Gegenteil offenkundig ist; eine Leichenausgrabung darf zum Zwecke der Feststellung nicht gefordert werden. Offenkundig ist nach der Entscheidung des BSG vom 29. 4. 1970 (5 RKnU 2/67, SGb 1970 S. 252 = Meso B 70/67) und des LSG Nordrhein-Westfalen vom 17. 4. 1971 (L 15 BU 39/70, Meso B 70/67b) der Tod nicht durch die Berufskrankheit entstanden, wenn die Silikose mit einer jeden Zweifel ausschließenden Wahrscheinlichkeit den Tod nur unerheblich mitverursacht oder nicht um wenigstens ein Jahr beschleunigt hat. Beide Gerichte betonen, daß es zwar selten aber nicht unmöglich ist, daß ein Lungenkarzinom in einer silikotischen Schwiele entsteht und daß die Silikose einen Krebs oder eine chronische Bronchitis erzeugt. Läßt sich nicht feststellen, ob ein anlagebedingter metastasierender Magenkrebs oder eine Silikose allein innerhalb eines Jahres zum Tode des Versicherten geführt hätten, ist der geforderte Kausalzusammenhang nach der Entscheidung des BSG vom 1. 12. 1960 (5 RKn 66/59, BSGE 13 S. 175 = SozSich 1961 S. 22 = Meso B 70/30 = SGb 1962 S. 55) nachgewiesen, wenn eine der beiden Krankheiten versicherungsrechtlich relevant ist (vgl. S. 57 ff.). Hat die Silikose mit einer Erwerbsminderung von mehr als 50 % ein rechtzeitiges Erkennen des zum Tode führenden Bronchialkrebses verhindert, ist der Tod nicht Folge der Berufskrankheit (LSG Nordrhein-Westfalen vom 6. 6. 1972 – L 15 Kn 8/71, Meso B 70/81 = SGb 1972 S. 409). Das LSG Bayern forderte in seinem Urteil vom 5. 11. 1964 (L 9 Kn 24/59, Breith. 1965 S. 368 = Meso B 70/47), daß der Krebs in einem Bronchus entsteht, der in das Gebiet einer silikotischen Zerfallshöhle führt. Zu erwähnen ist noch die BSG-Entscheidung vom 30. 10. 1964 (2 RU 79/62, SGb 1964 S. 363 = SozSich 1964 S. 373 = Meso B 140/14), wonach Versicherungsschutz gegeben ist, wenn nach einem Arbeitsunfall ein Bauchschnitt (Laparatomie) durchgeführt und dabei ein Magenkarzinom gefunden wird und wenn die unfallbedingte Operation rechtlich wesentlich für den vier Tage danach eingetretenen Tod gewesen ist. Das ist zu verneinen, wenn der Versicherte infolge der Krebserkrankung sowieso spätestens vier Monate danach gestorben wäre.

24. Leberzirrhose

Die *Schrumpfung* (Zirrhose) der Leber verläuft manchmal stumm; in der Regel macht sie sich durch Übelkeit, Blähungen im Leib und – bei fortgeschrittenem Leiden – Wassersucht (Aszites) bemerkbar. Auch findet man nicht selten eine Nachtblindheit. Häufig ging eine Gelbsucht oder Hepatitis voraus oder sie ist Folge eines Alkoholmißbrauchs (Abusus), wie es *Streubel/Kosak* (Die Leberzirrhose in klinischer Sicht, Med Klin 1971 S. 1614) schilderten. Auch Medikamente (hier sind vor allem die Abführmittel zu nennen), Stoffwechselstörungen oder Arsen (vgl. LSG Rheinland-Pfalz vom 16. 12. 1970 – L 3 U 121/66, Meso B 270/7) sind als Auslösungsfaktoren bekannt.

Als Folge der Wohlstandsgesellschaft nimmt die durch Alkohol verursachte Leberzirrhose von Jahr zu Jahr zu. Nach der Entscheidung des BSG vom 18. 6. 1968 (3 RV 63/66, SozSich-Kartei Nr. 2203, IV/A, § 182 RVO = BSGE 28, S. 114 = Breith. 1968 S. 809 = Meso B 310/30) ist *Trunksucht*, also die Unmöglichkeit, vom Alkohol lassen zu können, eine Krankheit. Die für den Krankheitsbegriff geforderte Regelwidrigkeit liegt in der psychischen und körperlichen Abhängigkeit vom Alkohol, die es dem Versicherten nicht mehr erlaubt, mit eigener Willenskraft davon loszukommen.

Schon die Möglichkeit, daß Symptome einer Hirndauerschädigung wie Alkoholunverträglichkeit, Charakter- und Intelligenzveränderungen, Denkverlangsamung sowie leichte neurologische Ausfälle Ausdruck eines Alkoholmißbrauchs mit der Folge einer Leberzirrhose sein können, verbietet nach dem Urteil des LSG Rheinland-Pfalz vom 11. 7. 1966 (L 1 V 296/60, SozSich 1966, S. 348 = SGb 1967 S. 37 = Meso B 290/72) die Anerkennung als Wehrdienstfolge, denn gefordert wird eine eindeutige Feststellung. Die gleiche Überlegung stellte das LSG Hamburg in seiner Entscheidung vom 10. 10. 1958 (UBf 187/56, Meso B 150/1) an. Es erklärte, daß eine Berufskrankheit bei einer Leberzirrhose, die häufig Folge einer nicht ausgeheilten Hepatitis ist, zu verneinen ist, wenn noch eine Reihe weiterer und erheblicher Krankheitsursachen als Auslösungsfaktor in Frage kommen.

Bei *Beurteilung* einer Leberzirrhose hinsichtlich des verbliebenen Leistungsvermögens hat nach *Wildhirt* (Die Begutachtung der Leberkrankheiten, MedSach 1959 S. 35) zuerst eine Klärung zu erfolgen, ob eine Leberschrumpfung oder eine *Narbenleber* vorliegt. Während die Leberzirrhose aggressiv, also fortschreitend ist, bildet sich die Narbenleber aus einer Zerstörung größerer Leberzellbezirke (Leberparenchymschaden). Diese Umwandlung endet, wenn der Gewebeuntergang abgeschlossen ist. Es kommt dann zu einer Neubildung von Parenchym in Form einer Vernarbung mit oft erstaunlich guten Leberfunktionen. Kann eine Stauung im Pfortaderkreislauf nachgewiesen werden, ist die Prognose grundsätzlich zwar günstiger als bei einer Zirrhose; die Leistungsfähigkeit des Versicherten ist aber erheblich eingeschränkt.

Folgendes muß beachtet werden:

1. Unter Beachtung der Tatsache, daß nur eine langdauernde Liegekur bei Einhaltung einer strengen Diät geeignet ist, die Leberzirrhose zu bessern oder wenigstens zum Stillstand zu bringen, muß grundsätzlich zuerst eine Erwerbsunfähigkeitsrente für die Dauer der Behandlung zugebilligt werden. Dabei sollte man die für die Tbc-Behandlung geltenden Richtlinien analog anwenden.
2. Bei nachgewiesener Kompensation kann eine Leberzirrhose – vor allem im Frühstadium – jahrelang ohne nennenswerte Beschwerden bleiben. Wird eine Dekompensation (durch Stauung im Pfortadergebiet entstehen Speiseröhrenvenenknoten

[Ösophagusvarizen]) diagnostiziert, besteht eine akute Blutungsgefahr, Kreislaufschwäche und Kollapsneigung. Biorhythmische Störungen zum Beispiel bei Wechsel- oder Nachtdienst, sind zusätzliche Risikofaktoren und daher auszuschließen. Besteht eine Verbindung (Shunt) durch Vereinigung (Anastomose) des Pfortaderstammes mit der Hohlvene (Vena cava), sind Trübung und Verlust des Bewußtseins, stumpfsinn(stupor-)artige Zustände nachzuweisen. Nur ausnahmsweise darf hier Erwerbsunfähigkeit verneint werden.

3. *Das Gefährliche an der Leberzirrhose ist die schleichende Verschlechterung der Leistungsfähigkeit.* Die ständigen Stoffwechselausgleichsstörungen verursachen oft unmerklich einen allgemeinen Abbau der Hirnleistungsfähigkeit. Zeichen von Konzentrationsstörungen, einer Erschwerung der Auffassungsgabe, Abriß von Gedanken und Gleichgewichtsstörungen sind zu finden. Sie machen den Einsatz als Kraftfahrer oder auf ähnlichen Arbeitsplätzen nach dem Gemeinsamen Gutachten des Beirates für Verkehrsmedizin von Juni 1973 nur ausnahmsweise möglich.
4. Der Beirat für Verkehrsmedizin fordert bei nachgewiesener Leberzirrhose neben einer fachärztlichen internistischen Untersuchung auch eine medizinisch-psychologische. Damit wird zum Ausdruck gebracht, daß psychologische Momente einen wesentlichen Einfluß auf die Krankheit und die Leistungsfähigkeit haben. Eine depressive Stimmung, Antriebsschwäche, Enthemmungen, Verwirrungszustände, Stimmungsschwankungen (Euphorie und Dysphorie lösen einander ab) sowie eine allgemeine Körperschwäche (Adynamie) gehören notwendig zum Bild der Leberzirrhose des fortgeschrittenen Stadiums. Der Arzt, der hier von Aggravation spricht, handelt bösartig. Zur objektiven Beurteilung gehört somit die Berücksichtigung der psychischen Momente und ihrer nicht unerheblichen leistungsmindernden Bedeutung.

25. Lungentuberkulose

Die Tuberkulose ist eine Ansteckungskrankheit, von der alle Organe betroffen werden können. Ansteckend ist allerdings nur die „offene" Tuberkulose, die eine freie Verbindung mit den Luftwegen besitzt; im Auswurf sind Bakterien. Man nimmt an, daß eine permanente Infektion erfolgt, die aber durch die körpereigenen Immunkräfte eliminiert wird. Nur wenn der Körper durch Krankheit, falsche Ernährung oder kranke Zähne in seiner Abwehrkraft geschwächt ist, entsteht die *Primär-* oder Erstinfektion. Unter Bildung kleiner Entzündungsherde entsteht die durch Auswurf gekennzeichnete (exsudative) Tuberkulose (Tbc). Das Gewebe zerfällt schnell. Bricht der Entzündungsherd in die Bronchien durch, wird er als krümelig käsartige Masse ausgeworfen. Die durch den Zellverfall entstehenden Höhlen, die die Größe einer Faust erreichen können, nennt man Kavernen. Besteht Anschluß an eine Blut- oder

Lymphbahn und kann die Infektion nicht eingedämmt werden, entsteht die Miliartuberkulose, die auch galoppierende Schwindsucht genannt wird.

Im Normalfall bildet sich an der Infektionsstelle eine produktive Tbc aus; ein mehrfacher Gürtel weißer Blutzellen und Bindegewebes igelt die Stelle ein. Es entsteht ein kleiner Höcker (*Tuberkel*), der schließlich so verkalken kann, daß der Herd ganz verschwindet. Trotzdem ist es möglich, daß dieser Krankheitsherd wieder neu auflebt (Exazerbation). Starke Sonneneinwirkung (daher Vorsicht beim Sonnenbaden), Aufregungen, Depressionen oder unspezifische Ursachen zum Beispiel ein Diabetes mellitus können eine *Reinfektion* auslösen. Die Tbc wird wieder aktiv und durchbricht den Abwehrdamm. Wird dieser Zusammenbruch der Abwehrfront durch eine neue Infektion verschuldet, bevor die erste Infektion ausheilen konnte, spricht man von einer *Superinfektion.*

Nach der Ziffer 37 der 7. Berufskrankheitenverordnung ist das Personal von Krankenhäusern und der Gesundheits- und Wohlfahrtspflege (vgl. S. 109) gegen Infektionskrankheiten versichert. Sie werden als Berufskrankheiten anerkannt. Nach dem Urteil des BSG vom 11. 12. 1957 (2 RU 80/54, Meso B 10/16 = BSGE 6 S. 186 = SozSich 1958 S. 26 = SGb 1958 S. 16) zählen auch die in der Verwaltung eines Krankenhauses Beschäftigten zu dem geschützten Personenkreis. Außerhalb dieser Betriebe erkrankte Versicherte können nach § 551 Abs. 2 RVO eine berufliche Infektion nur als Berufskrankheit anerkannt erhalten, wenn nach neuen Erkenntnissen die übrigen Voraussetzungen (Nachweis des doppelten Kausalzusammenhangs) erfüllt sind.

Die Ansteckung mit Tbc-Bazillen ist nach dem Urteil des LSG Baden-Württemberg vom 26. 9. 1957 (L2 a U 2769/55, Meso B 70/10 = SV 1959 S. 41) ein plötzlicher *Unfallhergang,* wenn nachgewiesen werden kann, daß die Aufnahme der Bazillen innerhalb einer Arbeitsschicht in massiver Weise erfolgt, der Versicherte zum Beispiel einem schweren Hustenreiz eines Offentuberkulosen aus kürzester Entfernung ausgesetzt war. Bei einer Superinfektion hingegen müsse man aber davon ausgehen, daß die Bazillenübertragung sich über einen langen Zeitraum erstreckte. Damit scheidet aber ein Arbeitsunfall aus. Diese Überlegungen finden sich auch im Urteil des BSG vom 26. 9. 1961 (2 RU 191/59, Meso B 70/28 = BSGE 15 S. 112 = SozSich 1962 S. 17 = SGb 1961 S. 337 = WzS 1961 S. 339).

Mit dem Wesen einer Infektion unvereinbar ist die Ansicht, eine Tbc könne durch eine Verletzung (Trauma) entstehen. Wie das LSG Rheinland-Pfalz am 21. 1. 1957 (KV 308/55, Meso B 70/12) feststellte, ist eine Hungerwassersucht (Dystrophie) durchaus geeignet, eine erhöhte Anfälligkeit für Tbc-Erkrankungen zu schaffen. Es sei bekannt, daß in den ersten fünf Jahren nach der Kriegsgefangenschaft eine zwölfmal höhere Anfälligkeit besteht.

Die Ziffer 35 der 7. Berufskrankheitenverordnung nennt eine Quarzstaublungenerkrankung (Silikose) in Verbindung mit einer aktiven Tbc (Siliko-Tbc) als *Berufskrankheit.* Das gilt nach der Ziffer 31 der 7. BKVO auch für eine Asbeststaublungenerkrankung in Verbindung mit einem Lungenkrebs. Nach dem Urteil des BSG vom

27. 3. 1958 (5 RKn 32/56, Meso B 70/6 = BSGE 7 S. 89 = SozSich 1958 S. 152 = SGb 1958 S. 160 = WzS 1959 S. 13) darf bei einer Siliko-Tbc nicht gefordert werden, daß eine „wesentliche" Silikose vorliegt. Es könne nicht darauf ankommen, ob die Staubveränderungen ein bestimmtes, objektiv ein für alle Male festgesetztes Ausmaß erreicht oder überschritten haben, sondern nur darauf, ob sie nach dem Stand der wissenschaftlichen Erkenntnis geeignet sind, einen schädigenden Einfluß auf eine aktiv fortschreitende Lungen-Tbc auszuüben. Ein Grund, das Vorliegen einer erheblichen, jedenfalls leichten, das heißt mindestens erstgradigen Silikose zu fordern, ist nicht zu erkennen.

Nach *Marx* (Gutachten Fibel S. 135) richtet sich die *Erwerbsminderung* nach dem Verlauf der Tbc-Erkrankung, der Prognose, Blutungsneigung und den funktionellen Auswirkungen. Dabei sind folgende Kriterien zu beachten:

1. Die Gefahr einer Ansteckung verbietet grundsätzlich irgend einen Arbeitseinsatz bei offener Tbc. Bei frischer, einseitiger Tbc ohne Bazillenauswurf muß nach Ablauf der Tbc-Hilfe-Frist entschieden werden, ob weiterhin Erwerbsunfähigkeit – vielleicht auf Zeit – gegeben ist. Die frühere Abstufung von Berufs- und Erwerbsunfähigkeitsrente ist praktisch entfallen, da jeder Arbeitseinsatz unter 8 Stunden bei Männern Erwerbsunfähigkeit wegen eines verschlossenen Arbeitsmarktes begründet. Therapieresistente Formen mit fortschreitendem Zerfall bedeuten immer Erwerbsunfähigkeit auf unbestimmte Zeit.
2. Niemals darf das Röntgenbild allein für die Beurteilung maßgebend sein, da bereits die Frage, ob ein Prozeß an den Lungenwurzeln (Hilus) tuberkulös oder „unspezifisch" ist, sich nur unter Berücksichtigung der Tuberkulinproben, des allgemeinen Krankheitsbildes, der Temperatur und der Blutsenkung beantworten läßt. *Marx* (aaO S. 134) verweist darauf, daß eine biologische Ausheilung praktisch nie zu beweisen sei. Man könne aber eine Inaktivität annehmen, wenn wenigstens in den letzten drei Jahren keine Veränderungszeichen entdeckt werden konnten.
3. Vegetative Symptome wie Appetitlosigkeit, Nachtschweiß, allgemeine Körperschwäche usw. sind zwar kein Aktivitätszeichen, haben aber einen leistungsmindernden Wert. Gerade im Hinblick auf die Tatsache, daß Aufregungen(Streß) und seelische Unausgeglichenheit in Form depressiver Zustände ein Wiederaufleben (Exazerbation) des verkalkten Tbc-Herdes provozieren und allgemein die Abwehrkräfte des Körpers schwächen kann, ist die verbliebene Leistungsfähigkeit vorsichtig abzuwägen. Dabei sollte zumindest in der ersten Zeit eher eine Unter- als eine Überforderung angestrebt werden.

26. Meniskusruptur

Der Meniskus (griechisch = Halbmond) ist eine der paarweise im Knie angelegten Zwischengelenkscheiben in Form eines gefäßlosen Faserknorpels. Sie sind für die Bewegungsführung des Kniegelenks bedeutungsvoll. Der Außenrand des Meniskus ist mit der Gelenkkapsel, der des medialen Meniskus zusätzlich mit dem medialen Seitenband, verwachsen. Am knorpelfreien Mittelfeld des Schienbeinkopfes sind die Meniskusenden befestigt. Ihre Hinterfläche, die am Schienbeinkopf anliegt, ist rauh; die obere Fläche entsprechend der Form der Oberschenkelrolle erhöht. Der innere Meniskus, nach dem die Gelenkscheibe ihren Namen erhalten hat, ist halbmondförmig, der äußere mehr rund.

Bedingt durch die Form und die Verbundenheit mit dem inneren Seitenband ist der äußere Meniskus besser verschieblich als der innere. Seine geringere Verschieblichkeit ist ohne Zweifel die Ursache, daß der innere Meniskus weit häufiger als der äußere geschädigt wird, obwohl grundsätzlich die Menisci sehr elastisch, anpassungsfähig und widerstandsfähig sind.

Die Frage, warum der Meniskus zerreißen (ruptieren) kann, erlaubt nur zwei Antworten: einmal kann dies durch eine von außen auf den Körper einwirkende Gewalt (Unfall) geschehen, die geeignet ist, die physiologische Widerstandsfähigkeit der Gelenkscheibe zu überwinden, oder durch Degeneration, die in Form der Einlagerung von Fettpartikeln nach dem 25. Lebensjahr beginnt. Die Abgrenzung zwischen beiden Ursachen ist im Einzelfall äußerst schwierig und kann nur unter Berücksichtigung aller Fakten erfolgen.

Beginnen wir mit der *Meniskopathie,* also der Degeneration des Meniskusgewebes. Diese ist nach Ziffer 42 der 7. Berufskrankheitenverordnung eine Berufskrankheit, wenn der Versicherte mindestens drei Jahre *unter Tage* im Bergbau gearbeitet hat. Nach dem Urteil des BSG vom 21. 11. 1958 (5 RKn 33/57, Meso B 240/12 = BSGE 8 S. 246 = SozSich 1959 S. 63 = SGb 1958 S. 382) kann aus dieser Bestimmung nicht der Umkehrschluß gezogen werden, daß in den Fällen, in denen der Meniskusschaden nach einer mindestens dreijährigen Bergbautätigkeit unter Tage entstanden ist, ohne weiteres eine Entschädigungspflicht entsteht. Auch bei *Berufskrankheiten* gilt der Grundsatz, daß der doppelte Kausalzusammenhang (vgl. S. 59 ff.) nachgewiesen sein muß. Bei der Meniskopathie ging der Gesetzgeber davon aus, daß der ursächliche Zusammenhang als bewiesen gelten kann, wenn der Versicherte mindestens drei Jahre lang regelmäßig irgend eine Untertagetätigkeit in hockender, knieender oder liegender Körperhaltung verrichtet oder in schräger Lage in niedrigen Flözen gearbeitet hat. Es genügt somit nicht, daß der Versicherte in diesen drei Jahren nur hin und wieder in Zwangshaltungen tätig war; dies muß während eines wesentlichen Teils seiner täglichen Arbeitszeit der Fall gewesen sein. Kann die geforderte Art der Untertagearbeit nicht bewiesen werden, ist eine Entschädigung zu versagen. Nach der Entscheidung des LSG Nordrhein-Westfalen vom 20. 6. 1961 (L 15/2/Kn 1093/58, Meso B 240/25) gibt es keinen Erfahrungssatz, daß selbst nach einer 16 Jahre langen Untertagetätigkeit ein Meniskusschaden immer eine Berufskrankheit ist. Am 16. 2. 1965 stellte der gleiche Senat (L 15 Kn 8/62, Meso B 240/38, Breith. 1965 S. 908) fest, daß bei der Berechnung des Dreijahreszeitraumes geringe Fehlzeiten durch Urlaub oder Arbeitsunfähigkeit nicht zu berücksichtigen sind.

Wird eine Menikopathie als Berufskrankheit anerkannt, stellt sich die Frage, ab wann die Rente zu zahlen ist. Dabei gilt nach § 551 Abs. 3 RVO als *Zeitpunkt des Arbeitsunfalls* der Beginn der Krankheit im Sinne der Krankenversicherung oder, wenn es für den Versicherten günstiger ist, der Beginn der Erwerbsminderung. Nach dem Urteil des BSG vom 13. 5. 1966 (5 RKn 57/63, Meso B 10/136 = Breith. 1967 S. 112) ist es bei einem wiederholt auftretenden Meniskusschaden ohne rechtliche Bedeutung, daß – medizinisch gesehen – die einzelnen Erkrankungsfälle auf einer einheitlichen „Grundkrankheit" beruhen. Im Sinne der Krankenversicherung handelt es sich bei jeder einzelnen Erkrankung um verschiedene selbständige Versicherungsfälle, wenn zwischen ihnen ein erheblicher Zeitraum liegt, in dem weder Arbeitsunfähigkeit noch Behandlungsbedürftigkeit besteht. In diesem Fall beginnt mit dem Eintritt erneuter Behandlungsbedürftigkeit oder Arbeitsunfähigkeit ein neuer Versicherungsfall. Dieser Zeitpunkt „gilt" dann auch als Zeitpunkt des Arbeitsunfalls, von dem an Rente zu zahlen ist.

Ob ein gesunder Meniskus durch einen *Arbeitsunfall* zerreißen kann und ob dies nur ausnahmsweise geschieht, ist umstritten. Bereits in seinem Urteil vom 23. 10. 1956 (UBf 81/55, Meso B 240/7) hat das LSG Hamburg darauf hingewiesen, daß die Ansichten über die durch einen Unfall entstandene (traumatische) Meniskusruptur in der medizinischen Lehre divergieren; es werden zwischen 96 (Groh) und 30 bis 40 vom Hundert (Andreesen, Husten) aller Rupturen als traumatisch angesehen. Wenn – wie oft – die Wahrheit etwa in der Mitte liege, müsse man davon ausgehen, daß jeder zweite Meniskusriß Unfallfolge ist. Das gilt auch noch heute.

Grundsätzlich werden zwei Arten von traumatischen Meniskusrupturen unterschieden, nämlich

1. der *frische Unfallriß.* Er geht in der Regel mit schweren klinischen Zeichen einer Gelenksverletzung und spontan einsetzenden Beschwerden einher, besonders dann, wenn es sofort zur Einklemmung des abgerissenen Meniskus kommt.
   In seinem Urteil vom 26. 9. 1961 (2 RU 209/59, SozSich 1962 S. 17 = Meso B 240/21) hat das BSG bereits angedeutet, daß sich in der modernen Medizin ein Wandel der Anschauung bemerkbar mache, wonach nicht mehr ausnahmslos gefordert wird, daß die Arbeit sofort nach der Ruptur eingestellt wird, um eine schwere Gewalteinwirkung annehmen zu können. Folgerichtig hat das LSG Nordrhein-Westfalen in seiner Entscheidung vom 20. 1. 1970 (L 15 BU 19/69, Meso B 240/54) erklärt, daß die Tatsache, daß der Versicherte erst einige Tage nach dem Unfall die Arbeit eingestellt habe, der Anerkennung einer unfallbedingten Meniskusruptur nicht entgegenstehe.
   Wie entsteht ein traumatischer Meniskusriß? Bei starker Beugung des Knies wird der Innenmeniskus nach hinten ins Gelenk verlagert, während zugleich der vordere Anteil in das Gelenk unter Zugspannung des Kapselansatzes und der vorderen Anheftungsstelle hineingedrückt wird. Verstärkt nun eine zusätzliche Außenrotation des Unterschenkels den Zug und die Verlagerung des vorderen Meniskusteils und wird anschließend eine heftige Bewegung – meist Streckung – ausgeführt, wird

der Meniskuskopf zwischen Schienbeinkopf und Oberschenkelrolle eingeklemmt und zerrissen.

Seltener ist folgender Unfallmechanismus: Der innere Kniegelenkspalt wird zum Klaffen gebracht und dadurch ins Gelenk gezogen. Durch eine reflektorische Muskelbewegung wird der Meniskus zwischen Unterschenkel und Oberschenkelknorren verletzt. Beide Unfallmechanismen sind zu berücksichtigen.

2. der *Spätschaden nach Unfallriß*. Hier war eine der unter 1 beschriebenen traumatischen Meniskusrisse vorhergegangen. Bei entsprechender Ruhigstellung ist es durchaus möglich, daß ein kleiner Riß in einem sonst gesunden Meniskus ausheilt. Dies sei zu bejahen, wenn der Versicherte tatsächlich sieben Jahre beschwerdefrei gewesen sei, erklärte das LSG Hamburg am 17. 1. 1956 (UBf 200/54, Meso B 240/6). Die Ausheilungschance ist natürlich in den gefäßhaltigen Abschnitten des Meniskus und an der Kapselansatzstelle größer als in den gefäßlosen Teilen. Tritt keine Ausheilung ein, erfolgt eine Verlagerung und Einklemmung der gelösten Gelenkscheibe; es entsteht ein Gewebetod (Nekrose) durch Druck. Wurden Randgefäße durch den Unfall verletzt, bilden sich sekundäre Degenerationen infolge der Durchblutungsstörungen. Diese Schädigungsmöglichkeit wird erfahrungsgemäß kaum von den medizinischen Sachverständigen in Betracht gezogen. Für sekundäre Degenerationen ist die Zusammenhangstrennung in Form des typischen *Korbhenkelrisses* angeblich charakteristisch (vgl. Achillessehnenruptur S. 68). Es finden sich ausgewalzte Ränder. Teile des abgelösten Meniskus, die in das Gelenk gedrückt wurden, werden oft zu schwimmenden (flottierenden Körpern, die sich bereits bei Bagatellanlässen verklemmen. Weiter sind totale Kapselabrisse, Längsrisse und auch Lippenbildungen bekannt.

Nach dem bereits zitierten Urteil des BSG vom 26. 9. 1961 (2 RU 209/59) ist für die *Anerkennung* einer traumatischen Meniskusschädigung zu fordern, daß der angeschuldigte Unfall *wesentliche Teilursache* der Schädigung ist. Eine Gelegenheitsursache (vgl. S. 62) scheidet somit auch dann aus, wenn sie aus unzähligen Mikroverletzungen besteht. Etwas anderes gilt nur, wenn das letzte Ereignis sich so erheblich von den vorherigen Schädigungen durch seine Intensität abhebt, daß es dadurch rechtliche Bedeutung erlangt. Unter Beachtung dieser Richtlinien hat das LSG Nordrhein-Westfalen in seinem Urteil vom 20. 1. 1970 (L 15 BU 19/68, Meso B 240/54) einen Meniskusschaden als Arbeitsunfall anerkannt. Hier war ein Rangierer beim Abspringen von einem Wagen mit dem linken Fuß auf ein Kohlestück getreten, dabei abgerutscht und mit dem linken Knie eingeknickt. Die Ansicht der Berufsgenossenschaft, das Unfallereignis habe einen gesunden Meniskus nicht zerreißen können, wies der Senat als rechtlich unerheblich zurück. Es komme nur darauf an, ob der Unfall wesentliche Mitursache eines bereits vorgeschädigten (degenerierten) Meniskus war.

Noch ein Wort zu der Bewertung des *histologischen* Befundes, der oft benutzt wird, um eine Degeneration als allein wesentliche Ursache anzuschuldigen. Bis zu acht Tagen nach dem Unfall werden Verdickungen, Strukturauflockerungen und zunehmende Verfärbung aber keine frischen Degenerationen am Meniskus gefunden. Vier

bis sechs Wochen nach dem Trauma treten immer stärker sekundäre Degenerationserscheinungen auf, so daß es unmöglich ist, sie gegen primäre oder altersbedingte (physiologische) Degenerationen abzugrenzen. Ab der sechsten Woche ist der histologische Befund also wertlos.
Zur Abrundung sei noch auf die *pseudoprimäre* Degeneration hingewiesen, die sich als Spätschaden der Meniskusscheibe bei einem Schlotterknie infolge Lockerung des Kapsel-Bandapparates und ständiger Fehlbelastung entwickelt. Gerade hier genügen bereits geringe Anlässe, um eine rißbereite Meniskusscheibe zu ruptieren.

27. Netzhautablösung

Nachdem es Wessely 1904 gelang, am Tierauge eine künstliche Netzhautablösung (Ablatio retinae) experimentell zu verursachen, sind vor allem hinsichtlich der Entstehung dieser Krankheit die Schwierigkeiten nicht verschwunden. Begünstigt durch die Tatsache, daß die Netzhaut des Auges (Retina) nur am Sehnerveneintritt und an der Ora serrata befestigt ist, wölbt sich bei der Ablatio die Netzhaut unter einem oder mehreren Einrissen in den Glaskörpern vor. Auslösendes Moment ist das Eindringen von Glaskörperflüssigkeit hinter die Retina mit der Folge, daß die Netzhaut praktisch „abgehoben" wird.
Nach *Voss* (Experimentelle Netzhautablösung nach Wessely, MedKlin 1974 S. 1699) wird die Fixierung der Retina durch drei Ursachen, die zusammenwirken müssen, gefährdet, nämlich durch

1. Zugwirkung fixierter Glaskörperstränge mit Einriß der Netzhaut
2. degenerative Netzhautlochbildungen bei begrenztem Netzhautzerfall
3. aufsaugende (exsudative) krankhafte Gefäßreaktionen in der Aderhaut, die letztlich die Retina in den Glaskörperraum drängen.

Die Frage, ob eine Netzhautablösung durch einen Arbeitsunfall entstehen kann, ist nur von Fall zu Fall zu entscheiden. Nach *Löhlein* sind folgende traumatischen Ursachen bekannt:

1. perforierende Augenverletzungen
2. direkte und indirekte Quetschungen (Contusionen) des Auges durch Prellung
3. schwere Körpererschütterungen und
4. besonders große körperliche Anstrengungen bei der Arbeit.

In der Praxis wird übereinstimmend großer Wert auf das zeitliche Intervall (Latenzzeit) zwischen Unfall und Beginn der Sehstörungen gelegt. So hat Sauter die Auffassung vertreten, daß bei indirekten Traumen grundsätzlich eine skeptische Einstellung zur Ursächlichkeit angezeigt ist, wenn die Latenzzeit vier Wochen übersteigt. Hollwich meint, daß eine indirekte Verletzung als Ursache in Betracht kommt, wenn die Netzhautablösung innerhalb folgender Latenzzeiten liegt: Überanstrengung 14 Tage, Kopfprellung und Körpererschütterungen sechs Wochen. In der Hälfte aller

beobachteten Fälle traten die die Ablatio retinae ankündenden Sehstörungen bereits einen Tag nach der Körpererschütterung auf.
Bei den degenerativen Veränderungen kann nach den oben genannten Kriterien eine Netzhautablösung auch ohne erkennbare äußere Anlässe entstehen. Die so vorhandene Disposition, die selbstverständlich mit der Ausdehnung der Degeneration zunimmt, ist eine potentielle Krankheit, zu deren Auslösung es immer eines mehr oder minder starken Anstoßes von außen bedarf. Ist dieses äußere Geschehen relativ geringfügig, spricht man von einer Gelegenheitsursache, die rechtlich nicht relevant ist. Die vom Sozialrecht geforderte wesentliche Teilursache kann nur aus einer massiven Einwirkung bestehen.
In seinem Urteil vom 9. 6. 1958 (11 U 131/58, Meso B 30/1) stellte das LSG Niedersachsen fest, daß eine Netzhautablösung nur ausnahmsweise eine Unfallfolge sein könne. Das sei der Fall, wenn sich im zeitlichen Zusammenhang mit der Schädigung eine äußere Einwirkung nachweisen läßt, die sich als ein schweres Unfallgeschehen (zum Beispiel schwere Prellung oder schwere körperliche Arbeit) darstellt, oder wenn das Auge oder seine unmittelbare Nachbarschaft direkt oder mittelbar getroffen werde. Geringe Spuren von Zementstaub, die ins Auge dringen, können eine Netzhautablösung nicht verursachen. Nach dem Urteil des BSG vom 26. 11. 1964 (9 RV 854/62, SGb 1965 S. 16 = Meso B 30/23) besteht kein allgemeiner Erfahrungssatz, daß ein mit voller Wucht das Gesicht treffender Fußball das Auge nicht erheblich in Mitleidenschaft ziehen kann. Die aus einem Preßluftwerkzeug ausströmende Luft ist nach der Entscheidung des LSG Nordrhein-Westfalen vom 10. 3. 1970 (L 15 BU 43/67, SGb 1971 S. 188 = Meso B 30/28) keineswegs so stark und somit ungeeignet, über eine Contusion des Auges eine Netzhautablösung entstehen zu lassen.
Interessant ist das Urteil des BSG vom 29. 5. 1962 (7/9 RV 634/60, SGb 1962 S. 207 = BSGE 17 S. 99 = SozSich 1962 S. 209). Hier hatte der Kläger im Ersten Weltkrieg sein rechtes Auge verloren. Als 1954 infolge einer Netzhautablösung das linke Auge erblindete, lehnte der Senat die Erhöhung der Rente ab. Maßgebend könne nur eine Veränderung sein, die durch Einflüsse des Wehrdienstes hervorgerufene Krankheiten erleiden. Dieser Grundsatz gilt nach der Entscheidung des LSG für das Saarland vom 13. 1. 1966 (3 LU 5/65, Meso B 30/24 = SGb 1967 S. 182) nicht für das Unfallrecht. Die geforderte wesentliche Mitverursachung sei in diesem Fall gegeben, denn ohne den unfallbedingten Verlust eines Auges wäre keine Blindheit eingetreten.

28. Neurose

Unter einer Neurose wird ein durch Fehlentwicklung des Triebes und unverarbeiteter seelischer Konflikte entstandener Zustand verstanden, der weder eine organische Ursache noch einen Organschaden verursacht hat. Für den Begriff Neurose fordert

Bräutigam (Reaktionen, Neurosen, Psychopathien S. 70 ff.) den Nachweis folgender Bedingungen:

1. Die Störung muß auf einer inneren Konfliktsituation beruhen. Obwohl sie sich dem direkten Verständnis entzieht, ist sie in Form einer verschlüsselten Funktionsstörung oder abartigen Reaktionen als unbewußte Fixierung auf die Kindheit und verdrängte Triebe anzusehen. Als Beispiel ist hier die Examensangst zu nennen. Die Einstellung zum Vater als unerreichbares Vorbild mit dem Wunsch, sich für das eigene Versagen zu bestrafen, aber auch unter allen Umständen das Lernziel zu erreichen, ist hier der Konflikt.
2. Dieser Zwiespalt (Ambivalenz) gilt auch hinsichtlich der Mitmenschen. Die Persönlichkeit ist grundsätzlich unsicher, gehemmt und ängstlich; der Neurotiker ist „mit Gott, der Welt, den Menschen und sich selbst" unzufrieden. Als Hysteriker versteht er es zum Beispiel, bei dem behandelnden Arzt zuerst Sympathien, dann aber affektvolle Ablehnung oder gar Bestrafung („Ich verschreibe nur noch Scheinmedikamente (Placebos)") zu wecken.
3. Infantile, also kindische Komplexe sind nachweisbar; die Reife des Erwachsenen wird vermißt. Der Ödipus-Komplex, nach Freud Kernkomplex aller Psychoneurosen, soll hier genannt werden. Der Wunsch, die eigene Mutter zu besitzen, die Rivalität mit dem Vater und die Kastrationsangst stellen gemeinsam den Konflikt dar.
4. Ängste und Zwangsgedanken oder -impulse sind weiter zu fordern. Unter Zwang wird verstanden, daß der Mensch von Gedanken oder Impulsen gezwungen und beherrscht wird, obwohl er selbst einsieht, daß die Ideen unbegründet oder gar unsinnig sind. Beispielhaft soll nur die Vorstellung einer Patientin genannt werden, in ihrem Kopf befindet sich eine Couch. Werden die Zwangshaltungen nicht ausgeführt, entstehen extrem starke Ängste. Aber auch ein Nachgeben schafft keine Erleichterung. Nicht selten findet man einen Wiederholungszwang, der bis zur Erschöpfung gehen kann.

In der Praxis bestimmter Ärzte, die in der überholten Tradition der organischen Medizin des 19. Jahrhunderts denken, wird gegen die Neurose eingewandt, sie sei keine Krankheit, sondern nur eine funktionelle Störung, die aufgedeckte jeweilige Störung gehöre nicht zum Formenkreis der Neurose, habe überhaupt keinen Krankheitswert und durch eine Rentengewährung würde die Übertreibung der Beschwerden praktisch belohnt und die Beschwerden sich noch vertiefen. Allein um diesen Effekt zu verhindern, müsse man jede Rentenzahlung an Neurotikern ablehnen.

Dazu ist folgendes zu sagen:

1. Bekannt ist, daß nach der jeweiligen medizinischen Schule der Neurosebegriff unterschiedlich gehandhabt wird (vgl. *Doucet,* Psychoanalytische Begriffe – vergleichende Textdarstellungen Freud-Adler-Jung S. 110). Dieser Theorienstreit über den Inhalt des Begriffes ist für die gerichtliche Praxis ohne Wert, da ausnahmslos *alle* seelischen Abnormitäten – unabhängig von ihrer Klassifizierung – zu beachten sind, *wenn sie Krankheiten im Rechtssinn sind,* stellte das BSG mit Recht zu sei-

nem Urteil vom 1. 7. 1964 (11/1 RV 158/61, Meso B 310/17 = BSGE 21 S. 189 = SozSich 1964, S. 241 = SGb 1964 S. 274) fest. Unter Krankheit wird aber ein regelwidriger Geistes- und Körperzustand verstanden, der entweder behandlungsbedürftig ist oder der Arbeitsunfähigkeit verursacht (§ 182 RVO). Nach dieser Entscheidung können Neurosen auch dann Krankheiten im Sinne der Sozialversicherung sein, wenn die medizinische Wissenschaft sie nicht als solche ansieht; maßgebend ist nur, daß sie die rechtliche Eigenschaft einer Krankheit besitzen. Dabei ist es unzulässig, den Krankheitsbegriff einzuschränken. Er umfaßt alle seelischen und psychisch bedingten Störungen, die der Versicherte aus eigener Kraft nicht überwinden kann.

2. Die Auffassung, daß eine psychische Abnormität erst dann einen *Krankheitswert* erhält, wenn es zu Organschädigungen gekommen ist (erst das psychisch beeinflußte Geschwürs-(Ulcus-)Leiden soll relevant sein) wurde von der gesamten Rechtsprechung abgelehnt. In seinem Urteil vom 23. 10. 1957 (4 RJ 21/57, Meso B 310/2) stellte das BSG fest, daß diese Auffassung insofern fehl gehe, als die nach *Schultz* als ,,Kernneurosen" (zum Beispiel Zwangs- und Sexualneurosen) bezeichneten neurotischen Störungen im Hinblick auf ihre Stellung in der Nähe echter geistiger Störungen nicht zu umgehen sind und zum anderen nicht zu erkennen sei, wie einem Versicherten, der nach ärztlichem Urteil objektiv unfähig ist, aus eigener Kraft seine jeder Arbeitsleistung entgegenstehenden neurotisch bedingten Hemmungen zu überwinden, die Verrichtung einer Erwerbstätigkeit noch zugemutet werden könne, ohne daß vorher diese Hemmungen beseitigt wären.
   Die BSG-Entscheidung vom 2. 9. 1964 (11/1 RA 90/60, SGb 1964 S. 331 = Meso B 310/22) bestätigte, daß eine Krankheit im Rechtssinne bereits vorliegt, wenn die Neurose den Grad der Psychose noch nicht angenommen, zu organischen Folgekrankheiten noch nicht geführt hat und wenn es sich (noch) nicht um eine ,,Kernneurose" mit Umstrukturierung der Persönlichkeit handelt. Alle seelischen Störungen sind zu beachten, die der Versicherte allein nicht überwinden kann.
   Ob eine Neurose Krankheitswert hat, ist nach dem Urteil des LSG Hamburg vom 28. 11. 1957 (JBf 168/55, Meso B 310/5) keine Rechtsfrage, sondern vom medizinischen Sachverständigen zu entscheiden. Allerdings hat das Gericht zu überprüfen, ob der rechtliche Krankheitsbegriff vom Sachverständigen benutzt worden ist.

3. Die *Simulationsnähe* neurotischer Zustandsbilder ist nach der Entscheidung des BSG vom 7. 4. 1964 (4 RJ 283/60, Breith. 1964 S. 170 = SozSich-Kartei Nr. 1672, VII/A zu § 1246 RVO = Meso B 310/10 a = SGb 1964 S. 172) Grund genug, um höchste Sorgfalt bei der Ermittlung des Sachverhalts und Sicherheit des Beweises zu erlangen. Daß eine Gesundheitsschädigung oder eine tatsächlich nicht existierende Unfähigkeit zur Arbeit nur vorgespielt werden, schließt begrifflich den Fall aus, in dem das abartige Verhalten der gewollten Einwirkung des Versicherten entglitten ist. Besitzt der einzelne infolge von Krankheitsvorstellungen

nicht die Kraft, den Willen zur Erwerbsarbeit aufzubringen, dann ist darin – rechtlich – eine Krankheit zu erblicken.

Maßgebend ist allein, daß die seelische Störung in einer vom Betroffenen selbst nicht zu überwindenden Weise seine Erwerbsfähigkeit hemmt (BSG vom 1. 7. 1962 – 11 (1) RV 158/61, Meso B 310/17). Dabei müssen für die rechtliche Betrachtung die Anschauungen ausscheiden, die unter naturwissenschaftlichen oder philosophischen Gesichtspunkten eine echte Entscheidungsfreiheit des Menschen in Zweifel ziehen. Die psychischen Reaktionen sind nach der Überzeugung des BSG (Urteil vom 29. 11. 1963 – 2 RU 46/58, SGb 1964 S. 17 = SozSich 1964 S. 19 = Meso B 310/18) in der Regel nicht ausschließlich durch aus dem Unterbewußtsein wirkende Kräfte bestimmt; häufig wirken Überbewertung und zweckgerichtete unechte Verhaltensweisen, also der Wille steuernd mit. Eine Simulation kann vorliegen, auch wenn der Versicherte von der Rechtsmäßigkeit seines Anspruchs überzeugt ist (BSG vom 21. 10. 1969 – 11 RA 219/66, Meso B 310/35 = Breith. 1970 S. 170 = SGb 1970 S. 308 = SozSich 1970 S. 19).

4. In allen Zweigen der Gerichtsbarkeit gilt der Grundsatz, daß eine *Rentenneurose* nicht zu entschädigen ist. Wird das neurotische Zustandsbild im wesentlichen durch das – wenn auch unbewußte – Streben nach einer Lebenssicherung oder Anklammerung an eine Rechtsposition hervorgerufen, kann dies nach ständiger Rechtsprechung des BGH (vgl. unter anderem Urteil vom 29. 2. 1956 – VI ZR 352/54, BGHZ 20 S. 137 = BG 1956 S. 261) dem Schädiger nicht angerechnet werden. Dieser Grundsatz galt und gilt auch in der gesetzlichen Sozialversicherung (vgl. RVA vom 30. 9. 1926 und 10. 2. 1928, EuM 23 S. 74 und 7. 10. 1935, EuM 40 S. 198 und BSG vom 28. 7. 1959 – 11/8 RV 425/57, BSGE 10 S. 209 = SozSich 1960 S. 17 = SGb 1959 S. 321 = Meso B 310/3). Die Beweislast, daß keine Rentenneurose vorliegt, trifft nach dem Urteil des BSG vom 21. 10. 1969 (11 RA 219/66, Meso B 310/35 = SozSich 1970 S. 19 = SGb 1970 S. 308 = Breith. 1970 S. 179) den Versicherten.

5. Das Argument von *Kroll* (Der BGH und die sogenannte Unfallneurose, MedSach 1956 S. 97), die Rentengewährung an einen Neurotiker würde diesen nur noch tiefer in die psychische Abartigkeit hineintrieben und jede Heilung verhindern, ist von den Gerichten teilweise verworfen worden. Das BSG wies in seiner Entscheidung vom 7. 4. 1964 (4 RJ 283/60, Meso B 310/10 a = SozSich-Kartei Nr. 1672, VII/A § 1246 RVO = SGb 1964 S. 172 = Breith. 1964 S. 170) darauf hin, daß immer dort, wo Ärzte diese Befürchtung äußern, Rehabilitationsmaßnahmen angezeigt sind. Ihre Durchführung würde beweisen, ob diese Prognose berechtigt war. Am 11. 7. 1964 erklärte das BSG (11/1 RA 186/61, Meso B 310/19 = SozSich 1964 S. 241), daß der Einwand, eine Rentenzahlung stehe einer Heilung entgegen, nur dann beachtlich ist, wenn die Prognose *zuverlässig* gestellt werden kann, und zwar gerade hinsichtlich des Individualfalles. Die allgemeine Auffassung, jedem Neurotiker sei aus diesen Gründen die Rente zu versagen, ist somit

wertlos. Ist diese Auffassung aber im Einzelfall begründet, muß die Rente mindestens für die Zukunft versagt werden.

Während es im *Rentenrecht* durchaus ausreicht, daß der neurotische Zustand überwiegend außerhalb der Willensbeeinflussung des Versicherten liegt und ihn hindert, mehr oder weniger erwerbstätig zu werden (vgl. BSG vom 16. 3. 1962 – 12/3 RJ 108/57, SozSich 1962 S. 150 = Meso B 310/12 = SGb 1962 S. 143), ist die Frage, ob die Neurose als *Unfallfolge* zu entschädigen ist, schwieriger zu beantworten. Voraussetzung ist auch hier, daß die Neurose durch den Unfall (oder Wehrdienst) entstanden oder wesentlich beeinflußt worden ist. Dabei gilt folgendes:

1. Gegen den Kausalzusammenhang wird angeführt, daß bei psychischen Erkrankungen kein *naturwissenschaftlicher Ursachenzusammenhang* gegeben sei. In keinem Gesetz wird aber ein naturwissenschaftlicher Kausalzusammenhang gefordert. Das BSG vertritt in seiner Entscheidung vom 28. 4. 1960 (5 RKn 12/58, SGb 1960 S. 204 = Meso B 310/11) die Auffassung, daß es sich hierbei um die Frage der medizinischen Kausalität, also um eine Frage des Ursachenzusammenhangs im naturwissenschaftlich-philosophischen Sinne handele.
2. Die *Primärpersönlichkeit* des Versicherten soll nach Auffassung bestimmter Ärzte immer die überwiegende, der Unfall nur die Gelegenheitsursache der Neurose sein. Dazu sagt *Gottschick* (Zur Frage der versorgungsärztlichen Beurteilung funktioneller Gesundheitsstörungen [Neurosen und psychogene Reaktionen] MedSach 1959 S. 73), daß jede ursächliche Veränderung immer etwas auslöst. Es hänge stets von den Nebenumständen ab, zu welchen Folgen sie führt. Mit gleicher Argumentation könne man einem Beinamputierten den Versorgungsanspruch ablehnen, da sein anlagebedingtes zartes Knochengefüge mitursächlich für den Beinverlust sei. Ein hartes Knochengerüst hätte der Gewehrkugel besser widerstanden und keine Beinamputation verursacht. Es ist für die Unterbewertung psychischer Störungen symptomatisch, daß bei Organschäden diese Argumentation als unsinnig verworfen wird.

   Nach ständiger Rechtsprechung (vgl. BSG vom 18. 12. 1962 – 2 RU 189/58, BSGE 18 S. 173 = AP Nr. 11 zu § 542 RVO a. F. = SozSich 1963 S. 46 = SGb 1964 S. 204 = Meso B 310/15) findet keine Trennung zwischen körperlichen und geistigen Folgen bei Kausalitätsfragen statt. Seelische Veränderungen sind nicht unwesentlich, weil sie eine entsprechende Veranlagung voraussetzen. *War das Unfallgeschehen unersetzlich für die Entwicklung der Neurose, ist sie rechtlich bedeutungsvoll.* Dabei ist zu beachten, ob vor der Schädigung eine völlig verborgene (latente) „Anlage" bestand. Der Ursachenzusammenhang ist zu verneinen, wenn die Neurose Folge wunschbedingter Vorstellungen ist.

   Die Beurteilung darf nicht von einer *„normalen Reaktion"* erfolgen, da es keinen „Normalmenschen" gibt (vgl. unter anderem BSG vom 11. 11. 1959 – 11/9 RV 290/57, BSGE 11 S. 50 = SozSich 1960 S. 17 = SGb 1959 S. 393 = Meso B 310/8). Allgemeine Erfahrungen der medizinischen Wissenschaft sind nicht maßgebend. In jedem Einzelfall sind die psychosomatischen Ursachen der Neurose festzustellen. Der Sachverständige hat zu prüfen, ob das Unfallerlebnis den Versicherten derart in tieferen Schichten der Persönlichkeit getroffen hat, daß er dem Zwang zu neurotischen Reaktionen nicht mehr entrinnen kann (BGHZ 39 S. 313 und BSG vom 29. 11. 1963 – 2 RU 46/59, Meso B 310/18 = SozSich 1964 S. 19 = SGb 1964 S. 17).

3. Die *Nichtermittlung der Persönlichkeitsstruktur* des Patienten ist nach der Entscheidung des BSG vom 22. 3. 1962 (8 RV 154/61, Meso B 310/6a) ein Revisionsgrund. Nachdem die Ermittlungen durchgeführt wurden, stellte das LSG Bayern am 18. 9. 1963 (L 13 V 663/62, Meso B 310/6 b) fest, daß die bei dem Kläger vorhandene Disposition zu histerischen Reaktionsweisen dem ursächlichen Zusammenhang zwischen Lähmung und Wehrdienst nicht entgegenstehe. Beruhe das Leiden auf einer Anlage, die bisher kein krankhaftes Geschehen hervorgerufen habe und wird dieses erst durch das Trauma zum Ausdruck gebracht, so stehen als Bedingungen sowohl die Anlage als auch der schädigende Vorgang nebeneinander. Die durch die Schädigung gesetzte Bedingung ist dann eine *wesentliche Bedingung* und Ursache im Rechtssinne für die Entstehung des Leidens, wenn sich Anlage und Schädigungsvorgang *gleichwertig* gegenüberstehen (BSG vom 23. 3. 1961 – 11 RV 148/59, SGb 1961 S. 183 = Meso B 290/25).

4. Weiter wird die Erfüllung des *Zeitintervalls* gefordert. Das BSG verlangt in seinem Urteil vom 28. 7. 1959 (8 RV 425/57, Meso B 310/3 = BSGE 10 S. 209 = SozSich 1960 S. 17 = SGb 1959 S. 321), daß *die psychische Störung sich an die noch nicht abgeklungenen Organstörungen anknüpfen und sich mit ihnen vermischen müssen.* Der BGH fordert in seinem Urteil vom 29. 2. 1956 (VI ZR 352/54, BGHZ 20 S. 137 = BG 1956 S. 261), daß Art und Entstehung der neurotischen Verhaltensweisen richtig zu beurteilen sind. Dabei kommt es besonders darauf an, einen durch die Schwere des Unfalls erlittenen Schock oder durch die Eingriffe der ärztlichen Behandlung verursachte psychische Störung von rentenneurotischen Tendenzen abzugrenzen. Es geht also darum, ob das Unfallerlebnis die Psyche so verletzt hat, daß der Verletzte dem dadurch entstehenden neurotischen Reaktionszwang nicht mehr entrinnen kann (BGHZ 39 S. 313). Anders als bei Organschädigungen kann aber nicht gesagt werden, daß ein leichtes Trauma nur geringfügig auf die Psyche wirkt. Jeder hat bereits die Erfahrung gemacht, daß vom Verstand als banale Ereignisse eingestufte Vorgänge des täglichen Lebens so tief in das Unterbewußtsein eindringen, daß sie anschließend im Traum verarbeitet werden müssen. Das Unterbewußtsein hat also andere Dimensionen der Reizaufnahme und -verarbeitung als der Verstand.

5. Hinsichtlich der Lehre von der *überholenden Kausalität* wird argumentiert, daß bei Fortfall der Schädigungsursache die psychischen Störungen ebenfalls verschwinden müßten. Bleiben sie weiterhin existent, müßten somit andere Ursachen die psychischen Störungen begründen. Nach Auffassung des BSG im Urteil vom 29. 11. 1963 (2 RU 46/58, SozSich 1964 S. 19 = Meso B 310/18 = SGb 1964

S. 17) ist der Wechsel der Kausalität nur relevant, wenn er rentenneurotischen Begehrensvorstellungen entspringt.

Hier ist weiter das Urteil des BSG vom 27. 8. 1963 (9 RV 482/61, SGb 1963 = Meso B 310/24) zu nennen. Ausgehend von der richtigen Überlegung, daß auch die seelisch schädliche Einwirkung selbst zu einer entschädigungspflichtigen Gesundheitsstörung führen kann, betonte der Senat, daß auch *mittelbare Schädigungsfolgen* anzuerkennen sind. Man werde den leiblich-seelischen Zusammenhängen nicht gerecht, wenn man sich mit der Feststellung begnüge, daß nach dem Abklingen der Organschädigungen die psychischen Störungen nur noch als Zeichen einer anlagebedingten Neurose oder Psychose oder Willensschwäche angesehen werden.

Bekanntlich verursacht jede Krankheit und jeder Unfall eine mehr oder minder starke Dysregulation des seelischen Gleichgewichts. Neben dem körperlichen wird ein psychischer Leidensprozeß ausgelöst. Dabei hängen im Individualfall Schwere und Dauer des psychischen Prozesses von der psychischen Widerstandskraft des Betroffenen ab; er kann ein schwächeres oder stärkeres Leiden produzieren, ohne daß es sich dabei notwendig bei dem Betroffenen, der seelisch stärker belastet wird, um (nur) psychogene oder neurotische Erscheinungen handelt. Das gilt zum Beispiel nach dem Urteil des BSG vom 31. 10. 1968 (2 RU 165/67, Breith. 1969 S. 568 = SozSich 1969 S. 97 = Meso B 310/32 = SGb 1968 S. 479) gerade hinsichtlich einer Impotenz, die durch eine unfallbedingte Hodenprellung entstanden ist.

Zusammenfassend kann gesagt werden, daß die bisherige Praxis, einer Neurose keinen Krankheitswert zuzuerkennen, wenn der Versicherte zeitlich und örtlich orientiert ist, als unzulässig verworfen werden muß. Die Feststellung, ob eine Rentenneurose vorliegt oder ob der Betroffene sich den neurotischen Reaktionen aus eigener Kraft nicht entziehen kann, fordert eine eingehende Analyse der Persönlichkeitsstruktur. Da die Verwaltungsneurologen und die Versicherungsträger unfähig sind, die Tradition der organischen Medizin des vorigen Jahrhunderts zu überwinden und den heutigen Auffassungen von einer psychologisch-körperlichen-sozialen ganzheitlichen Medizin anzupassen, gehört es zu der wichtigsten gerichtlichen Aufgabe, diesen modernen Anschauungen – mehr als bisher – Gehör zu verschaffen und die Diskriminierung psychischer Störungen zu überwinden.

29. Nierenerkrankungen

Die Nieren (Renes) als bohnenförmiges, etwa zehn Zentimeter langes paariges Organ liegen beiderseits der Lendenwirbelsäule. Als Nierenbecken wird die um den Austritt des Harnleiters aus der Niere gelegene Bucht bezeichnet, die der Körpermitte zugewendet ist. Die Aufgabe der Nieren besteht darin, die durch den Stoffwechsel anfallenden Abfälle aus dem Organismus zu entfernen.

Jede Niere besitzt etwa zwanzig pyramidenförmige Kegel, die mit der Spitze, also mit der Mündung der Sammelröhren, in die Nierenbeckenkelche führen. In diesen Kegeln (Nierenmark), die von Rinde umgeben sind, befinden sich die Haarkanälchen (Tubuli). Arterielle Gefäßknäuel (Glomeruli) – jedes ist von der sogenannten Bowmannschen Kapsel umgeben – liegen in der Rinde. Man zählt etwa eine Million Harnröhrchen, die insgesamt mehr als 100 km Rohrleitungen ergeben.

Mittels der *Nierenfunktionsprüfung* nach Volhard wird ermittelt, ob eineinhalb Liter Tee, der morgens nüchtern getrunken wurde, in der Kontrollzeit wieder ausgeschieden wird oder ob bei längerem Dursten das spezifische Uringewicht sich auf 1,030 und mehr erhöht. Der Trinkversuch ist unzulässig bei Patienten mit nachgewiesenem Bluthochdruck und Herzinsuffizienz.

Wir unterscheiden bei der *Nierenentzündung* (Nephritis) die akute und chronische Entzündung. Die akute entsteht spontan mit entsprechenden Schmerzen, erhöhter Temperatur und Blutdruck, Appetitmangel, Durst und Müdigkeit. Die Urinausscheidungen vermindern sich (Oligurie) oder versiegen vollständig (Anurie); das Gesicht des Patienten ist blaß und gedunsen. Im Urinbodensatz (Sediment) findet man rote Blutkörperchen und Nierenzylinder. Verursacht wird die Krankheit durch Infektionen zum Beispiel der Mandeln oder Zahnwurzeln. Trotz Anwendung von Penicillin und Antibiotikas dauert die Ausheilung Wochen oder Monate; Rückfälle sind möglich.

Auch ohne akute Primärerkrankung kann sich eine chronische Nephritis herausbilden. Sie macht sich – allerdings ohne Temperaturerhöhungen – durch die oben geschilderten Symptome bemerkbar. Zusätzlich findet man Wasseransammlungen (Ödeme) und Veränderungen des Augenhintergrundes. Nicht selten ist das Herz und auch das Blut infolge Vergiftung durch harnpflichtige Substanzen (Urämie), die nicht ausgeschieden werden, beteiligt.

Das LSG Baden-Württemberg stellte am 27. 1. 1960 (L 2 Ua 1412/58, Meso B 180/2) fest, daß Kälteeinwirkungen zu entzündlichen Nierenprozessen führen können. Die Erkältung (Kältetrauma), die sich ein Versicherter bei schwerer körperlicher Arbeit dadurch zuzieht, daß er innerhalb einer Arbeitsschicht oft zwischen dem kühlen Weinkeller und der heißen Sommersonne wechseln muß, ist als Ursache einer Nephritis anzusehen und als Arbeitsunfall zu entschädigen.

Eine Glomerulonephritis ist nach Auffassung des LSG Niedersachsen (Urteil vom 19. 11. 1959 – L 11 U 54/58, Meso B 180/3) nicht durch Chrom oder seine Verbindungen entstanden, wenn nicht die Haarkanälchen (Tubuli), sondern die Gefäßknäulchen geschädigt sind. Da eine Bleivergiftung die Aufnahme von Bleipartikeln oder Bleidämpfen voraussetzt, die Verarbeitungstemperaturen in einer Akkumulatorenfabrik aber weit unter dem Siedepunkt liegen, verneinte das LSG Niedersachsen mit Urteil vom 31. 10. 1957 (L 11 U 260/54, Meso B 180/4) den Kausalzusammenhang zwischen einer Nierenentzündung und der beruflichen Tätigkeit.

Nach einseitiger *Nierenentfernung* ist der Versicherte, wenn keine Nierenfunktionsstörungen vorliegen und die verbliebene Niere die Funktion der entfernten übernommen hat, nicht in der Lage, schwere körperliche Arbeiten, die nicht witterungsgeschützt sind, zu verrichten. Nach dem Urteil des LSG Rheinland-Pfalz vom 6. 7. 1964 (L 1 J 170/63, Meso B 180/6) sind dem Versicherten aber noch alle Arbeiten in geschützten Räumen, vor allem Fabrikarbeiten, leichter bis mittelschwerer Art noch zuzumuten.

Durch Krankheitskeime aus dem Blut oder den Harnwegen entstehen *Nierenbeckenentzündungen* (Pyelitis), die mit dunklem eitrigen Urin, hohem Fieber, manchmal auch mit anfallartig (Koliken) auftretenden Nierenschmerzen einhergehen. Als Auslösungsfaktor findet man Entzündungen der Blase (Cystitis), der Harnröhre (Urethritis), der Vorsteherdrüse (Prostatitis) oder unsterile Schwangerschaften.

Die *degenerative* Schädigung der Nieren, die sich durch starke Eiweißausschwemmungen im Urin (Albuminurie) und erhebliche Wasseransammlungen (Ödeme) zu erkennen gibt, nennt man *Nephrose.* Es handelt sich hierbei um einen nicht entzündlichen Prozeß; der Blutdruck ist nicht erhöht, dafür aber das Harngewicht, das einen Wert von 1,040 erreichen kann. Die Nierengefäße werden nicht geschädigt. Blutkörperchen finden sich nicht im Urin. Dafür enthält das Sediment eine große Anzahl von Zylindern und Epithelienzellen als Zeichen einer Wandabschürfung.

Nach dem Urteil des LSG Rheinland-Pfalz vom 3. 12. 1962 (L 1 V 108/62, Meso B 180/5) ist zwischen einer angeborenen und erworbenen Nephrose zu unterscheiden. Während die erworbene durch Quecksilber, Ruhr, Typhus, Diphterie oder Schwangerschaft entstehen kann, können nach dieser Entscheidung angeborene Nephrosen mit Wehrdiensteinflüssen grundsätzlich nicht zusammenhängen. Eine angeborene Hydronephrose ist zum Beispiel immer Folge eines Abflußhindernisses, das verschiedene Ursachen haben kann; in 75 von hundert Fällen ist ein abnormer Gefäßverlauf anzuschuldigen. Nicht selten entstehen bei anlagebedingten Nierenanomalien erst im dritten oder vierten Lebensjahrzehnt Verschlüsse. Diese sind dann keine Wehrdienst- oder Unfallfolgen.

Aus chronischen (sekundären) Entzündungen oder primär als genuine Erkrankungen kann sich eine *Schrumpfniere* (Nephrosklerose) entwickeln. Charakteristisch ist die Harnflut und ein hoher Blutdruck, der das Herz stark belastet. Die Nieren sind unzureichend durchblutet. Ödeme werden nicht gefunden und nur geringe Spuren von Eiweiß und Zylinder sind im Urin und seinem Bodensatz zu sehen. Gerade bei dieser Krankheit besteht vermehrt die Gefahr einer Vergiftung des Blutes durch nicht ausgeschiedene (harnpflichtige) Stoffe (Urämie). Die Patienten klagen über Ohrensausen, Kopfschmerzen und Schwindel. In seiner Entscheidung vom 16. 12. 1958 (2 RU 259/56, SozSich 1959 S. 87 = Meso B 180/1) stellte das BSG fest, daß in pathologisch-anatomischer Hinsicht eine Bleiarteriosklerose von einer primären Schrumpfniere nicht eindeutig zu unterscheiden sei. Man könne dem Blei für das Zustandekommen von krankhaften Gefäß- und Nierenprozessen einen Teilfaktor nicht mit Sicherheit absprechen. Eine geringe Bleivergiftung mache aber diesen Kausalzusammenhang nicht hinreichend wahrscheinlich.

Wurde die Nierenerkrankung als Berufskrankheit anerkannt, ist die Berufsgenossen-

schaft trotzdem berechtigt, beim Tod des Versicherten an dieser Krankheit erneut zu überprüfen, ob der Tod tatsächlich Folge einer Berufskrankheit ist. Der erste Bescheid, mit dem eine Berufskrankheit anerkannt wurde, besitzt nach dieser BSG-Entscheidung vom 16. 12. 1958 (2 RU 259/56, SozSich 1959 S. 87) keine Bindungswirkung hinsichtlich einer Hinterbliebenenrente.
Werden bereits zwei Stunden nach dem Unfall, bei dem eine Niere geprellt wurde, massenhaft weiße Blutkörperchen (Leukozyten) im Urin und Blut gefunden, spricht dies nach dem Urteil des LSG Nordrhein-Westfalen vom 8. 12. 1964 (L 15 KnU 117/64, Meso B 180/7) gegen die Annahme einer *traumatischen Nierentuberkulose.* Die Latenzzeit ist zu kurz, als daß die in einem solchen Ausmaß stattgefundene Leukozytenausschwemmung als Verletzungsfolge angesehen werden könnte. Weiter ist zu berücksichtigen, daß eine Organ-Tbc in der Regel von dem Vorhandensein von Tbc-Bazillen abhängig ist, die meist einen primärinfizierten Lungen- oder Drüsenherd entstammen. Eine leichte Nierenprellung macht aber auch eine Verschlimmerung einer Nieren-Tbc unwahrscheinlich.

30. Psychopathien

Während der Neurotiker unter seinem starken Über-Ich – und Leistungsdruck leidet, die Ängste, Selbstbestrafungstendenzen, Minderwertigkeits- und Schuldgefühle produziert, wird nach *Strotzka* (Einführung in die Sozialpsychiatrie S. 41) durch den Psychopathen überwiegend die Umwelt gequält. Das soll aber nicht heißen, daß der Kranke nicht selbst leidet. Tiefenspsychologisch wurde entdeckt, daß der Patient auch unter seinen Mitmenschen und der Umwelt leidet, obwohl ihm kein Krankheitsgefühl gegeben ist. Kennzeichen der *Charakteranomalie* – nichts anderes wird unter Psychopathie verstanden – sind Störungen und Schwächen des Über-Ichs sowie mangelhafte Übertragungs- und Kontaktfähigkeiten. Wenn man Psychopathie mit abnormer Persönlichkeit ohne Organkrankheiten gleichsetzt, offenbart sich die Vielfalt des menschlichen Wesens. Unter einer *Psychose* wird hingegen die Psychoneurose, oder abgekürzt die Neurose verstanden.
Nach *Bräutigam* (Reaktionen, Neurosen, Psychopathien S. 132) unterscheidet sich die psychopathische von der neurotischen Entwicklung einmal durch eine anders ausgeprägte Charakterstruktur (sie ist hier starr, uneinsichtig, extravertiert und unangepaßt) und durch ein starkes Schwergewicht der Anlage. Die Alles- oder-Nichts-Reaktion, die selbst den eigenen Schaden, ja die Selbstvernichtung unberücksichtigt läßt, ist charakteristisch. Nicht zufällig gehören Revolutionäre und jede Art von Fanatikern zu diesem Kreis. Während sich der Mediziner überwiegend mit den antriebsschwachen (asthenischen) Psychopathen, die meist aufgrund einer Organkrankheit leiden, zu beschäftigen hat, haben es die Strafgerichte mit den explosiven stenischen Persönlichkeiten zu tun. Wir unterscheiden noch die haltlosen und querulatorischen, gefühlskalten und geltungsbewußten Formen der Psychopathie. In der Praxis gibt es nur Mischformen.

Diese Krankheit wird nicht nur generell unterbewertet, sondern auch bewußt diskriminiert. Die Ärzte, die sich darüber beklagen, üben sich andererseits fleißig, diese Symptome weiterhin mit negativen Vorzeichen zu versehen. Kaum jemand hat zur Kenntnis genommen, daß hier völkische und vor allem nazistische Auffassungen, wonach das (arische) Erbgut alles und die Umwelt nichts ist, sich in unsere Zeit hinübergerettet haben, wie es *von Uexküll* (Grundfragen der psychosomatischen Medizin S. 36 ff.) beweist. Symptomatisch dafür ist das Urteil des LSG Niedersachsen vom 25. 9. 1968 (L6 a J 311/68, Meso B 310/29), in dem nachzulesen ist: „Der Kläger wäre, wenn er vor die Wahl gestellt würde, in einer Notsituation umzukommen oder zu arbeiten, sehr wohl in der Lage sich für Arbeit zu entscheiden." Trifft dies, so muß gefragt werden, z. B. nicht auch auf den Tbc-Kranken zu? Jeder wäre empört, wenn gegenüber einem organisch Kranken solch eine – wie der Senat ausdrücklich erklärte – „sachgerechte" Frage gestellt würde.

Es mutet nun eigenartig an, wenn von den drei wichtigsten und unterschiedlichen Psychosebegriffen nur einer in der Verwaltungs- und Gerichtspraxis verwendet wird. Gemeint ist die von K. *Schneider* (Die psychopathischen Persönlichkeiten). Sein Krankheitsbild bleibt, wie *Möllhoff* (Die Begutachtung von Psychopathen in der Sozialversicherung" MedSach 1962 S. 100 ff.) vermerkt, streng *körperlich orientiert* und erfährt keine Abbiegung in das Psychologische und Soziologische (das ja damals bekanntlich artfremd und jüdisch war). Nach dieser Auffassung gibt es Krankheiten nur im körperlichen Bereich und ein krankhaftes seelisches Symptom ist für ihn ausschließlich eine solche, die durch leibliche Veränderungen bedingt ist. Diese Auffassung noch heute zu vertreten, bedeutet die Ignorierung von psychologischen Fakten der letzten 50 Jahren, die zwar Eingang in das moderne Medizinstudium, nicht aber in die Gutachterpraxis gefunden haben. Bei ihr gilt immer noch der alte Kommißstandpunkt, daß jeder Psychopath ein Drückeberger und Arbeitsscheuer ist, der nur durch einen Tritt in den Hintern geheilt werden kann. Kein Wunder, wenn zu dieser „Therapie" das Anschreien im richtigen Augenblick gehört.

Bei der Beschreibung der Neurosen wurde bereits gesagt, daß es rechtlich unerheblich ist, ob die jeweils vorliegende psychische Abnormität nach Ansicht der medizinischen Wissenschaft eine Krankheit ist oder einen Krankheitswert besitzt. Maßgebend ist allein, daß eine *Krankheit im Rechtssinne vorliegt.* So verwarf das BSG in seiner Entscheidung vom 7. 4. 1964 (4 RJ 283/60, Breith. 1964 S. 170 = Meso B 310/10 = SozSich-Kartei Nr. 1672, VII/A zu § 1246 RVO) die Auffassung des Berufungsgerichts, daß Hemmungen des Arbeitswillens, die im Charakter eines Menschen wurzeln oder bloß die Vorstellung, krank zu sein und der dadurch hervorgerufene Antriebsmangel verwirklichten auch dann nicht das Tatbestandsmerkmal der Krankheit, wenn die Vorstellung für den Betroffenen unüberwindlich geworden sei. *Eine Krankheit im Rechtssinne liege aber schon dann vor, wenn ernste und echte Versagenszustände erkennbar geworden sind.* Dies sei aber eine Tatfrage. Trotz der Schwierigkeiten, eine einwandfreie Diagnose zu gewinnen, könnten Gerichte und Sachverständige nicht von der Aufgabe befreit werden, die für und gegen eine regelwidrige Störung des Arbeitswillens sprechenden Umstände genau und erschöpfend zu erforschen. Nach Auffassung des BSG muß also festgestellt werden, ob bei dem Versicherten keine leistungsausschließende Rentenneurose vorliegt.

Wie das LSG Nordrhein-Westfalen am 15. 7. 1966 (L 14 J 207/65, Meso B 310/28 = SGb 1967 S. 180) für Recht erkannte, ist Krankheit kein Unterbegriff des Gebrechens. Die Rentenvoraussetzung, daß die Erwerbsfähigkeit des Versicherten durch Krankheit oder Gebrechen entsprechend stark gemindert sein muß, bezeichnen keinen in seine einzelnen Bestandteile zu zerlegenden, sondern einen komplexen weiten Begriff. Dieser weite Begriff umfaßt nicht nur somatische, also körperliche Krankheiten und Gebrechen, sondern auch Erkrankungen der Seele und zwar auch angeborene oder früh erworbene Abweichungen vom Normalen.

In der Praxis werden die wirklichen Leistungseinschränkungen der Psychopathen kaum festgestellt. Die Beurteilung geschieht nach folgenden Kriterien:

1. Grundsätzlich wird unterstellt, daß der Patient, der seine Beschwerden mit Nachdruck schildert, demonstriert. Demonstration wird aber zugleich mit willentlich gesteuerten betrügerischen Absichten gleichgesetzt.

   Hier muß die Frage erlaubt sein, worauf sich die Diagnose ,,Übertreibung" (Aggravation) stützt. Obwohl bekannt ist, daß Schmerzen individuell unterschiedlich stark auftreten und jeder Mensch das Phänomen ,,Krankheit" anders erlebt, daß zum Beispiel bei stummen Röntgenbildern erhebliche Halswirbelsäulenbeschwerden vorliegen können, geht man vom ,,Normalmenschen" aus, den es bekanntlich nicht gibt. Diese Beurteilungsgrundlage ist nach ständiger Rechtsprechung (vgl. BSG vom 11. 11. 1959 – 11/9 RV 290/57, BSGE 11 S. 50 = Meso B 320/8 = SozSich 1960 S. 17 = SGb 1959 S. 393) unzulässig. Zu fordern ist daher der Nachweis, daß gerade dieser Versicherte übertreibt und die Wahrheit verschweigt.

2. Es ist bisher nicht aufgefallen, daß es einerseits unbestritten ist, daß dem Psychopathen die Einsicht in seine Krankheit fehlt, er aber andererseits diese durch seinen Willen steuern soll. Das ist ein Widerspruch in sich.

   Die für die Übertreibung aufgewendete Energie, meinte das LSG Rheinland-Pfalz im Urteil vom 31. 1. 1966 (L1) 62/64, SGb 1966 S. 326 = Sozsich 1966 S. 215 = Meso B 310/27), könne der Psychopath auch im Rahmen einer Erwerbstätigkeit verwenden. Hier wird also unterstellt, daß es praktisch nur einen Willen gibt. Wer also den rechten Arm erheben kann, schafft es willentlich auch mit dem linken, wenn keine organische Sperre vorhanden ist. Man geht einfach davon aus, daß eine Willensschwäche nur global vorhanden sein kann. Tatsächlich aber ist auch der menschliche Wille spezifiziert.

   Es ist, als wolle man einem Raucher, der sich vergebens das Zigarettenrauchen abgewöhnen will, unterstellen, er sei auch beruflich oder familiär ein Weichling oder dekadenter Schwächling, jedenfalls ein antriebsarmer abnormaler Mensch. Es fehlt dann noch die Schlußfolgerung, daß derjenige, der morgens die Energie aufbringen kann, aufzustehen und zur Arbeit zu gehen, sich auch mühelos das Rauchen,

Trinken oder eine andere liebgewordene Unart abgewöhnen kann, denn schließlich sei Wille ja gleich Wille.

Warum fragt man nicht nach den Ursachen, daß ein Psychopath, der in der Regel jahre- oder jahrzehntelang gearbeitet hat, plötzlich es nicht mehr kann? Warum ignoriert man weiter die Frage, welche Energie es in den vergangenen Jahren erforderte, gegen seine – vielleicht stetig zunehmende – Willensschwäche anzukämpfen und immer wieder zu erleben, daß man ein vorgegebenes Pensum nicht schafft. Das geht eine Zeit gut, dann aber führt die Frustration zu psychischen Ausfällen. Der Raubbau an Willensenergie – auch hier gibt es eine Leistungsgrenze – erzeugt das Gefühl psychisch ausgebrannt und erschöpft zu sein. Man kann nicht ungestraft über Jahre hinaus gegen sich selbst ankämpfen und jeden Tag über seinen eigenen Schatten springen.

3. Die Frage, was überhaupt eine anormale Charakterstruktur ist, kann nur individuell von jedem Sachverständigen beantwortet werden. Wenn nach Laing die Normalität „ein Produkt von Verdrängung, Isolierung, unbewußte Aufnahme von Vorstellungen der Außenwelt (Introjektion) und anderen Formen zersetzender (destruktiver) Aktionen gegen die Erfahrung ist", dann ist es falsch, daß hier grundsätzlich mehr der Wille als Anpassungsschwierigkeiten pathologisch sind. Überlegt man weiter, daß die Arbeitswelt und die gesamte Gesellschaft unter Leistungsdruck mit einer Überschußabwehr (Repression) betrieben wird (H. *Marcuse*), dann ist die Ansicht der Sozialpsychiatrie, nach der nicht nur die Familie, sondern auch die Arbeit krankheitserzeugend sein kann, ebenfalls zu berücksichtigen. Der jeweilige Anteil von Primärpersönlichkeit und Umwelteinflüssen ist zu ermitteln und zu beachten, daß nach *Huxley* der Unterschied zwischen dem primitiven Einzeller und dem hochentwickelten Wirbeltier sehr geringer ist als zwischen verschiedenen Menschen. Mit *v. Uexküll* ist zu fordern, daß mit den schablonenhaften Vorstellungen über das, was „man" seelisch erlebt und erleidet sowie zu tragen fähig ist, aufgeräumt wird. Man muß feststellen, was gerade in diesem Patienten vorgeht.
4. Wie stark die Abnormität in die Psyche eingeschliffen ist, läßt sich nicht mit dem „gesunden Menschenverstand" ermitteln, da er unsere uns selbst unbewußten Vorurteile – und die sind bei psychischen Erkrankungen erheblich – enthält. Psychische Teste erbringen aber ein – reproduzierbares – Ergebnis. Daß die Abnormität oft irreparabel ist, gehört zum gesicherten Erkenntnisbereich der Psychiatrie. Nach *Bräutigam* (Reaktionen, Neurosen, Psychopathien S. 139) ist eine analytische Psychotherapie kaum durchführbar. Für die Beurteilung sei das Kriterium der Bildungsfähigkeit oder -unfähigkeit maßgebend, über das man erst nach intensiver Bemühung entscheiden könne. Eine kurze Untersuchung, wie sie in der Praxis durchgeführt wird, reicht also keineswegs aus. Es sei schon viel gewonnen, wenn die Patienten weniger störten und es durch psychotherapeutische Führung lernen, sich in die Gesellschaft besser einzufügen.
5. Die oft von der Rechtsprechung aufgemachte Rechnung, daß einem psychopathi-

schen Zustand ein Krankheitswert nicht zukommt, wenn der Versicherte sich vor jeder Schwierigkeit in die Krankheit flüchtet und wenn keine Störung des Altgedächtnisses noch solche der Merkfähigkeit und Konzentrationsfähigkeit objektiviert werden können, verkennt grundsätzlich das Wesen einer psychischen Krankheit. Da eine Psychopathie – jedenfalls im Anfangsstadium – selbst einer Genialität nicht entgegensteht und keineswegs intellektuelle Defekte voraussetzt, ist die Schlußfolgerung des LSG Nordrhein-Westfalen (Urteil vom 10. 8. 1971 – L 15 Kn 142/70, Meso B 310/40), daß das Fehlen dieser Fakten beweise, daß der Versicherte noch arbeiten könne, falsch.

6. Das Gutachten des Gemeinsamen Beirates für Verkehrsmedizin bei den Bundesministerien für Verkehr und für Jugend, Familie und Gesundheit von Juni 1973 nennt (S. 30 und 40) die Beurteilungsschwierigkeiten von psychischen Abnormitäten. Es könne aber als gesicherte wissenschaftliche Erkenntnis angesehen werden, daß bestimmte Persönlichkeitsentartungen besonders schwere und dauernde Beeinträchtigungen der Kraftfahreignung (aber auch Arbeitsfähigkeit) darstellen. Obwohl es keine einwandfreie Übersicht über die Unfallursachen gebe, ließe sich die Aussage rechtfertigen, daß ein großer Teil der Unfälle auf persönlichkeits- und erlebnisabhängige sowie lebensphasisch gebundene Störungen (zum Beispiel mangelnde Reife oder Vergreisung) oder fehlende Einstellungs- und Anpassungsfähigkeit zurückzuführen sei. Die Annahme einer negativen Auswirkung kann gerechtfertigt sein bei wiederholten Verstößen gegen das Gesetz (dazu muß auch die Mißachtung der Unterhaltsverpflichtung zählen) oder beim Nachweis sonstiger dissozialer Verhaltensweisen. Kann man sich aber eine größere dissoziale Haltung vorstellen, als wenn trotz familiärer Vorwürfe, häuslicher Not und Diskriminierungen der Umwelt die Willensschwäche die Überhand gewinnt?

Um nicht mißverstanden zu werden, muß betont werden, daß nicht jede charakterliche Abnormität einen leistungsmindernden Effekt hat. Dort aber, wo eine seelische oder körperliche Verwahrlosung eingetreten ist und der Versicherte nicht mehr die Kraft zur Arbeit aufbringt, wo er sich bereits vor Jahren von der Arbeit gelöst hat und tatsächlich nicht mehr zu rehabilitieren ist (das muß aber auch tatsächlich bewiesen werden) ist eine vorurteilslose Beurteilung notwendig. Allein der so beliebte Fußtritt – das zeigt auch die Gerichtspraxis – hat noch keinen psychisch Kranken veranlaßt, über seinen Schatten zu springen. Das gelingt selbst dem Gesunden nur unter Anspannung aller Kräfte, wie die Abmagerungs- und Raucherentziehungskuren es beweisen. Es gilt also, diesen Personen endlich Gerechtigkeit widerfahren zu lassen. Zum Schluß müssen wir noch kurz die *Schizothymen* nennen. Unter ihnen finden wir den verbohrten, *zwiespältigen* Menschen; das Genie wie auch den Asozialen. Während die Schizophrenen und Gemütskranken (Cyclothymien) über ihren Wahn mit klarem Bewußtsein berichten, liegt bei einer exogenen Psychose stets eine Bewußtseinstrübung vor; der Patient berichtet schwerbesinnlich, stockend und verwirrt. Kolle vertritt die Auffassung, daß es grundsätzlich im Bereich der endogenen Psychosen keine Zwischenstufen zwischen normal und krank gibt. Schizoide seien entweder

Kranke, die sich im Vorstadium einer Psychose der schizophrenen Form befinden oder die bereits einen entsprechenden Krankheitsschub durchgemacht haben.

31. Schleudertrauma

Verhältnismäßig spät (das vollmotorisierte Amerika ist uns auch hier an Erfahrungen reicher) wurde 1967 auf dem Deutschen Orthopädenkongreß in Köln von dem Pathologen Prof. *Emminger* über das Schleudertrauma berichtet. Fährt ein Fahrzeug auf ein Hindernis auf, werden die Rümpfe der Insassen nach vorne geworfen, während der frei getragene Kopf infolge seines Beharrungsvermögens nach hinten geschleudert wird. Es entsteht also der gleiche Effekt, der uns vom Peitschenknallen bekannt ist. Deshalb bezeichnet man diesen Mechanismus auch als Peitschensyndrom.

Das Schleudern des Kopfes verursacht eine heftige Verstauchung (Distorsion) der Halswirbelsäule in ihrem oberen Abschnitt – selten einen Bruch (Fraktur) des 1. und/oder 2. Halswirbelkörpers. Obwohl man nur in Ausnahmefällen ermitteln kann, mit welcher Kraft und Stoßrichtung die Gewalteinwirkung den Schädel und damit die Halswirbelsäule traf, ist bekannt, daß die beim Aufprall bestehenden und auf den Kopf einwirkenden Fliehkräfte von der Halswirbelsäule aufgefangen und abgebremst werden müssen und daß dabei eine Zerrung der Bänder und Gelenke der Halswirbelsäule eintritt.

Es ist nun typisch, daß bei einem Schleudertrauma in der Regel keine röntgenologisch feststellbaren Wirbelsäulenverletzungen auftreten. Der Verletzte ist zunächst nur leicht benommen; erst nach Tagen oder Wochen wird über Kopfschmerzen geklagt und es entwickelt sich eine Bewegungsbehinderung. Auch heute noch geschieht es – wenn auch selten –, daß nach dem Motto: „Was man nicht erklären kann, sieht man als psychopathisch an" der so Verletzte als Simulant hingestellt wird. Tatsächlich aber ist dieser Krankheitsverlauf anatomisch-physiologisch erklärbar. Durch die Distorsion entstehen in der Regel kleine und kleinste Blutungen in der Halsmuskulatur und in den übrigen Geweben neben und um die Halswirbelsäule.

Es trifft nicht zu, daß die Beschwerden nach einem Schleudertrauma innerhalb einer bestimmten Zeit folgenlos abklingen. Vielmehr können sie, wie auch bei dem bekannten Cervicalsyndrom, zeitweilig aussetzen (intermittieren) oder wiederkommen (renittieren). Bekannt ist, daß als sekundäre Folge eine Fehlstellung des Atlas gegenüber dem Zahnfortsatz des 2. Halswirbelkörpers (Dens epistropheus) entstehen kann. Wichtig ist, daß der Verletzte nach einer mehrwöchigen strengen Ruhe mit Verband der Halswirbelsäule krankengymnastisch und vor allem chiropraktisch behandelt wird, um Folgeschäden zu vermeiden. Daß in dieser Zeit Arbeitsunfähigkeit besteht, ist selbstverständlich.

Bei der Beurteilung des Schleudertraumas sind zwei Fakten zu beachten:

1. Mit keiner Untersuchungsmethode ist ein Schleudertrauma zu diagnostizieren, also weder durch Abtasten, Röntgenbilder noch Bewegungsteste. Wir haben es

also wieder einmal mit einer reinen funktionellen Störung zu tun.

2. Die Distorsion des nervös durchsetzten Bandapparates der Halswirbelsäule führt zu reflektorischen Versteifungen und zu sehr verschwommenen (diffusen) und im Vergleich zu uneinheitlichen Beschwerdezuständen, die je nach Lokalisation der Blutung verschieden sein können.

Der sehr seltene Fall eines *Stiff-Man-Syndroms* als Folge einer traumatischen Rükkenmarksdistorsion soll nur kurz erwähnt werden. Ich konnte bei einem Kraftfahrer diese Krankheit vor Jahren beobachten. Nach einem Verkehrsunfall entstand eine Steigerung des Spannungszustandes des Gewebes (Tonus) in der Rumpf- und Extremitätenmuskulatur (selten auch in der Nackenregion) sowie schmerzhafte Muskelkrämpfe (Spasmen) mit anschließender Verhärtung. Der Patient wird schließlich so steif wie ein Ladestock. Dies hat dieser Krankheit auch ihren Namen gegeben.

32. Schwerhörigkeit

Bekanntlich versetzen die in das Ohr eindringenden Schallwellen das etwa ein Zentimeter im Durchmesser große Trommelfell in Schwingungen. Drei kleine Knochen – Hammer, Amboß und Steigbügel genannt – übertragen wie eine quer durch die Paukenhöhle gespannte Brücke die Schwingungen zur Paukenhöhlentreppe. Dabei werden die Vibrationen des Trommelfells transformiert; sie werden kleiner, dafür aber

Das Ohr

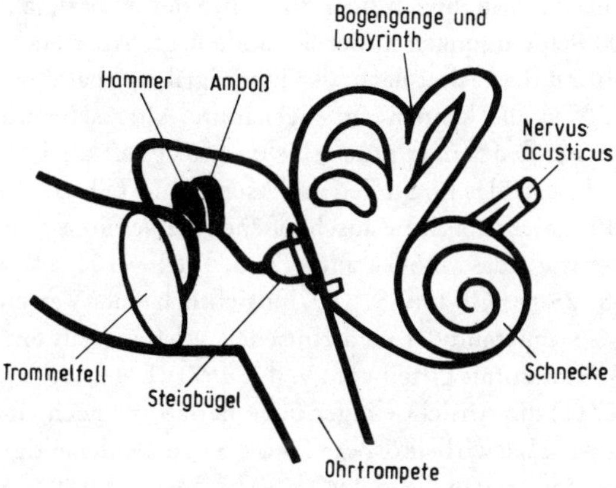

stärker. Das Wasser (Endolymphe) des Bogenganges (Labyrinth) – genauer gesagt der Vorhoftreppe – übernimmt sie und bringt sie dem Cortischen Organ entlang zur Schneckenspitze, um von dort in die geräumige Paukentreppe überzugehen und durch sie zum Schneckengrund zu gelangen, wo sie schließlich am Schneckenfenster aufgefangen werden. Dabei treffen die Schwingungswellen auf 24 000 Sinneszellen, die man auch als Haarzellen bezeichnet. Je nach der Schwingungszahl wird nur ein eng begrenzter Teil der Haarzellen in Schwingungen versetzt und zwar nur diejenige, die dieser Frequenz entspricht. Ihre Schwingungen verwandeln die Bewegungsenergie der Lymphe in chemo-elektrische Nerven- und Neuronenerregung, die nun über den Nervus acusticus an die Hirnrinde weitergegeben werden. Erst dort erfolgt das eigentliche „Hören". Das menschliche Hörvermögen umfaßt zwölf Oktaven, ein Flügel hat nur sieben.

Aber auch durch Knochenübertragung kann man hören. Ein Teil des Schalls verläßt beim Sprechen den Mund und gelangt an das Trommelfell, während ein anderer Teil den direkten Weg über die Kieferknochen zur Innenohrlymphe nimmt. Das ist der Grund, warum wir unsere Stimme anders als der Zuhörer vernehmen und uns unsere eigene Stimme auf dem Tonband fremd erscheint.

Bereits im Augenblick der Geburt beginnt das Hörvermögen durch Degeneration der Haarzellen, Verlust von Elastizität des Gewebes und Versteifung der Gehörknöchelchen (Otosklerose) abzunehmen. Deshalb verneint auch die Rechtsprechung die Frage, ob eine Otosklerose durch eine Schädigung entstehen kann (so LSG Hessen mit Urteil vom 22. 4. 1964 – L 5 V 2524/56, Meso B 40/6). Während das Gehör des Babies die Frequenz von 16 bis 30 000 Schwingungen pro Sekunde umfaßt, erreicht das Gehör des Zwanzigjährigen nur 20 000 Schwingungen. Das Gehör des 50 Jahre alten Menschen erfaßt keine Schwingungen über 8000 und der Achtzigjährige hört nicht mehr, was über 4000 Schwingungen in der Sekunde liegt. Aber auch die Stärke der Lautempfindung läßt mit dem Alter nach; der Fünfzigjährige hat etwa 40 Dezibel an Hörstärke verloren. Wir alle kennen die sogenannte Altersschwerhörigkeit. Eine durch Verletzung entstandene *traumatische Schwerhörigkeit* als Folge einer Labyrintherschütterung erkannte das LSG Niedersachsen mit Urteil vom 22. 2. 1962 (L 6 U 199/58, Meso B 40/2 nicht aber eine anschließende Verschlimmerung an. Die gleiche Auffassung vertrat das BSG am 13. 5. 1964 (10 RV 371/62, Meso B 40/8 = BSGE 21 S. 75 = SGb 1961 S. 199) hinsichtlich einer Verschüttung. Da die Gerichte nach dem Gesamtstand der medizinischen Wissenschaft entscheiden müßten, lehnte das LSG Hessen mit Urteil vom 9. 12. 1971 (L 4 V 107/68, Breith. 1972 S. 588 = Meso B 40/11) die Ansicht einiger Forscher ab, wonach eine traumatische Blockwirbelbildung der Halswirbelkörper C 3 bis 5 eine beiderseitige Taubheit verursachen könne. Bekannt ist, daß die in der Tbc-Therapie benutzten Antibiotika Gehörschäden verursachen können.

Wird durch den Werksanitäter durch Verwechslung von Medikamenten statt Ohrentropfen dem Versicherten eine ätzende Flüssigkeit in das Ohr geträufelt und entstehen dadurch eine einseitige Taubheit mit Gleichgewichtsstörungen, Lähmungen des rechten Gesichtsnerven in allen drei Ästen sowie eine Gesichtsentstellung, liegt nach dem Urteil des LSG Nordrhein-Westfalen vom 25. 6. 1962 (L 14/15 U 662/54, SozSich 1963 S. 184, 279 = Meso B 40/4) kein Arbeitsunfall vor, da die Schädigung nicht „bei" der betrieblichen Arbeit des Verletzten entstanden ist. Dies ist aber Voraussetzung des Versicherungsschutzes.

Wurde eine Otosklerose als durch den Wehrdienst entstanden anerkannt, ist damit nach Auffassung des BSG im Urteil vom 16. 3. 1961 (8 RV 1005/60, Meso B 40/3) auch die Verschlimmerung des bereits vorher bestandenen Leidens anerkannt. Die aufgrund einer Fehldiagnose erfolgte Anerkennung kann nicht aufgehoben werden, wenn die Verschlimmerung der Otosklerose durch den Wehrdienst nicht ausgeschlossen werden kann. Berichtigt werden darf nur, daß die Otosklerose nunmehr nur noch im Sinne einer Verschlimmerung als Wehrdienstfolge anerkannt wird.

Bei der *Beurteilung* der vorhandenen Hörfähigkeit wird immer übersehen, daß das Tragen moderner Hörgeräte problematisch ist. Diese verstärken nicht nur die Sprache, sondern auch die Nebengeräusche oft bis zur Unerträglichkeit. Nach dem Urteil des LSG Hessen vom 28. 4. 1971 (L 3 U 136/69, Breith. 1972 S. 34 = Meso B 40/12) arbeitet ein Hörgerät nur in störungsfreier Umgebung optimal. Eine erhebliche Besserung des Hörvermögens durch die Benutzung von Hörhilfen sei zu verneinen, da die Töne nur klanglich verzerrt wiedergeben und ein Eigengeräusch erzeugt werde, in dem manche Nuance des Sprachklanges untergehen könne. Aus diesen Gründen dürfe eine wegen Lärmschwerhörigkeit gewährte Verletztenrente nicht wegen Benutzung einer Hörbrille entzogen werden. Grundsätzlich muß immer gefordert werden, daß Schwerhörige nur in geräuscharmer Umgebung eingesetzt werden dürfen. In den letzten zwanzig Jahren hat die Lärmschwerhörigkeit als *Berufskrankheit* nach Ziffer 26 der 7. BKVO erheblich zugenommen. Nach dem vom Bundesminister für Arbeit und Sozialpolitik herausgegebenen Merkblatt kann Lärm am Arbeitsplatz bei Lautstärken ab 90 Dezibel (früher DIN-Phon genannt) im Laufe einiger Jahre entstehen, wenn der Versicherte täglich mehrere Stunden der Lärmeinwirkung ausgesetzt war. Wenn das Ohr besonders empfindlich ist, können individuell geringere Werte ausreichen. Geräusche mit hohen Schwingungen über 1000 pro Sekunde sind schädlicher als tiefere. Kurzzeitig auftretende Lärmspitzen wie beim Starten eines Düsenflugzeuges sind wie Knalltraumen besonders schädigend, wenn sie plötzlich mit hoher Intensität auftreten. Hörschädigungen durch Explosionen sind, wenn sie bei der Arbeit auftreten, Arbeitsunfälle. Werden 120 Dezibel überschritten, wird der Schall als Schmerz empfunden und die Hörschädigung kann bereits nach einigen Tagen oder Wochen eintreten. Die chronische Lärmschwerhörigkeit, die sich im Gegensatz zur anlagebedingten Mittelohrschwerhörigkeit oder Otosklerose nicht als Schalleitungsstörung, sondern als *Schallempfindungsstörung* darstellt, nimmt mit der Dauer der Lärmeinwirkung und -intensität zu und kann bis zur Lärmtaubheit führen.

Die chronische Lärmschwerhörigkeit beginnt mit einer sogenannten Vertäubung, also mit einer vorübergehenden und zu behendenden Minderung der Hörfähigkeit. Bei weiterer Lärmeinwirkung entsteht ein nicht mehr behebbarer Schaden, der sich vergrößert, so lange die Lärmwirkung bestehen bleibt. Da hohe Töne besonders gefährlich sind, entsteht die Schwerhörigkeit bei Tönen über 4000 Herz. Wir wissen, daß die auf diese Schwingungen eingestellten Haarzellen geschädigt werden. Diese dokumentiert sich als *Abfall der c5-Senke* im Audiogramm. Dies ist typisch für eine berufsbedingte Lärmschwerhörigkeit, die nicht immer seitengleich entsteht. Später wird audiometrisch ein allgemeiner Abfall in den hohen Frequenzen festgestellt. Nicht bewiesen ist, daß nach *Fortfall* der Lärmgefährdung die Schwerhörigkeit fortschreitet, stellt das BSG in seinem Urteil vom 13. 5. 1964 (10 RV 371/62, BSGE 21 S. 75 = SGb 1964 S. 199 = Meso B 40/8) fest. Eine *Verschlimmerung* sei somit keine Schädigungsfolge. Das gilt aber nicht bei Schwerhörigkeit, die durch Explosionen oder Schädelverletzungen entstanden ist, wie es *Lehnhardt* (Die Berufsschäden des Ohres, Archiv für Ohren-, Nasen und Kehlkopf-Heilkunde 1965 S. 11) schilderte. Für die Frage, wie groß die Erwerbsminderung oder Leistungseinbuße ist, kommt es auf die Größe der Hörstörung an. Nach richtiger Auffassung des LSG Rheinland-Pfalz vom 8. 7. 1966 (L 3 U 50/65, Breith. 1967 S. 471 = Meso B 40/10) ist es allein maßgebend, in welch einem Umfang die *Umgangssprache* verstanden wird. Dabei ist die Hörweite für Sätze wesentlich, denn die Behinderung ergibt sich aus dem verminderten beidohrigen Satzverständnis. Wie Marx: Gutachten Fibel S. 258 bemerkt, reden wir nicht mit Zahlwörtern miteinander. Das Gericht schloß sich den Richtlinien an, die im Auftrag der Deutschen Gesellschaft der Hals-, Nasen- und Ohrenärzte herausgegeben worden sind. Danach liegt eine meßbar beeinträchtigende Schwerhörigkeit erst dann vor, wenn die Umgangssprache unter 6 m nicht mehr verstanden wird. Im einzelnen werden nach *Mittermayer* (Ohrenärztliche Begutachtung unter besonderer Berücksichtigung der Erwerbsminderung, Archiv für Ohren-, Nasen- und Kehlkopf-Heilkunde 1952 S. 94) die Hörminderungen nach der Hörweite für Umgangssprache wie folgt klassifiziert:

eingeschränkt, aber noch über 4 m = geringgradige Schwerhörigkeit
1–4 m = mittelgradige Schwerhörigkeit
0,25–1 m = hochgradige Schwerhörigkeit
am Ohr (ante concham = a. c.) = an Taubheit grenzende Schwerhörigkeit.

Zusammenfassend muß darauf geachtet werden, ob diese Klassifizierung vom Gutachter beachtet wird. Die Tendenz geht nämlich dahin, durch Verschärfung der Voraussetzungen einen großen Teil der beruflichen Schwerhörigkeit nicht zu entschädigen. Zu kontrollieren ist ferner, ob hinsichtlich des Kausalzusammenhangs der Arzt die Frequenz, Stärke und Dauer der beruflichen Lärmeinwirkung berücksichtigt hat. Bei zusätzlichem *Ohrensausen* ist die Erwerbsminderung um mindestens 10 vom Hundert anzuheben. Hindert das Ohrensausen den Versicherten am Einschlafen, ist dies mit mindestens 20 Prozent zusätzlich zu der „objektiven" Erwerbsminderung zu berücksichtigen.

33. Silikose

Die wichtigste Form der Staublungen (Pneumokonosen) ist die *Quarzstaublunge* (Silikose), die grundsätzlich von der ungefährlichen Anthrazitlunge, bei der Kohlenstaub in der Lunge abgesetzt wird, zu unterscheiden ist. Die Silikose ist nach Ziffer 34 der 7. Berufskrankheiten-Verordnung (BKVO) eine Berufskrankheit; tritt sie in Verbindung mit einer Tuberkulose auf (Siliko-Tuberkulose), muß sie nach Ziffer 35 entschädigt werden.

Die Silikose entsteht durch das Einatmen kieselsäure(siliziumoxyd)haltiger Stäube. Während der überwiegende Teil des Staubes bereits im Bronchialbereich festgehalten und später wieder ausgeworfen wird, gelingt es einigen Staubkörnern in die Lunge einzudringen. Je kleiner das Staubkorn ist (es muß kleiner als 5 μ sein) und je mehr Kieselsäure es enthält, desto gefährlicher ist es. Es wird in der Lunge in Depots abgelagert, in denen sich im Laufe der Zeit Bindegewebsfasern bilden. Nach dem vom Bundesminister für Arbeit und Sozialordnung herausgegebenen Merkblatt reicht das Silikosebild vom spärlichen Geflecht aus netzförmigen und unverzweigten Bindegewebefasern bis zum zellfreien eiweißkörperlosen Silikoseknötchen, das mit benachbarten Knoten zusammenfließen kann. Dadurch entstehen Umbauveränderungen der Lunge in Form ausgedehnter Schwielenbildung. Bereits vor dem Nachweis im Röntgenbild können die Hiluslymphknoten schwielig verändert sein.

Obwohl sich die Silikose in der Regel nur langsam entwickelt, sind auch schnell zunehmende Lungenveränderungen in Form einer akuten Silikose bekannt. Daß eine entsprechende Disposition des Versicherten vorhanden sein muß, beweist die Tatsache, daß nicht jeder Arbeitnehmer, der in silikosegefährdender Luft arbeitet, erkrankt. Oft genügt bereits eine kurze Staubexposition, um die Silikose entstehen zu lassen. Nach dem Urteil des LSG Rheinland-Pfalz vom 14. 3. 1957 (SGU 394/55, Meso B 70/1) ist je nach der Arbeitsverrichtung, Art und Intensität des Staubes und der jeweiligen Disposition die Entstehung einer Silikose nach ein bis zwei Jahren möglich, auch wenn die schwere Silikose sich im Durchschnitt erst nach acht bis fünfzehn Jahren entwickelt. Nach Beendigung der staubigen Arbeit kann die Silikose plötzlich ohne erkennbaren Grund fortschreiten oder erst in Erscheinung treten. Marx: Gutachten Fibel weist darauf hin, daß sogar 25 Jahre nach Aufgabe der Staubarbeit Silikosen entstanden sind. Eine *Rückbildung* oder gar Ausheilung ist unmöglich. Weist das Röntgenbild eine derartige Veränderung nach, so ist zuerst zu prüfen, ob nicht eine andere Technik oder ein anderes Korn bei der Aufnahme verwendet wurde, erklärte das LSG Nordrhein-Westfalen am 12. 2. 1963 (L 15 KN 121/61, Meso B 70/40).

Für den *Nachweis* einer Silikose steht das Röntgenbild und die Arbeitsgeschichte (Anamnese) einschließlich der Stärke und Dauer der Staubeinwirkung zur Verfügung.

Vom Röntgenbild muß gefordert werden, daß es technisch einwandfrei ist und daß es sich hierbei um eine sogenannte Schichtaufnahme handelt; Übersichtsaufnahmen sagen nichts Wesentliches aus. Nach der Entscheidung des BSG vom 17. 1. 1957 (5 RKn 28/55, SozSich 1957 S. 92 = Meso B 70/15) ist es unzulässig, eine Silikose allein auf Grund eines ärztlichen Gutachtens anzunehmen, in dem der Sachverständige eine Silikose nicht als hinreichend wahrscheinlich, sondern nur als „durchaus möglich" bezeichnet hat.

Obwohl nach ständiger Rechtsprechung (vgl. BSG vom 22. 8. 1963 – 5 RKn 48/60, BSGE 19 S. 279 = Meso B 70/17 a = SozSich 1963 S. 315 = SGb 1963 S. 302) für die Bewertung der Silikose die *Funktionsausfälle der Lunge und des Kreislaufs* maßgebend sein sollen, wird in der Praxis immer noch dem Röntgenbild die überragende Bedeutung eingeräumt. Dabei wird übersehen, daß bei einer verstreuten (disseminierten) feinkörnigen Silikose die funktionellen Ausfälle wesentlich größer als bei vereinzelt vorliegenden, allerdings größeren Herden sein können. Während man früher geneigt war, die Silikose mehr nach der Zahl und Form der Knötchen zu klassifizieren und zu bewerten, haben die Untersuchungen eindeutig bewiesen, daß neben diesen Fakten die Situation in der Lunge von entscheidender Bedeutung für die funktionelle Auswirkung ist. So haben Knoten, die unmittelbar an der Lungenwurzel liegen, erhebliche Druckauswirkungen auf das großkalibrige Pulmonalarteriensystem und die Luftröhrenäste mit der Folge, daß eine schwere Silikose anzuerkennen ist, obwohl das Röntgenbild insgesamt nur geringe silikotische Einschlüsse der Lunge aufweist.

Selbst die modernen Röntgenaufnahmen sind mangelhaft. Wie *Schwaderer* (Beurteilung des Erwerbsminderungsgrades einer Silikose, MedSach 1968 S. 176) feststellte, vermittelt das Röntgenbild meistens ein günstigeres Bild von den silikotischen Veränderungen der Lunge als der Sektionsbericht. Herde mit einem Durchmesser bis zu einem Zentimeter werden oft auf dem Bild nicht zur Darstellung gebracht, wie Zorn und Biasi bereits vor Jahren nachgewiesen haben. Diese Diskrepanz zwischen Röntgenbild und Wirklichkeit muß bei der Beurteilung des Röntgenbildes beachtet werden.

Nach dem Urteil des BSG vom 22. 8. 1963 (5 RKn 48/60, Meso B 70/17 a = BSGE 19 S. 279 = SozSich 1963 = SGb 1963 S. 302) ist eine Silikose zu entschädigen, wenn die Lungenveränderungen die Atmung oder den Kreislauf beeinflussen. Da der Gesetzgeber jeden Hinweis auf einen Schweregrad gestrichen hat (früher wurden nur „schwere Silikosen" entschädigt), sind nunmehr die Dreistadien-Einteilung oder andere Klassifikationen für die rechtliche Beurteilung nicht wesentlich. Gleichwohl müsse es dabei bleiben, daß derartige Erscheinungen nur dann in Betracht kommen, wenn sie den Umfang eines Bagatellbefundes überschritten und zu einer „objektiv nachweisbaren Beeinträchtigung von Atmung und Kreislauf geführt" haben. Daß dies der Fall ist, wenn eine mittelgroße Silikose in Verbindung mit einem Emphysem (vgl. S. 102) und Schwielenzerfall nachgewiesen wurde, stellte das BSG am 11. 11. 1963 (5 RKn 31/60, SozSich 1964 S. 47 = Meso B 10/94) fest und betonte den ungünstigen Einfluß dieser Erkrankung auf den Organismus und das Herz. Das

LSG sei durchaus berechtigt gewesen einem weiteren Gutachten des Arztes zu mißtrauen, der wenige Wochen vor dem Tod des Versicherten trotz der erheblichen Lungenveränderungen keine Belastung von Lunge und Herz festgestellt haben will.
In der gutachterlichen Praxis wird der Wert bestimmter lungenfunktioneller Teste bei weitem überbewertet. Es wird so getan, als vermittelten die Sirographie oder Ergometrie absolut objektive Werte über die Leistungsfähigkeit von Herz und Lunge. In Wirklichkeit sind diese Methoden aber so grob und unphysiologisch, daß sie nur vorsichtig zu bewerten sind. So hat das LSG Niedersachsen in seiner Entscheidung vom 28. 10. 1970 (L 6a U 223/69, SozSich 1971 S. 211 = Meso B 70/80) mit vollem Recht festgestellt, daß die Spiroergometrie keineswegs ausreichend ist, um die Leistungsfähigkeit festzustellen, da sie erst eine erhebliche Leistungseinbuße zur Darstellung bringen kann. Aus diesem Grund beginnt bei Nachweis entsprechender Störungen die Rente bereits nach einer Erwerbsminderung von mindestens 30 Prozent. Werden *Blutgasanalysen* angefertigt, kann bereits eine Leistungsminderung mindestens ab 20 vom Hundert objektiviert und der gesetzliche Auftrag des § 581 Abs. 1 Ziffer 2 RVO, wonach eine Erwerbsminderung ab 20 % zu entschädigen ist, erfüllt werden. Es ist daher zu fordern, daß die Leistungseinschränkung nur in Verbindung mit der Prüfung des Gasaustausches des Blutes erfolgt. Liegen keine entsprechenden Untersuchungsergebnisse vor, müssen andere Erkenntnisquellen wie Beschwerden und/oder klinische Befunde für die Beurteilung zurückliegender Zeiträume herangezogen werden.
Es muß weiterhin gefordert werden, daß die *vegetativen Störungen,* die bei jeder Silikose mehr oder minder stark ausgeprägt sind, Berücksichtigung finden. Wie bei der vegetativen Dystonie geschildert, hat zum Beispiel eine chronische Schlaflosigkeit durchaus ein leistungsminderndes Gewicht. Das gilt auch für die leichte Schwitzneigung der Silikotiker, für das Druckgefühl auf der Brust und die oft stark ausgeprägte Wetterfühligkeit und die allgemeine Abgeschlagenheit. Der Hinweis, diese vegetativen Auswirkungen der Silikose seien in ihrer Größe nicht meßbar, überzeugt nicht. Denn schließlich wird nach ständiger Rechtsprechung verlangt, daß auch in ihrer Größe nicht meßbare Schmerzen, wenn sie glaubhaft erscheinen, zu berücksichtigen sind.
Es leuchtet ein, daß die Silikose durch den Umbau von Lungengewebe Funktionsstörungen verursacht. Die grundsätzlichen Ausführungen des LSG Nordrhein-Westfalen vom 23. 10. 1962 (L 15/2/Kn U 1028/58, Meso B 90/33) müssen hier zitiert werden:

„Es muß angenommen werden, daß eine arterielle *Hypoxämie* (Sauerstoffarmut), die mit einer schweren Silikose einhergeht, für ein Herz mit einer fortgeschrittenen Coronarsklerose eine erhebliche zusätzliche Belastung bedeutet. Ist die Sauerstoffaufnahme des Coronarblutes ohnehin schon sehr groß, so leuchtet es ein, daß jede Steigerung im Sauerstoffbedarf oder Verminderung im arteriellen Sauerstoffangebot sehr bald zu einer Erhöhung der coronaren Durchblutung führen muß, wenn die Versorgung mit Sauerstoff nicht mangelhaft werden soll. Daraus folgt, daß jede Sauerstoffminderung die Gefahr eines Sauerstoffmangelschadens des Herzmuskels mit sich bringt. Wird nun aber eine Coronarsklerose durch eine Infarzierung noch kompliziert, so sind die Coronarreserven weitgehend erschöpft und die Durchblutung ist für eine optimale Sauerstoffversorgung schon nicht mehr ganz ausreichend. Eine qualifizierte Verschlechterung des Blutes, wie sie zusätzlich bei der Hypoxämie vorliegt, wird sich dann besonders ungünstig auf die Sauerstoffversorgung der Herzmuskulatur auswirken. Es liegt daher nahe, daß der kritische Zeitpunkt, in dem der Herzmuskel völlig versagt, dann weitaus eher erreicht wird, als wenn dem durch eine Kranzaderverhärtung ohnehin schon gedrosselten Gefäßsystem voll sauerstoffgesättigtes Blut zugeführt werde."

Nach § 589 Abs. 2 RVO steht dem Tod durch Unfallfolgen der Tod eines Versicherten gleich, dessen Erwerbsfähigkeit durch eine Astbest- oder Steinstaublunge um wenigstens 50 % gemindert war. Diese gesetzliche Ursachenvermutung gilt auch, wenn die Staublunge mit einer Tuberkulose verbunden war. Nur wenn ,,offenkundig" der Tod nicht mit der anerkannten Berufskrankheit in einem Ursachenzusammenhang steht, gilt die Vermutung nicht. Eine Leichenausgrabung kann zum Nachweis der Kausalität nicht verlangt werden.

Keine Schwierigkeiten bereiten die Fälle, wo die Silikose allein den Tod des Versicherten verursacht hat. Liegen noch andere Krankheiten vor, kommt es darauf an, ob diese ,,offenkundig" den Tod verursacht haben, um den Kausalzusammenhang ablehnen zu können. Unter Bestätigung seiner Entscheidung vom 14. 1. 1965 (5 RKn 57/93, Meso B 10/93) erklärte das BSG am 29. 4. 1970 (5 RKnU 2/67, SozSich 1970 S. 252 = Meso B 70/67 a), daß eine Entschädigungspflicht nur vorliegt, wenn

1. die Silikose den Tod entweder in medizinisch zumindest erheblichem Maße mitverursacht oder
2. sie den Tod wenigstens um ein Jahr beschleunigt hat.

Offenkundig liegt eine wesentliche Mitverursachung dann nicht vor, wenn die Staublunge mit einer jeden ernsthaften Zweifel ausschließenden Wahrscheinlichkeit den Tod des Versicherten verursacht oder sein Leben um wenigstens ein Jahr verkürzt hat.

Es ist Aufgabe der Tatsachengerichte aufzuklären, ob zum Beispiel ein Krebs auf dem Boden einer silikotischen Schwiele entstanden ist oder sein kann, ob – im Hinblick auf die Karzinomentstehung auf dem Boden einer zum Teil silikosebedingten chronischen Bronchitis – die Bronchitis bereits vor der Krebserkrankung vorhanden war, ob sie silikosebedingt und nach Art und Dauer geeignet war, einen Bronchialkrebs zu erzeugen. Stellt sich heraus, daß die Silikose offenkundig die Entstehung des Krebses nicht wesentlich verursacht hat, muß noch geprüft werden, in welchem Umfang die Silikose neben dem Bronchialkarzinom die Kreislauf- und Herztätigkeit beeinträchtigt hat und ob sie gegebenenfalls dadurch den Tod medizinisch mitverursacht hat. Eine zum Tod führende Lungenembolie kann nach dem Urteil des LSG Baden-Württemberg vom 29. 4. 1964 (L 2 Ua 606/61, Breith. 1964 S. 1031 = Meso B 70/49) nicht auf die Silikose zurückgeführt werden, wenn der Versicherte an einer Thrombose stirbt, die durch einen perityphlitischen Abzeß (Blinddarmentzündung) entstanden ist. Führt ein Krebsleiden unabhängig von einer schweren Silikose zum Tod des Versicherten, ist nach dem Urteil des LSG Nordrhein-Westfalen vom 6. 6. 1972 (L 15 BU 8/81, SGb 1972 S. 409 = Meso B 70/81) der Kausalzusammenhang nicht gegeben, wenn durch die silikotischen Einschlüsse in der Lunge das Krebsleiden nicht

rechtzeitig entdeckt wurde, der Tod aber sowieso innerhalb eines Jahres eingetreten wäre. Die Ansicht von *Vieten* und *Günter* (Die Strahlenbehandlung des Bronchialkarzinoms, Deutsche medizinische Wochenschrift 1969 S. 1593), wonach die Strahlenbehandlung inoperabler Karzinome das Leben wesentlich verlängert, wurde vom Gericht als nicht bewiesen verworfen.
Die unter dem Begriff des *Reizkrebses* zusammengefaßten Möglichkeiten einer Krebsentstehung aus einer silikotischen Narbe, aufgrund einer durch Gewebeumwandlung entstehenden Vorkrebserkrankung (Metaplasiepräkanzerose) oder unter dem anhaltenden Einfluß von Gewebszerfallprodukten beruhen nicht lediglich auf theoretischen Überlegungen, sondern können nach Auffassung des BSG (Urteil vom 20. 11. 1973 – 5 RKn 30/72, SGb 1974 S. 67 = Meso B 70/87) einen Kausalzusammenhang nach dem Stande der wissenschaftlich vertretenen Lehrmeinungen wahrscheinlich machen. Durch den bloßen Hinweis auf die Meinung ,,namhafter ärztlicher Sachverständiger" läßt sich nicht verneinen, daß die Möglichkeit eines Kausalzusammenhangs nur ganz entfernt liege. Nach der Entscheidung des BSG vom 14. 3. 1968 (5 RKn 67/66, SozSich-Kartei Nr. 2165, I/A zu § 170 SGG = SGb 1968 S. 491 = Breith. 1969 S. 181 = Meso B 20a/112) ist es zutreffend, daß eine mittelgradige Staublunge für den plötzlichen Herztod des Versicherten im medizinischen Sinne erheblich mitverantwortlich gewesen ist, da über den Sauerstoffmangelschaden (Hypoxämie) das Herz geschädigt werde. Hat ein Blutgerinnsel (Thrombus) zu dem plötzlichen Herztod des Versicherten geführt, ist nach dem Urteil des LSG Nordrhein-Westfalen vom 11. 3. 1969 (L 15 BU 140/66, Meso B 90/48) selbst in Anbetracht eines klinisch zu unterstellenden silikosebedingten Sauerstoffmangels des Blutes die überragend bedeutsame Ursache des Todes die Coronarthrombose mit schicksalhaft ungünstiger Lokalisation. Daß eine Leberzirrhose unabhängig von einer Silikose entstanden und durch sie nicht verschlimmert worden ist, stellte das LSG Nordrhein-Westfalen am 22. 6. 1971 (L 15 BU 23/70, Meso B 150/11) fest. Daß die wegen der Silikose eingenommenen hustenreizstillenden Medikamente sowie die Barbiturate und Sulfonamide leberschädigend gewesen sind, ist eine zu weit entfernte Möglichkeit. Hinsichtlich der stürmischen Entwicklung der Lebererkrankung ist es unwahrscheinlich, daß durch die Hypoxämie eine Mangelernährung der Organe und eine sogenannte Stauungszirrhose aufgrund einer silikosebedingten Rechtsherzüberlastung entstanden ist. Nur über Jahre hinaus kann eine derartige hypoxämische degenerative Leberzellverfettung entstehen.
In seiner Entscheidung vom 25. 5. 1961 (5 RKn 3/60, BSGE 14 S. 207 = Meso B 70/22 = SozSich 1961 S. 214 = SGb 1961 S. 215) stellte das BSG fest, daß bereits eine beginnende bis leichte Silikose einen regelwidrigen Körperzustand, also *Krankheit* darstellt, auch wenn sie sich noch nicht auf die Leistungsfähigkeit auswirkt. Anders als in der Krankenversicherung werde im Rentenrecht bei einer Krankheit weder Behandlungsbedürftigkeit noch Arbeitsunfähigkeit gefordert. Nach dem Urteil vom 15. 9. 1965 (5 RKn 25/62, Meso B 10/105) ist eine krankheitsbedingte Einschränkung der Erwerbsfähigkeit auch dann vorhanden, wenn bestimmte Erwerbstätigkei-

ten wegen schwerwiegender gesundheitlicher Gefährdung unzumutbar werden. Ein Hauer, der wegen Silikosegefährdung nicht mehr unter Tage arbeiten darf und der außer seiner bergmännischen Ausbildung keine anderen Kenntnisse und Fähigkeiten für qualifizierte Übertagearbeiten in knappschaftlichen Betrieben besitzt, ist regelmäßig vermindert bergmännisch berufsfähig im Sinne des § 45 RKG. Die krankheitsbedingte Verlegung nach Übertage ist hier der entsprechende Versicherungsfall.
Eine *Siliko-Tuberkulose* ist, wie bereits gesagt, ebenfalls eine Berufskrankheit. Dazu stellte das BSG in seinem Urteil vom 27. 3. 1958 (5 RKn 32/56, BSGE 7 S. 89 = Meso B 70/6 = SozSich 1958 S. 152 = SGb 1985 S. 160) fest, daß um 1949 die medizinische Auffassung zum Durchbruch kam, *daß eine Silikose bereits in wesentlich früheren Stadien gesundheitliche Schädigungen verursachen könne, als bis dahin angenommen wurde.* Daraufhin wurde die bis dahin geforderte Voraussetzung „schwere Silikose" vom Gesetzgeber gestrichen. Bei der Schaffung der 5. BKVO wollte der Gesetzgeber zum Ausdruck bringen, daß beide Krankheiten ein einheitlich zu beurteilendes Krankheitsbild darstellen. Damit werde der neuen Entwicklung in der Medizin Rechnung getragen, die auch bei verhältnismäßig geringfügigen silikotischen Veränderungen eine ursächliche Verknüpfung mit der Silikose als wahrscheinlich anerkannt haben. Es ist somit falsch, daß unter dem Begriff „Silikose" nur eine solche Steinstauberkrankung zu verstehen ist, die bestimmte Mindestanforderungen (Überschreitung des leichten ersten Grades) erfüllt. Es kommt nur darauf an, ob die nachgewiesenen Staublungenveränderungen nach den medizinischen wissenschaftlichen Erkenntnissen geeignet sind, einen schädigenden Einfluß auf eine aktiv fortschreitende Lungen-Tbc auszuüben.
Zusammenfassend ist folgendes festzustellen:

1. Die Diskrepanz zwischen dem unzureichenden Röntgenbild und den pathologischen Befunden zwingt dazu, das Röntgenbild extensiv auszulegen.
2. Da Lungenfunktionsprüfungen nur grobe Werte ergeben (eine Einschränkung der Lungenfunktion wird erst ab 30 % dargestellt) muß eine Blutgasanalyse gefordert werden, um eine Hypoxämie nachweisen zu können.
3. Vegetative Dysregulationen, die zum Bild einer Silikose gehören, sind ebenfalls zu bewerten. So hat zum Beispiel ein chronisches Schlafdefizit und eine körperliche Abgeschlagenheit immer einen leistungsmindernden Effekt.
4. Wird ein Facharbeiter (Hauer) aufgrund bergbaubehördlicher Anordnung aufgefordert, die Untertagetätigkeit wegen einer Silikosegefährdung aufzugeben, ist in der Regel verminderte bergmännische Berufsfähigkeit gegeben, auch wenn die Silikose nur leichtgradig ist.
5. Haben mehrere Leiden den Tod des Versicherten verursacht, ist die Entschädigungspflicht des Versicherungsträgers nur gegeben, wenn die Silikose den Tod mindestens in einem erheblichen Maße mitverursacht oder das Leben des Versicherten um mindestens ein Jahr verkürzt hat.

34. Streß

Das von Selje eingeführte Wort Streß, das mittlerweile außerhalb der Medizin zu einem Modewort geworden ist, bedeutet zuerst nichts anderes als *Belastung,* die von außen auf den Menschen einwirkt und die geeignet ist, im Organismus Veränderungen herbeizuführen. Das kann zum Beispiel ein schwüles Wetter sein, das als Streß wirkt und den Körper zum reagieren, also Schwitzen zwingt. Wie nun der Körper reagiert, hängt weitgehend von Faktoren ab, die in den Menschen liegen. Die individuelle Belastbarkeit richtet sich nach der Persönlichkeitsstruktur, der Gesundheit und der persönlichen Situation.
Kern des Streßproblems ist, daß alle unsere Körperfunktionen auf einen optimalen Wert an Außenreizen eingestellt sind. Wird dieser über- oder unterschritten, reagiert der Organismus wie in grauer Urgeschichte: er bereitet sich auf Kampf oder Flucht vor. Es leuchtet ein, daß diese Reaktion heute inadäquat ist. Andererseits muß aber mit Nachdruck betont werden, daß die tägliche Streßbelastung lebensnotwendig ist. Das Problem besteht also nicht darin, eine streßfreie Welt zu schaffen, sondern eine schädigende Wirkung der Stressoren zu verhindern.
Übertragen wir diese Erkenntnisse auf das Arbeitsleben, so müssen wir davon ausgehen, daß schwere körperliche Arbeit, ungünstige Arbeitsbedingungen zum Beispiel durch Hitze oder Gase, Zeitdruck, Monotonie und Doppelbelastung durch Arbeit und Haushalt belastend wirken. Dies wird allgemein anerkannt. Die weiter zu nennenden emotionalen Belastungen durch hohe Verantwortung, Unzufriedenheit mit der Arbeit und den Vorgesetzten, Nachtarbeit und Unsicherheit des Arbeitsplatzes werden aber noch heute mehr oder weniger ignoriert. Während zum Beispiel die Regierung am 17. 3. 1975 im Bundestag eine große Anfrage der Opposition hinsichtlich der geringeren Lebenschancen nichtehelicher Kinder damit beantwortet, daß ein sogenannter „Sozialstreß" hierbei wirksam werde, der psychosomatisch sogar in den Schutzraum des werdenden Kindes ausstrahlt, gibt es noch genügend Ärzte, die einen emotionalen Streß nicht wahrhaben wollen. Es ist bezeichnend, daß es bisher kein veröffentlichtes Urteil gibt, das eine Streßbelastung berücksichtigt oder nennt.
Da in der Öffentlichkeit Streß immer mit *Hetzarbeit* gleichgestellt wird, muß darauf hingewiesen werden, daß tempogebundene Arbeit nicht nur am Fließband zu finden ist. Der schiefe Begriff von der Managerkrankheit sagt bereits, daß auch in der Verwaltung ein starker Streß festzustellen ist. Wie am ehemaligen Max-Planck-Institut für Arbeitsphysiologie in Dortmund nachgewiesen wurde, gibt es in der deutschen Wirtschaft praktisch keine *Eigenbestimmung des Arbeitstempos* durch den Arbeitnehmer mehr. Außerhalb der Akkordarbeit ist es das Pensum, das der Betrieb vorgibt und das bewältigt werden muß und daß auch die Höhe des Lohnes oder Gehaltes beeinflußt. Diese Norm muß, wie *Strotzka* (Einführung in die Sozialpsychiatrie S. 48) betont, vom Arbeitnehmer eingehalten werden.

Das Erlebnis der Arbeit als Streß entsteht immer dann, wenn trotz großer Anstrengung (Motivation) die betriebliche Leistungsnorm nicht erreicht wird. Durch das Mißlingen entsteht das Phänomen der Frustration. Je häufiger nun das Pensum nicht bewältigt wird, desto stärker prägt sich das Erlebnis des Versagens in die Psyche ein. Die erste Reaktion ist offene Aggression, die letzte Resignation.
Nun gehört es zu den allgemeinen Erfahrungen jedes Menschen, daß er persönlich Belastungen als durchaus normal empfindet, die der andere bereits für unerträglich hält und auch daran erkrankt. Verwirrender wird noch das Bild, wenn man bedenkt, daß die gleiche Streßbelastung auch noch zu unterschiedlichen Krankheiten führt. Eine befriedigende Erklärung beider Tatsachen gibt nur das psychophysiologische Modell von R. A. *Sternbach* (Principles of Psychophysiology, New York: Academic Press 1966), das wir hier aufzeigen wollen. Danach müssen drei Fakten zusammenkommen, wenn Streß einen bestimmten Gesundheitsschaden verursachen soll. Das sind:

1. die *persönliche Reaktionsstereotypie.* Hierunter versteht man die seit langem bekannte Tatsache, daß ein ganz bestimmtes Organ auf Streß reagiert. So kennen wir Personen, bei denen jede Aufregung auf den Magen schlägt oder denen das Herz davonjagt (Tachycardie). *Schettler* (Innere Medizin Band 2 S. 283) nennt bei Magenerkrankungen als schleimhautschädigenden Mechanismus die Streß-Einwirkung. Dieser Mechanismus läuft nach einem starren Musterstereotyp ab.
2. die *Häufigkeit der Belastung.* Es leuchtet ein, daß die Streßbelastung nur dann eine schädigende Wirkung ausüben kann, wenn sie in einem erheblichen Umfang entsteht. Die stereotype Reaktion muß sich praktisch einschleifen, bis sie chronisch wird.
3. eine *körperliche Regulationsstörung.* Ohne sie sind die beiden oben genannten Fakten nicht schädigend. Infolge einer körperlichen Schwäche (Disposition) muß der Organismus unfähig sein, innerhalb einer bestimmten Zeit die Erregung oder Reaktion abzubauen und in den Ruhezustand zurückzukehren. Angesprochen ist hier die vegetative Regulation. Ist sie für längere Zeit gestört und kommen die beiden anderen Faktoren hinzu, entstehen die psychosomatischen Störungen und zwar dort, wo das Organ vorher schon auf den Streß reagiert hat. Wem die Aufregung also auf den Magen schlug, wird Magengeschwüre erhalten.

Von allen medizinischen Sachverständigen ist zu fordern, daß sie die berufliche und betriebliche Streßbelastung berücksichtigen. Der Arzt, der diese Gefährdung nicht kennt oder ignoriert, ist unfähig, über die Leistungsfähigkeit des Versicherten zu urteilen. Schließlich soll der Versicherte nicht in einem sterilen Labor, sondern in einem auf Leistung ausgerichteten Betrieb Arbeit leisten. Das Verbot der Überforderung darf hier nicht unberücksichtigt bleiben.

35. Suicid

Der Bilanz-*Freitod* (Suicid) ist sehr selten und braucht daher nicht behandelt zu werden (vgl. LSG Rheinland-Pfalz vom 19. 9. 1960 – L 1 V 5654/54, SozSich-Kartei Nr. 1202, IX/A, § 1 BVG = Meso B 320/10). In der Regel handelt es sich um einen *spontanen* Freitod. Der Patient befindet sich in einer Notsituation. Er ist verzweifelt, fühlt sich alleingelassen und empfindet seine Situation als aussichtslos. Zugleich aber ist ein Handeln – das gilt auch für den Selbstmordversuch – ein Hilferuf, dem mit allem Ernst zu begegnen ist. Oft wird die Auffassung vertreten, daß die Androhung des Freitods nur Demonstration oder Simulation ist. Wirklich ernst zu nehmen sei nur die *Dissimulation,* also die Vortäuschung von Gesundheit. Die depressiven Patienten verbergen gegenüber Arzt und Mitmenschen ihre schwermütigen Anwandlungen und Freitodabsichten. Ihr Tod erfolgt dann anscheinend unmotiviert und trifft wie ein Blitz aus heiterem Himmel die Angehörigen.

Nach *Ringel* (Der Selbstmord) ist der Suicid der Abschluß einer krankhaften Entwicklung, obwohl er sich der Möglichkeit nach als eine freiheitliche Handlung darstellt. In fast allen Fällen geschieht er emotionell, spontan, also als Kurzschlußhandlung. Dabei wird nicht primär das Auslöschen des eigenen Lebens, sondern die Betäubung und der Rückzug aus einer als unerträglich empfundenen Situation angestrebt. Dabei gibt es immer noch eine – wenn auch verdrängte – Hoffnung auf Rettung.

Nach Ringel führt folgende Entwicklung zum Freitod:

1. Zuerst kommt es zu einer *Einengung des Bewußtseins,* verbunden mit einem Rückzug von Menschen und Umwelt. Das Gefühl der Einsamkeit, der Isolierung verbindet sich mit dem der Sinnlosigkeit und Ausweglosigkeit.
2. Das Gefühl unverstanden, isoliert zu sein, löst wiederum eine starke *Aggressivität* aus gegen die Personen, die das angeblich verschuldet haben. Da zugleich diese Aggressionsgelüste verdrängt werden, entsteht eine resignierende vorwurfsvolle Einstellung gegenüber den Mitmenschen. Sie sollen merken, daß man von ihnen enttäuscht ist und unter ihrer Herzlosigkeit leidet.
3. Als nächstes entsteht eine Flucht in eine *Phantasiewelt,* die oft masochistischen Charakter hat. Es stellt sich ein Lustgefühl ein, wenn sich der Patient vorstellt, welche Gesichter die Mitmenschen machen werden, wenn sie erfahren, daß er tot ist, welche Selbstvorwürfe sie sich machen werden und wie sie selbst dann leiden werden unter der Gewißheit, ihn in den Tod getrieben zu haben.

Im Hinblick auf die *rechtliche Wertung* des Freitodes hat das BSG in seinem Urteil vom 29. 10. 1958 (11/9 RV 280/57, SozSich 1959 S. 18 = SGb 1958 S. 385 = BSGE 8 S. 209) ausgeführt, daß eine generalisierende Betrachtung auch seelischer Vorgänge nicht zulässig ist. Vielmehr komme es immer auf die besondere individuelle Belastbarkeit des Betroffenen an. Jede seelische Reaktion enthalte notwendig stets ein subjektives Moment, das nicht nur nach einem als „normal" unterstellten Durchschnittsmenschen, den es nicht gebe, sondern individuell zu bewerten ist. Auch in der Sozialversicherung kann der Mensch nur so, wie er tatsächlich individuell beschaffen ist, bewertet werden.

Bei psychischen Vorgängen wird allerdings grundsätzlich vorausgesetzt, daß der Betroffene die seelische Anspannung vornimmt, seinen Willen gemäß den Anforderungen seiner Situation zu steuern und seinen Begehrensvorstellungen Widerstand entgegenzubringen. Wie weit er aber dazu entsprechend seinem seelischen Zustand und seiner möglicherweise abartigen psychischen Reaktionsweise in der Lage ist, kann nur im Einzelfall beurteilt werden.

Auch der BGH hat (BGHZ 20 S. 137) die gleiche Auffassung vertreten und dazu ausgeführt:

„Muß aber zugunsten des Klägers davon ausgegangen werden, daß ohne das Unfallgeschehen eben der seelische Zustand nicht vorliegen würde, der die Wiedereinführung des Klägers in das Arbeitsleben erschwert, so kann der ursächliche Zusammenhang auch dann nicht verneint werden, wenn eine wesentliche Mitursache dieses Zustandes in der seelischen anfälligen Persönlichkeit des Klägers liegt."

Nach dem Urteil des gleichen Senats (NJW 1958 S. 1579) ist zu fragen, wie sich die vom ärztlichen Gutachter bestätigten körperlichen und psychischen Gesundheitsstörungen auf den Betroffenen unter Berücksichtigung seiner Persönlichkeitsentartung und seiner konkreten Lebensverhältnisse im Unfallzeitpunkt ausgewirkt haben.

Zum Unfallversicherungsrecht führte das BSG in seinem Urteil vom 18. 12. 1962 (2 RU 56/58, SGb 1963 S. 46 = SozSich-Kartei Nr. 1470, V/A § 542 RVO) hinsichtlich der Bewertung eines Freitods folgendes aus:

„Da nach § 553 RVO n. F. das *vorsätzliche Herbeiführen* eines Unfalls den Entschädigungsanspruch ausschließt, haben für die rechtliche Betrachtung die Anschauungen auszuscheiden, die unter naturwissenschaftlichen und philosophischen Gesichtspunkten eine echte *Entscheidungsfreiheit* in Zweifel ziehen. Aus dieser Bestimmung ergibt sich ferner der Leistungsausschluß, wenn der Versicherte die Auswirkungen des Unfalls durch sein vorsätzliches Handeln ungünstig, zum Beispiel durch Schaffung von Artefacten und Selbsttötung beeinflußt. *Nur wenn das vorsätzliche Handeln auf Motive zurückzuführen ist, die ihrerseits durch das Unfallgeschehen oder seine Auswirkungen gesetzt worden sind, kann dieses Handeln nicht von vornherein als die rechtlich allein wesentliche Ursache seiner Folgen angesehen werden. Es bedarf vielmehr der Prüfung, ob der Unfall oder seine Auswirkungen rechtlich wesentlich das Handeln und damit seine Folgen verursacht haben. Eine rechtlich wesentliche Verknüpfung kann schon dann gegeben sein, wenn die Fähigkeit zur Willensbildung durch Auswirkungen des Unfalls wesentlich beeinträchtigt war.*"

Die Frage der *Willensfreiheit* ist äußerst umstritten. Im Gegensatz zur Dranghaltung und der Triebäußerung setzt jede Willensäußerung eine bewußte Zielvorstellung mit dem Wissen um Mittel und Folgen voraus. Nur wenn bei der Willensentscheidung alles was die Gesamtpersönlichkeit darstellt, also Stimmung, Denkfähigkeit und ethische Haltung durch äußere oder innere krankhafte Störungen nicht beeinträchtigt sind, kann es zu einer freien Willensentscheidung kommen. „Die gegen diese Anschauung vorgebrachten Bedenken (vgl. LSG Rheinland-Pfalz vom 19. 9. 1960 – L 1

V 5686/54, SozSich-Kartei Nr. 1202, IX/A zu § 1 BVG = Meso B 320/10), daß nach diesen Grundsätzen es überhaupt keine Selbsttötung aus freiem Willen mehr gebe, geht wie die Ansicht fehl, daß die Beeinträchtigung der freien Willensbestimmung nur relevant ist, wenn unter Berücksichtigung der allgemeinen Erfahrungen sich die äußeren Lebensumstände als so schwerwiegend darstellen, daß bei der nachträglichen Beurteilung durch alle billig und gerecht Denkenden, wenn nicht als einziger, doch als nächstliegender Ausweg als verständig erscheint." Abgesehen von dem Verbot, den billig und gerecht denkenden Durchschnittsmenschen zum Maßstab einer medizinischen Begutachtung zu machen, hat der § 138 BGB hinsichtlich der „guten Sitten" oder des „gesunden Volksempfindens" bei der Willensfreiheit nichts zu tun.

Aus den oben genannten Grundsätzen des BSG, die auch heute noch gelten, ergeben sich für die Beantwortung der Kausalitätsfrage folgende Konsequenzen:

1. Empirisch ist davon auszugehen, daß ein länger andauernder Schmerz jeden Menschen in seiner Psyche verändert, denn es gibt kein körperliches Kranksein, das nicht den ganzen Menschen körperlich und seelisch beeinflußt. Wird eine bestimmte Reizschwelle überschritten, nimmt der Schmerz vom ganzen Menschen Besitz. Er absorbiert all sein Sinnen und Denken und kann ihn, wie der Volksmund sagt „bis zum Wahnsinn treiben" (So *March,* Fehlerquellen ärztlicher Begutachtung, S. 104). Dabei darf allerdings nicht von der Schmerzverträglichkeit eines „normalen" Menschen ausgegangen werden. Vielmehr ist zu prüfen, ob gerade dieser Patient durch seine (unfallbedingten) Schmerzen in den Freitod getrieben wurde oder anders gesagt, ob die Fähigkeit zur Willensbildung durch die Schmerzen wesentlich beeinträchtigt wurde.
2. Bei der Beurteilung der Auswirkungen von Unfallfolgen auf die Psyche des Versicherten darf das Gericht von der Anhörung eines Sachverständigen nur absehen, wenn es die erforderliche Sachkenntnis selbst besitzt und darlegt, worauf diese beruht (BSG vom 28. 11. 1962 – 9 RV 1258/59, SGb 1963 S. 16). Liegen unterschiedliche medizinische Auffassungen vor, vermag das Gericht, das die Beweise frei zu würdigen hat, selbst zu bestimmen, von welchem ärztlichen Gutachten es sich überzeugen läßt. Dabei ist es nicht genötigt, sich mit jedem einzelnen Vorbringen eines Beteiligten selbst auseinanderzusetzen (BSG vom 15. 7. 1965 – 8 RV 654/62)
3. Bei einer (traumatischen) *reaktiven Depression* ist die Fähigkeit zur Willensbildung zwar grundsätzlich noch vorhanden; der Zustand läßt aber auf eine verändernde Entwicklung der Persönlichkeit schließen. Es stellt einen wesentlichen Verfahrensmangel dar, wenn das Gericht es unterläßt, durch entsprechende Sachaufklärung die psychischen Verhaltensweisen des Versicherten zu ermitteln (BSG vom 18. 12. 1962 – 2 RU 74/57, BSGE 18 S. 163 = AP Nr. 10 zu § 542 RVO = SozSich-Kartei Nr. 1470 V/A § 542 RVO). Im Urteil vom 29. 4. 1964 (2 RU 215/65, SozSich 1964 S. 212 = SGb 1964 S. 171) verwies das BSG den Streitfall an das LSG zurück, weil dieses nicht festgestellt hatte, worauf eine reaktive Depression und somit die Veränderung der Persönlichkeit zurückzuführen

ist. Das Tatsachengericht hatte nicht geprüft, ob die Depression Unfallfolge ist.

4. Wie das Urteil des LSG Nordrhein-Westfalen vom 24. 9. 1968 (L 15 BU 101/66, SGb 1969 S. 111 = Breith. 1969 S. 301) erkennen läßt, werden die rechtlichen Kriterien in der Gerichtspraxis weitgehend mißachtet. Hier wurde der Kausalzusammenhang zwischen Silikose und Suicid verneint, weil der Sachverständige zu dem Ergebnis gekommen war, „daß von seiten der Silikose keine so schweren Behinderungen und Beschwerden vorgelegen haben, wie man sie voraussetzen müsse, um diese Beschwerden als Anlaß zum Suicid anzuerkennen."

36. Thrombose

Die Blutgerinnung infolge mechanischer, infektiöser oder toxischer Schädigung der Gefäßwände oder durch Durchflußbehinderungen nennt man Thrombose. Häufig entsteht – durch eine Kreislaufschwäche begünstigt – eine Venenentzündung (Thrombophlebitis), die sich klinisch durch Temperatur- und Pulserhöhungen sowie eine allgemeine Unruhe bemerkbar macht. Die Blutsenkungsgeschwindigkeit ist beschleunigt, das betroffene Glied blaß, manchmal bläulich verfärbt, teigig mit Schmerzpunkten. Die Vene selbst stellt sich als roter, später als bräunlich-violetter äußerst schmerzhafter Strang dar.

Aus der Entzündung entsteht die Embolie, wenn sich ein Blutgerinnsel oder Gewebefetzen von der Venenwand löst. Liegt die Thrombose in den tiefen Beinvenen, besteht die Gefahr einer Lungenembolie. Wir finden oft, daß zuerst ein Unterschenkelgeschwür (Varicosis) besteht und daß dieses über eine Venenentzündung in eine Thrombose einmündet. Diese ist also nur das Endglied einer oft jahrelangen Entwicklungskette.

Die Frage nach der *Verursachung* stellt zugleich die Frage nach der traumatischen Entstehung. In der medizinischen Wissenschaft werden vier Hauptursachen einer Thrombose genannt und zwar:

1. *Wandschädigungen. Bürkle de la Camp/Rostock* (Handbuch der gesamten Unfallheilkunde Band 3 S. 327) erklären, daß traumatische Thrombosen Folge einer starken Weichteilquetschung oder Knochenzerstörung sein können. Voraussetzung ist, daß sie eine Venenwand verletzen oder daß sie Folge einer durch eitrige Wunden entstandene Thrombophlebitis sind.

   Die Bedeutung der Wandschädigung für die durch Elastizitätsverlust entstehende (marastische) Thromboseentwicklung wird besonders deutlich bei der arteriellen Thrombose. Normalerweise gibt es keine Blutpfropfbildung in Arterien, deren Wände nicht geschädigt sind. In der Regel sind es arteriosklerotische Wandveränderungen, auf die sich die Thrombose – und zwar auf den jeweiligen Skleroseherd – in der Herzkranz-, Becken- und Beinarterie aufsetzt. In diesem Fall ist die Thrombose keine Unfallfolge.

   Interessant ist die BSG-Entscheidung vom 17. 5. 1962 (11 RV 398/61, Meso

B 90/27 = BSGE 17 S. 60 = SGb 1962 S. 206). Wird eine Venendarstellung (Phlebographie) durchgeführt, um festzustellen, ob ein Krampfaderleiden Wehrdienstfolge ist und entsteht dadurch eine Lungenembolie, dann ist diese als mittelbare Wehrdienstbeschädigung anzuerkennen und zu bewerten.

2. *Verlangsamung des Blutstromes.* Dieser Faktor wirkt sich besonders an den Beinen aus, da infolge des erhöhten Blut-(hydrostatischen) Drucks beim Stehen die Strömungsgeschwindigkeit durch das verminderte Druckgefälle verlangsamt ist. Wird dieser Teil der Blutbahn verletzt, kann auch auf reflektorischem Wege über das vegetative Nervensystem der Kreislauf selbst über das unmittelbar betroffene Gebiet hinaus krampfhaft (spastisch) gedrosselt werden.
3. *Erhöhung der Blutgerinnungsfähigkeit.* Fern vom Ort der Thrombose laufen hier Entzündungs- und Zerfallserscheinungen von Gewebe ab, die die Blutzusammensetzung ändern. Die durch Gewebezerfall und Zellmauserung bedingte Einsaugung (Resorption) von Eiweißkörpern verschiebt die Blutzusammensetzung. Zugleich verändert sich die Zusammenklebe-(Agglutinations-)Fähigkeit der Blutplättchen. Die Knochenmarksriesenzellen (Megakaryozyten) zerfallen zu Blutplättchen und erhöhen die Gerinnungsbereitschaft nicht unerheblich.
4. Die durch den Krankenhausaufenthalt erzwungene *Bettruhe,* Ernährungsumstellung, die allgemeine Herabsetzung der Widerstandsfähigkeit der Blutgefäße, die Giftwirkung bei Infektionen und sogar Wetteränderungen, die sich über das vegetative Nervensystem auch auf die Blutzusammensetzung und den Kreislauf auswirken wie auch Hormonstörungen sind weitere Auslösungsfaktoren.

Die drei zuletzt genannten Kriterien beweisen, daß eine Thrombose nicht nur am Verletzungsort entstehen kann. Die durch Verlangsamung des Blutstromes, der Blutgerinnung und erzwungener Bettruhe entstehende *Fernthrombose* ist sogar häufig anzutreffen. Das SG Oldenburg hat (S 7 U 169/72) den direkten Zusammenhang zwischen einer schweren Weichteilquetschung und Spätnekrosebildung im Bereich der linken Hand und der in diesem Zeitraum fallenden Ausbildung einer Fernthrombose im rechten Bein bejaht. Das LSG Nordrhein-Westfalen stellte demgegenüber am 19. 4. 1966 (L 15 KnU 178/64, Meso B 90/40) fest, daß eine Thrombose keine Unfallfolge ist, wenn die nach einer Meniskusoperation statisch bedingte Beinschwellung abklingt und drei Monate später eine Zellgewebsentzündung (Phlegmone) und Fußpilzerkrankung auftritt, die die Thrombose verursachen.

Für die Praxis ist es wichtig zu wissen, daß harte Bandagen immer noch das beste Mittel gegen Thromboseschäden in den tiefen Venen sind. Werden die Bandagen zu früh abgenommen, entstehen durch den Abbau der Gerinnungspfropfen an den Venen Narben, die den Durchfluß einengen oder gar verhindern. Oft erst nach Jahren machen sich dann hartnäckige Ekzeme und Geschwüre, also die sogenannten „offenen Beine" bemerkbar. Diese sind, wenn die vorhergehende Thrombose Unfallfolge war, als mittelbare Verletzungsfolge anzuerkennen.

37. Zurechnungsunfähigkeit

Unsere Rechtsordnung setzt voraus, daß jeder Mensch sich frei entscheiden kann und daß er ausreichende Kräfte besitzt, um seine Triebe zu hemmen und in ungefährliche Bahnen zu lenken. Nur in Ausnahmefällen – die immer zu beweisen sind – wird das Gegenteil (oft widerstrebend) anerkannt.
Ein zivil- oder strafrechtlicher *Haftungsausschluß ist nach den inhaltsgleichen § 827 BGB, § 51 StGB und § 3 JGG gegeben, wenn der Täter zur Tatzeit wegen erheblicher* Bewußtseinsstörung (vgl. BGH vom 2. 2. 1966 – 2 StR 529/65, NJW 1966 S. 1275), krankhafter Störung der Geistestätigkeit oder wegen Geistesschwäche nicht in der Lage war, das Unerlaubte der Tat einzusehen oder nach dieser Einsicht zu handeln. Nach der Entscheidung des Bundesdisziplinarhofes vom 25. 4. 1956 (I D 63/55, NJW 1956 S. 1895) gilt das nicht für das Disziplinarrecht.
Während strafrechtlich dem Täter nachgewiesen werden muß, daß er zur Tatzeit zurechnungsfähig war, gilt zivilrechtlich die Vermutung, daß der Täter, der eine unerlaubte Handlung im Sinne der §§ 823 BGB ff. begangen hat, auch dafür verantwortlich ist. Diese zivilrechtliche Vermutung gilt auch gegenüber Jugendlichen, die fahrlässig gehandelt haben (vgl. *Lempp,* Somatische Ursachen der Frühkriminalität und ihre forensisch-psychiatrische Beurteilung, NJW 1959 S. 798). Während strafrechtlich die Fahrlässigkeit individuell festzustellen ist (maßgebend ist, ob der Jugendliche nach seiner geistigen Entwicklung reif, also nach seinen persönlichen Kenntnissen und Fähigkeiten in der Lage war, den Erfolg (Schaden) seiner Handlung vorauszusehen), ist zivilrechtlich der Tatbestand der Fahrlässigkeit bereits erfüllt, wenn die im Verkehr erforderliche Sorgfalt – objektiv – nicht angewandt wurde. Nach der Entscheidung des BGH vom 23. 10. 1950 (III ZR 273/51) darf diese verkehrsübliche Sorgfalt aber nicht gleichmäßig bestimmt werden. „Das Maß der Umsicht und Vorsicht muß sich vielmehr nach den Lebensverhältnissen der Beteiligten richten, wobei auf die typische Verschiedenheit ganzer Gruppen von Menschen Rücksicht zu nehmen ist." Nach dem Urteil des BGH vom 16. 1. 1968 (1 StR 604/57, NJW 1968 S. 1195) ist das allgemeine Strafrecht anzuwenden, wenn die sittliche und geistige Entwicklung eines Heranwachsenden auf der Stufe eines Jugendlichen wegen Schwachsinns, der zu einer erheblichen Zurechnungsunfähigkeit geführt hat, abgeschlossen ist, eine „Nachreife" aber nicht ausgeschlossen wird. (Vgl. auch *Beeck/Wuttke,* Zur strafrechtlichen Verantwortung eines noch nicht erwachsenen Erwachsenen, NJW 1973 S. 2245).
Die Zurechnungsunfähigkeit fordert das Vorliegen von drei Voraussetzungen: Zuerst muß der Täter aus gesundheitlichen Gründen unfähig gewesen sein, das Unrecht seiner Tat einzusehen und dann muß zwischen der Störung und der Tat ein ursächlicher und zeitlicher Kausalzusammenhang bestehen. Rechtlich unerheblich ist nach der Entscheidung des BGH vom 21. 4. 1971 (2 StR 82/71, NJW 1971 S. 1849), ob die Tat

selbst nur von geringer strafrechtlicher Bedeutung ist; eine Anstaltsunterbringung ist somit berechtigt, wenn der Geisteskranke nur eine Fensterscheibe in einem Kindergarten eingeworfen hat.

Zuerst muß eine *Bewußtseins- oder krankhafte Geistesstörung* nachgewiesen werden. Das gelingt verhältnismäßig leicht, wenn traumatische, frühkindliche oder degenerative Hirnschädigungen vorhanden sind, die eine gleichbleibende (statische) Störung verursachen. Bei einer nach den Wechseljahren erstmals auftretenden Kriminalität ist nach Auffassung des Hanseatischen OLG Bremen vom 4. 2. 1959 (Ss 88/58, NJW 1959 S. 833) zu prüfen, welche Wirkung das Klimakterium und die danach folgenden Jahre auf die Zurechnungsfähigkeit gehabt haben. Schwieriger sind die Fälle, in denen die Störung dynamisch ist, also in Schüben verläuft.

Zuerst erhebt sich die Frage, was überhaupt eine krankhafte Störung der Geistestätigkeit ist. Nach ständiger Rechtsprechung aller Bundesgerichte (vgl. BSG vom 1. 7. 1964 – 11/1 RV 158/61, Meso B 310/17 = BSGE 21 S. 189 und BGH – 1 StR 475/54, LM Nr. 5 zu § 51 StGB, und BGHSt 3 S. 195 = LM Nr. 2 zu § 91 Abs. 2 StGB und BGHSt 11 S. 20 = NJW 1958 S. 266) kann die Zurechnungsfähigkeit auch ausgeschlossen sein, wenn die Bewußtseinsstörung nicht auf krankhafter Grundlage beruht, wenn also nach ärztlicher Auffassung keine krankhafte Störung vorliegt. „Es werden alle Störungen erfaßt, die bei einem normalen und geistig reifen Menschen geeignet sind, die zur Willensbildung befähigenden Vorstellungen und Gefühle zu beeinträchtigen."

Unter Krankheit wird im Straf-, Zivil- und Sozialrecht grundsätzlich ein regelwidriger Körper- oder Geisteszustand verstanden. Anders ausgedrückt: Da das Leben nicht zuletzt die ständige Anpassung an die Umwelt erfordert, ist jede Störung der Anpassungsfähigkeit abnorm, also Krankheit. Die von *Schneider* (Die Beurteilung der Zurechnungsfähigkeit) vertretene Auffassung, nach der nur organische Abweichungen von der Norm zu bewerten sind, wurde mit Recht von der Rechtsprechung abgelehnt. Hier soll nur beispielhaft auf den hervorragenden Aufsatz von *Kolle:* Die Schuldfrage aus der Sicht des Psychiaters (NJW 1960 S. 2223) hingewiesen werden. *Zech* (Die Kriminalität der Manisch-Depressiven, MedSach 1959 S. 1) vertritt die Auffassung, daß bei überaktiven, optimistischen (hyperthymen) Persönlichkeiten, deren strafrechtliche Verantwortung schon in gesunden Tagen mehr oder weniger eingeschränkt ist, eine zusätzliche Enthemmung durch eine manische Phase die strafrechtliche Verantwortung ausschließe. Das gelte auch bei der melancholischen Phase; die Verzweiflungsstimmung, aus der heraus oft die grauenvollsten Taten begangen werden, ließen stets die Annahme von Zurechnungsunfähigkeit zu. Ein empfindlicher (sensitiver) Querulant, der aus verletztem Selbstwertgefühl mit neurotischer Überempfindlichkeit eine *vorsätzliche* Straftat begeht, handelt aber nach Meinung des BGH (Urteil vom 7. 6. 1966 – 5 StR 190/66, NJW 1966 S. 1871) nicht auf Grund einer Bewußtseinsstörung oder krankhaften Störung der Geistestätigkeit.

Von den nicht krankhaften Bewußtseinsstörungen besitzt nur die affektbedingte eine große Rolle, betonte *Rauch* (Begutachtung der Zurechnungsunfähigkeit bei nicht krankhaften Bewußtseinsstörungen, MedSach 1960 S. 19). Nach dem Urteil des BGH vom 6. 7. 1962 (4 StR 516/61, NJW 1962 S. 2165) entfällt der Strafvorwurf, wenn der Täter im Zustand hochgradiger, das Bewußtsein einschränkender Erregung gehandelt hat und deshalb bei voller Zurechnungsfähigkeit nicht die gebotene verantwortungsbewußte Verkehrsgesinnung aufbringen konnte (vgl. auch *Schlüter*, Affekt und § 51 StGB aus psychiatrischer Sicht, NJW 1971 S. 1070). In der Praxis spielen die weiteren nicht krankhaften Störungen des Bewußtseins infolge Hypnose, Übermüdung, Schlaftrunkenheit oder Nachtwandeln kaum eine Rolle.

Das Gesetz fordert weiter, daß die *Einsichts- und Handlungsfähigkeit* des Täters aufgehoben oder zumindest beeinträchtigt war. Hat der Betroffene sich unter Alkohol gesetzt, so ist nach der Entscheidung des Großen Senats des BGH vom 15. 10. 1956 (GS St 2/56, NJW 1957 S. 71) strafrechtlich ohne Bedeutung, ob bei Begehung der Tat mit Gewißheit oder nur möglicherweise Zurechnungsunfähigkeit bestand. In seinem Urteil vom 1. 12. 1967 (4 StR 507/67, NJW 1968 S. 1197) stellte der BGH fest, daß der strafbare Tatbestand der *Volltrunkenheit* (Rauschtat) auch dann gegeben ist, wenn der Alkoholgenuß zusammen mit einer bereits vorhandenen körperlichen oder seelischen Verfassung (hier war es eine Unverträglichkeit gegenüber Alkohol infolge eines Magenleidens) die Zurechnungsunfähigkeit verursacht. Es mache keinen Unterschied, ob diese Verfassung allgemein bestanden hat oder ob sie durch besondere – vielleicht äußere – Umstände produziert worden ist.

Ob eine Psychopathie im Einzelfall eine Krankheit und somit als Ursache einer krankhaften Störung der Geistestätigkeit angesehen werden kann, ist nach dem Urteil des BGH vom 17. 4. 1958 (5 StR 80/58, NJW 1958 S. 2123) eine Rechtsfrage, die zu verneinen ist. Von einem Psychopathen verlange die Rechtsordnung nicht weniger als von anderen Menschen, daß sie sich beherrschten. Aber verlangt sie es nicht auch von den Schizophrenen? Auch und gerade gegen Psychopathen richte sich die gesetzliche Strafandrohung, die einen wirksamen Schutz der Allgemeinheit bezwecke. Eine starke kriminelle Veranlagung allein sei kein Grund, sie als krankhafte Störung der Geistestätigkeit anzusehen. Im Hinblick auf die modernen Erkenntnisse der Psychologie ist diese Auffassung zumindest teilweise zu revidieren (vgl. auch Depression, Neurosen und Psychopathien).

Die Einweisung in eine Anstalt ist nach der Entscheidung des BGH vom 9. 7. 1957 (5 StR 199/57, NJW 1957 S. 1484) zulässig, wenn aufgrund einer geistigen Erkrankung, die die Zurechnungsfähigkeit aufhob, der Täter irrtümlich annahm, es läge eine Notwehrsituation vor. Die gegenteilige Auffassung würde bedeuten, daß grundsätzlich gerade die Geisteskranken, die erfahrungsgemäß besonders gefährlich sind, nämlich die an Verfolgungswahn leidenden, von einer Unterbringung ausgenommen wären. Nach der Entscheidung des BGH vom 3. 12. 1968 (5 StR 631/68, NJW 1969 S. 563) kann ein krankhafter Brandstiftungstrieb (Pyromanie) nicht ausgeschlossen werden, wenn der Täter ohne sexuelle Motive, die angeblich stets Ursache dieses Triebes sind, gehandelt hat.

Zuletzt wird gefordert, daß die Einsichts- und Handlungsfähigkeit *zur Zeit der Tat* aufgehoben oder eingeschränkt war. Bei krankhaften Störungen, die in Phasen oder Schüben verlaufen, ist der Nachweis des *zeitlichen Zusammenhanges* nicht leicht zu erbringen, denn bei der Monate nach der Tat durchgeführten Untersuchung kann der Täter durchaus keine Auffälligkeiten mehr besitzen. Grundsätzlich muß immer bedacht werden, daß es zum Beispiel fast unmöglich ist, eine manische Phase zeitlich genau auf den Zeitpunkt festzulegen, an dem die Hemmungsmöglichkeit überschritten wurde, erklärte *Zech* (aaO). Wenn aber die ärztliche Erfahrung die Kausalität zwischen bestimmten Faktoren der Krankheitsgeschichte beweisen kann, ist auch der Nachweis des zeitlichen Zusammenhangs erbracht. Nach dem Urteil des BGH vom 9. 10. 1969 (2 StR 376/69, NJW 1970 S. 715) ist der Täter nicht wegen versuchter, sondern wegen vollendeter Tötung zu bestrafen, wenn er bereits beim ersten von ihm ausgeführten Messerstich zurechnungsunfähig wird, die Zurechnungsunfähigkeit sich folglich aus dem vorangehenden Handeln und nicht durch äußere – vom Täter unabhängige Einflüsse – entwickelt hat.

Bei Durchsicht der Literatur und Rechtsprechung hat man den Eindruck, daß die seit Freud bekannten psychologischen Tatsachen nur unvollständig und widerstrebend Eingang in die Praxis gefunden haben. Leitbild scheint immer noch die ,,Willenskraft" zu sein, das Trugbild von der von Intelligenz und Verstand geleiteten und vom Gewissen kontrollierten absoluten Freiheit des menschlichen Willens. Genausowenig, wie die Physik nach *Hensel* (Sinneswahrnehmungen und Naturwissenschaft, Studium Generale 1962 S. 747) keine exakte Naturwissenschaft, also keine Wissenschaft von der Natur, sondern nur von einer von Menschen geschaffenen Kunstwelt nach der Idee der Mathematik ist, gibt es eine absolute Willensfreiheit. Wir sind nicht Herren unseres Willens, sondern Regisseure unserer Motive. *Uexküll* (Grundfragen der psychosomatischen Medizin S. 119) sagt daher richtig, daß menschliche Handlungen immer aus einer Überlagerung (Interferenz) von Motiven verschiedener Bereiche entspringt. Der *Freudsche* Begriff der Konversion (Wechsel) bedeutet somit eine Motivkonstellation. Praktisch besteht die Willensfreiheit nur darin, zwischen zwei Alternativen wählen zu können. Wir müssen anerkennen, daß in der Jugend verdrängte Konflikte nicht am Reifeprozeß teilnehmen, daß sie also infantil bleiben und daß die Unmöglichkeit, sich abzureagieren, weil das Über-Ich(Gewissen) zu streng ist, eine eigene Dynamik besitzen, die schließlich eine adäquate wenn auch irrationale Reaktion suchen und finden.

Es fällt dem Gesunden leicht, dem Kranken Ratschläge zu geben wie diesen, daß er schließlich selbst für die Regulierung seiner Gedanken und Triebe verantwortlich sei. Die Erfahrung lehrt, daß selbst die härtesten Strafen nicht verhindern können, daß Straftaten begangen und wiederholt werden. Wenn aber sadistische Strafen, wie sie im Mittelalter üblich waren, nicht bewirkten, daß eine bestimmte Person straffällig wurde, dann muß die Frage erlaubt sein, welche Hemmungskräfte eigentlich angesprochen werden sollen. Daß die Religion hier kaum in Frage kommt, braucht nicht besonders betont zu werden. Nicht selten ist die Straftat nichts anderes als der verzwei-

felte Versuch, irgend etwas zu tun, um die eigene Hilfslosigkeit, die durch ständige Frustration und Passivität erzeugte Hoffnungslosigkeit zu überwinden. Mit *Halleck* (Psychiatry and the Dilemmas of Crime, New York 1967) vertrete ich die Auffassung, daß neben Anpassungsstreben (Konformismus), Aktivität und Geisteskrankheit die Kriminalität ein Ausweg ist, um die eigene Hilfslosigkeit zu überwinden. Nicht selten ist Tatmotiv der Zwang, durch eine befreiende Straftat nicht neurotisch oder gar geisteskrank zu werden. *Menninger* (Strafe ein Verbrechen? S. 212) stellt richtig fest, daß oft Selbstmorde nur begangen werden, um nicht zum Mörder zu werden und daß Morde geschehen, um den eigenen Freitod zu verhindern. Der Täter wählt in beiden Fällen die Lösung, die er für das kleinere Übel hält.
Welche Entwicklung im Individualfall durchgemacht wurde und wie viele Faktoren zusammenspielen müssen, um einen Menschen straffällig werden zu lassen, welche Verbindungen zwischen Verhalten und Anpassung bestanden, wird kaum ausgelotet. Seit *Freud* nachwies, daß jeder Mensch einen mehr oder minder starken Zerstörungstrieb besitzt und daß die Herrschaft über die Triebe die Voraussetzung für das individuelle wie kollektive Leben des Menschen ist, gehört es zum gesicherten Erfahrungsgut, daß das Über-Ich(Gewissen) voller Vorurteile, starr, bestechlich und sogar grausam sein kann. Bevor das Kind überhaupt verstehen kann, warum ihm Verbote und Gebote auferlegt werden, wird das Gewissen geprägt. Empirisch ist nun bewiesen, daß bei Gewalttätern die Jugend von Elternteilen bestimmt war, die die Familie tyrannisierten, demütigten und haßten. Die so erlebten Frustrationen drückt der Selbsterhaltungstrieb nach außen, verlagert ihn auf die Umgebung. Dieses Prinzip kennen wir auch bei Staaten, die die inneren Schwierigkeiten in Form von Aggressionen auf andere lenken. Was zu Hause – meist vom unbeherrschten Vater – vorgelebt wurde, wird vom Kind gegenüber anderen nachvollzogen mit der Erfahrung, daß es zu Hause zwar klein, draußen aber durch seine Aggression stärker als alle anderen ist. ,,Der negative Einfluß von Gewalt auf den Charakter des Kindes, auf sein Verständnis der Wirklichkeit, auf die Entwicklung der Selbstkontrolle, kann später nur schwer aufgehoben werden und führt möglicherweise zu einer Reihe von Kettenreaktionen, von denen eine oder mehrere ,,kriminell" sein können. Und dann straft die Gesellschaft den Kriminellen für sein Verhalten, genau genommen aber für die Kränkungen, die wir alle einander zugefügt haben. Auf ihn laden wir unser aller Schuld. Das ist die Philosophie von der Nichtverantwortlichkeit (Menninger aaO. S. 249).
Bereits im Jahre 1926 wurde in den USA durch die Missouri Association for Criminal Justice im ,,Missouri Crime Survey" nachgewiesen, daß unsere landläufigen Vorstellungen über die Motive Straffälliger überwiegend auf falschen Vermutungen und Schlußfolgerungen beruhen. Tatsächlich sind Dummheit, Armut, Lebensuntüchtigkeit und Ungeschicklichkeit neben intellektuellen und psychischen Defekten die Hauptmotive der Täter.
Um diesem Personenkreis endlich Gerechtigkeit widerfahren zu lassen, muß das Bild des Straftäters revidiert werden. Nicht Strafe als Rache für die Straftat, sondern Rehabilitation – wo immer sie aussichtsreich erscheint – ist zu fordern. Nur in hoff-

nungslosen Fällen ist die Inhaftierung berechtigt. Die Gesellschaft, die geduldet hat, daß der Täter in eine bestimmte Richtung bereits als Kind gedrängt wurde, muß spätestens nach der Tat dafür Sorge tragen, daß die unterentwickelten Hemmungskräfte gefestigt und ein Rückfall möglichst unmöglich gemacht wird. Statt Einschließung, die sich in mehr als tausend Jahren nicht bewährt hat, sollte die psychiatrische und arbeitstherapeutische Behandlung obligatorisch werden.

Zusammenfassend ist folgendes festzustellen:

1. Die moderne Wissenschaft ist nicht in der Lage den Nachweis zu führen, daß eine Straftat krankhaft motiviert war und ob der Täter über eine ausreichende Hemmungskraft verfügte. Eine solche Aussage könnte erst gemacht werden, wenn die psychische Reaktionsfähigkeit, die Toleranz der Streßbelastung und die Hemmung durch das Über-Ich individuell meßbar werden. Die von einer bestimmten Art von Ärzten vertretene Auffassung (vgl. *Rauch,* Begutachtung der Zurechnungsunfähigkeit bei nicht krankhaften Bewußtseinsstörungen, MedSach 1960 S. 19), wonach die Tatsache, daß der Täter bisher seine Wünsche und Triebe beherrschen konnte, dafür spreche, daß er dies auch in der zur Straftat führenden Situation hätte tun können, daß er ein Motiv gehabt haben muß, es nicht zu tun, ist unwissenschaftlich und unlogisch. Diese Analogie geht von der falschen Annahme aus, daß jede Triebregung oder jeder Affekt gleich stark ist. Jeder Laie weiß aber, daß er sich zum Beispiel über einen Fußgänger, der bei Rot über die Straße geht, weit weniger aufregt wie zu Hause über den renitenten Sohn. Zum anderen beweist die Lehre von den Mikrotraumen, daß eines Tages die Widerstandskräfte erschöpft sind und es bei Gelegenheitsursachen zum Trauma kommt. Man kann die Situation gut mit dem Durchtrennen eines Drahtes durch ständiges Biegen vergleichen. Nach der oben geschilderten Analogietheorie dürfte der Draht aber bei gleicher Biegebeanspruchung nicht brechen.
2. Die Gerechtigkeit und die Rechtsprechung verlangen, daß die Beurteilung der Täterpersönlichkeit *ausschließlich als Individuum* vorgenommen wird. Es kommt daher nicht darauf an, ob ein anderer „normaler" Mensch, den es bekanntlich überhaupt nicht gibt, bei der gleichen Belastung ebenfalls straffällig geworden wäre. Wenn *Rauch* (aaO.) daher die Auffassung vertritt, daß man einem Subjektivismus in der Begutachtung und damit einer Rechtsunsicherheit weit die Tür öffne, wenn man den strengen Standpunkt aufgibt, daß eine Bewußtseinsveränderung nur dann als Störung zu bezeichnen ist, wenn sie auf krankhafter Grundlage beruht, ignoriert er das Gesetz und die Rechtsprechung, die mit Recht die individuelle Beurteilung fordern. Es liegen hier der Versuch vor, über einen Umweg die alte Auffassung, wonach nur organisch bedingte Zustände eine Krankheit sind, in die Rechtsprechung latent einzuführen.
3. Die Behauptung von *Bresser* (Der Psychologe und § 51 StGB, NJW 1958 S. 248), der Psychologe habe vor Gericht überhaupt nichts zu suchen, da der psychologische Begriff der Bewußtseinsstörung bedenklich sei, entspringt ebenfalls dem Wunsch, der Rechtsprechung einen unrichtigen und von ihr immer verworfenen

Krankheitsbegriff unterzuschieben. Wer behauptet, daß man psychologische Ausnahmebedingungen menschlichen Handelns nicht als Störung und noch weniger als Bewußtseinsstörungen bezeichnen könne, will nicht anerkennen, daß Krankheit generell jeden regelwidrigen Körper- und Geisteszustand beinhaltet. In seiner Entscheidung vom 22. 7. 1959 (4 StR 250/59, NJW 1959 S. 2315) hat der BGH sich weder für die Psychiater, noch gegen die Psychologen als Sachverständige ausgesprochen, sondern es dem Richter überlassen, welchen von beiden Ärzten es hören will. Will das Gericht aber seinem eigenen Gutachter nicht folgen, muß es ein weiteres Gutachten von dem Vertreter der anderen Disziplin einholen. Dabei wird nach dem Urteil des BGH vom 1. 12. 1955 (3 StR 419/55, NJW 1956 S. 273) zu fordern sein, daß der Sachverständige den Täter auf seinen körperlichen und geistigen Zustand hin untersucht.

4. Die immer wieder vorgetragene Argumentation, der zeitlich und örtlich gut orientierte Täter zeige keine psychischen Auffälligkeiten, seine durchschnittliche Intelligenz widerspreche einer Störung der Geistestätigkeit, ist zu simpel, als daß sie wahr sein könnte. Mit Recht hat daher der BGH in seiner Entscheidung vom 14. 8. 1964 (4 StR 240/64, NJW 1964 S. 2213) erklärt, daß zum Beispiel eine altersbedingte Enthemmung auch dann möglich ist, wenn der schon ältere Täter in der Hauptverhandlung intellektuell geordnet erscheint. Die Geordnetheit kann durchaus einen altersbedingten Hirnabbauprozeß in Form einer Cerebralsklerose, die in der Intensität schwankt, verdecken.

Wesentliche Änderung

Gutachten vom 20. 2. 1973	Gutachten vom 8. 5. 1975	Bemerkungen
Klagen: Mittel- und Ringfinger lassen sich aktiv nicht voneinander entfernen. Zeige- und Kleinfinger können aktiv nicht an den Mittel- bzw. Ringfinger angelegt werden. In der linken Hand Gefühlstörungen und Schwäche.	Er könne auch heute die linke Hand bei der Arbeit kaum benutzen. Die gleichen Gefühlstörungen in den Fingern sowie die verminderte Kraft seien das störende Moment. Eine Besserung wird verneint.	
Eben angedeutete **Muskelatrophie** am Daumenballen im Bereich der Mm. interrossei, aber nicht mehr im Bereich der Handinnenfläche.	Feinschlägiger Intensionstremor. Geringgradige Atrophie des linken Daumenballens und der Mm. interossei dorsales.	Der Intensivtremor ist erst jetzt festgestellt worden. Atrophie der Handinnenfläche strittig.
Umfang: links/rechts, 15 cm unterhalb Olecranon: 23/23,5 cm Mittelhand ohne Daumen 20/21 cm Handgelenkstaille	Messung an gleicher Stelle: 21,8/22,8 cm 18,2/18,5 cm	Die Umfangmaße sind geringer geworden. Atrophie müßte sich an beiden Händen inzwischen verstärkt haben, wenn die Werte stimmen.
Sensibilität: An den zueinandergekehrten Flächen von Zeige- und Mittelfinger Unempfindlichkeit (Anästhesie) und Aufhebung der Schmerzempfindung (Analgesie), desgleichen in der Gabelung der Narbe proximal (nahe) am Daumen.	Herabgesetzte Berührungsempfindlichkeit (Hypästhesie) und der Schmerzempfindlichkeit (Hypalgesie) an den einander zugekehrten Flächen der Finger 2 und 3 und der unmittelbaren Umgebung der in der Handfläche gelegenen Narbe und ihre Gabelung.	Keine Befundänderung

Finger 3 und 4 können nur minimal voneinander entfernt oder wieder herangeführt werden. Finger 2 war ausreichend, aber nur mit verminderter Kraft vom 3. Finger zu entfernen und heranzuführen. **Faustschluß** möglich. Grobe Kraft beim Spitzgriff zwischen Daumen und Zeigefinger vermindert und durch Gefühlstörungen funktionsbeeinträchtigt. Linker Kleinfinger kann kraftlos gestreckt seitlich an Ringfinger geführt werden.	Finger 3 und 4 links können nur minimal voneinander gespreizt (abduziert) werden. Abduktion des 2. und 3. Finger mit verminderter Kraft. Strecken des Daumens normal kräftig. Beugen, Abduktion und Heranziehen an Körperachse (Adduktion) deutlich kraftloser als rechts. Opposition des Daumesn zum 2., 3. und 4. Finger ausreichend, aber mit verminderter Kraft; zum linken Kleinfinger nur mit Mühe und kraftlos durchführbar.	Keine wesentliche Befundänderung. Kraftloser Spitzgriff zwischen Daumen und Kleinfinger wurde nicht beachtet. Wesentlich, daß die Kombination von Gefühlstörungen und verminderter Kraft am 8. 5. 1975 nicht erkannt wurde. Die hierdurch bestehende Funktionseinbuße (vgl. S. 43) hat einen wesentlichen erwerbsmindernden Wert.
Elektrische Funktionsprüfung: Der Mm.flex.poll.brev. und die Muskeln am Handrücken (Mm. lumbricales) sind bei starken faradischen Reizen höchstens angedeutet erregbar; bei galvanischer Reizung herabgesetzte Erregbarkeit; im Vergleich zu rechts träge Erregbarkeit	Muskeln des linken Daumenballens und Handrückens bei faradischen Reizen bei Schwellstromstärke von 8 m Amp. eben erregbar gegenüber Reizschwelle von 3 mAmp. rechts. Bei galvanischen Reizen am linken Daumenballen und Handrücken träge Reaktion der Muskulatur bei Schwellstromstärke von 6 mAmp.	Kein exakter Vergleich möglich, da Gutachten vom 20. 2. 1973 die verwendeten Schwellstromstärken nicht nennt. Grob gesehen keine wesentliche Änderung der Befunde.

Unfallfolgen: Narbe, Schwäche, Teilschädigung des Mittelnerven und Taubheitsgefühl an der linken Hand nach Schnittverletzung.

Intensionstremor soll zusätzlich als Unfallfolge anerkannt werden.

Urteilsverzeichnis

Register